上海海洋大学
一流学科文化著作

“三全育人”的理论与实践

——基于上海海洋大学的探索

吴嘉敏　闵　辉 / 主编

上海三联书店

编委会

前　言

为深入学习贯彻习近平新时代中国特色社会主义思想和党的十九大精神，把贯彻落实全国高校思想政治工作会议精神进一步引向深入，教育部开展“三全育人”综合改革试点工作。作为全国首批“三全育人”综合改革试点区，上海结合实际，全面推进了“三全育人”综合试点改革，努力开创上海学校铸魂育人、立德树人工作的新局面。

作为世界一流学科建设高校，上海海洋大学长期以来高度重视思想政治工作，深入贯彻习近平总书记关于教育的重要论述，紧紧围绕“立德树人”这一根本任务，以“三全育人”综合改革为抓手，扎实推进全员、全过程、全方位育人。上海海洋大学通过“三圈三全十育人”理念加强顶层设计，先后编制了“三全育人”实施方案、行动计划和“十育人”体系文件，构建了“四级责任机制”“十六个育人中心”“十大学院特色品牌”的工作格局，取得了一定成效。上海海洋大学入选上海市课程思政教学改革试点学校，水产与生命学院入选上海市课程思政领航学院，学校和海洋科学学院分别被列入上海市“三全育人”示范校和示范学院的创建名录，形成了一批具有学校特色的“三全育人”工作案例。与此同时，上海海洋大学充分展现百年老校的历史积淀和学科优势，突出海洋特色和新农科建设，将“三全育人”工作与推进“双一流”要求的高水平特色大学高质量发展相结合，在探索中启迪干部党员和全体教职工的思路。上海海洋大学的各部门和各学院针对“十育人”各环节开展了多学科、多角度的阐释与分析，初步取得了一系列理论成果。

坚持理论指导和实践探索辩证统一，必须推动实践基础上的理论创新；坚持理论指导和实践探索辩证统一，必须坚持实践第一的观点，一切从实际出发。为了进一步推进“三全育人”工作，加强前述理论成果和实践工作案例的交流与推广，以期得到更多上级领导、专家学者、兄弟高校和社会各界人士的关心、指导和帮助，推动学校内涵式发展，我们本次专题编印《“三全育人”的理论与实践——基于上海海洋大学的探索》一书。本书内容包括理论研究和案例集萃两部分，收集论文和案例56篇，约30万字。理论文章和案例集萃集中表现了学校在“三全育人”工作方面取得的一些经验和思考，希望对读者有所裨益。

本书的编撰得到了上海市教卫工作党委和学校领导的悉心关怀与指导，得到了学校各个部门和各个学院的热心帮助与支持。由于时间仓促和水平所限，书中难免有瑕疵之处，恳请各位领导、老师和朋友们斧正！

本书编委会

2020 年 8 月

序

“三全育人”综合改革是新时代高校思政工作的重要抓手，它所倡导的“全员、全程、全方位”育人理念，需要我们不断地进行理论创新和探索实践，以便使其更好地融入我校的立德树人工作之中。

上海海洋大学是一所传承百年、朝气蓬勃的世界一流学科建设高校，它以秉承“渔界所至，海权所在”的创校使命而生，以笃行“勤朴忠实”的校训精神而长，坚持“把论文写在世界的大洋大海和祖国的江河湖泊上”的办学传统而行。进入新时代，上海海洋大学又担当起“从海洋走向世界、从海洋走向未来”的全新历史使命，学校的“三全育人”工作有传统、有特色、有创新。通过本书的出版，我们力争体现出上海海洋大学的一种厚重而不断创新的精神力量，以及学校特有的全员、全程、全方位的铸魂育人、立德树人的工作方法，以抛砖引玉，供阅读者参考，盼大方之家指正！

2020年是具有特殊意义的一年，它是全面建成小康社会的决胜之年，是脱贫攻坚的关键之年，是“十三五”规划的收官之年，是“两个一百年”奋斗目标的交汇之年。当前，国内外的政治经济环境复杂多变，国家疫情防控又正值关键时期，各种风险隐患交织，许多共性问题和特性问题纷纷呈现，高校思政工作面临的挑战更加严峻，更加需要全校上下振奋精神、统一思想、总结经验，把“三全育人”工作推向深入。本书的出版也因此而具有别样的现实意义。

“雄关漫道真如铁，而今迈步从头越。”成绩的取得不是结束，而是开始。习近平总书记在全国高校思想政治工作会议上指出，要坚持把立德树人作为中心环节，使思想政治工作贯穿教育教学全过程，实现全员育人、全过程育人、全方位育人，努力开创我国高等教育事业发展新局面。我们要继续坚持不断超越自我的勇气、锐意进取的恒心、开拓创新的智慧，扎根中国大地办教育，为党育人、为国育才，为实现中华民族的伟大复兴贡献力量！

是为序。

上海海洋大学党委书记　**吴嘉敏**

2020年9月10日

目录 CONTENTS

理论研究论文

课程育人

管理育人

优秀工作案例

理论研究论文

◆课程育人◆

高校外语类专业课融入课程思政的“三恰当原则”

□ 外国语学院/郑　慧

一、前言

课程思政建设是近年来教学改革领域研究的新课题，是在新时代学习贯彻落实习近平总书记重要讲话精神，充分体现全员、全过程、全方位育人发展理念总要求的大背景下开展教育教学改革的产物。近年来，国内高校掀起的研究思政课程、课程思政的热潮，有了一些研究成果。从知网上检索到的课程思政相关研究来看，我们可以大体上将目前的研究分为宏观研究和微观研究两大类。宏观研究从战略高度探索实施高校课程思政改革的理念和思路、构建高校思政课程体系的方法、课程思政推进的意义和价值等，而微观研究主要是以某个专业或某门课程为切入点，探讨“课程思政”的实施。与宏观研究相比，微观研究的成果相对较少，且针对高职院校某一专业的研究居多。

我们将在分析高校外语类课程融入思政的必要性与可行性之后，从高校外语类专业课角度出发，研究在遵循外语学习规律的前提下，如何将课程思政内容恰当地融入日常高校外语类专业课程的教学过程中。

二、高校外语类课程融入课程思政的必要性与可行性分析

（一）必要性分析

一方面，高校外语类课程融入课程思政是“课程思政”大背景为高校教育提出的新课题和新使命。习近平总书记在全国高校思想政治工作会议上的讲话中强调，“要坚持把立德树人作为中心环节，把思想政治工作贯穿教育教学全过程，实现全程育人、全方位育人，努力开创我国高等教育事业发展新局面”。习近平总书记指出，“要用好课堂教学这个主渠道，思想政治理论课要坚持在改进中加强，提升思想政治教育亲和力和针对性，满足学生成长发展

需求和期待，其他各门课都要守好一段渠、种好责任田，使各类课程与思想政治理论课同向同行，形成协同效应”。这就对高校教育提出了新的要求和新的探索方向。

另一方面，外语类专业学生普遍存在对其他国家的文化比较感兴趣，有学习热情，而对本国的文化却缺乏认知或认知不够的现象。针对这一问题，我们有必要通过融入课程思政，在外语类专业课程教学过程中加强对学生的引导和教育。我们应引导学生不要崇洋媚外，要重新认知民族文化，并且客观地看待本国文化与他国文化。

（二）可行性分析

针对高校外语类课程融入课程思政的可行性，我们可以从外语学科的特点和专业课的优势两个方面来分析。

从学科特点来看，语言是民族文化的重要载体，其承载的内容包罗万象，涵盖众多社会领域及学科。我们可以充分利用语言学的这种跨学科特性。在外语教学中，“从人文科学部分提炼国家精神、民族性格、社会文化等思想政治元素；从社会科学部分提炼学生看待问题的辩证思维方式，进而培养学生的专业荣誉感、职业使命感和社会责任感；从自然科学部分，强调尊重事实，尊重科学，重视逻辑思维”。这些都为课程思政的开展提供了绝佳的教学案例。对于外语类专业课程而言，实施课程思政的素材丰富，可行性强。

从专业课的优势来看，专业课的学时占比较大，教师与学生接触交流的机会相对较多，学生对专业课教师的情感认同度相对更高，专业课教师更具感染力和说服力，因此具有开展课程思政的优势。此外，庄梅兰在阐述高校思政课程面临的现实困境的原因时指出，“教学内容偏重于宏大叙事，脱离学生学习生活实际”，但外语类专业课程的学习素材多包含人文地理、风土人情、校园生活、职场等贴近生活实际的内容。在专业课教学中，我们只要将专业知识传授和精心挖掘的思政元素恰当地进行结合，就能够克服上述问题。

三、高校外语类课程融入课程思政的“三恰当原则”

在“课程思政”的大背景下，很多研究在提倡课程思政进课堂。但是，课程思政如何恰当地走进专业课的课堂？这一问题尚待探讨。我们认为，在外语类专业课中融入思政内容时应该遵循“三恰当原则”，即恰当的切入点、恰当的切入方式、恰当的“思政度”把握。下面，我们对“三恰当原则”逐一地进行分析。

（一）恰当的切入点

在分析外语学科的特点时，我们指出了语言是文化的载体，并且语言是文化的一部分。语言中的字、词、语法等不同层面都承载着文化要素，这些都可以成为课程思政的切入点。此外，每个单元的主题与知识背景也都可以成为课程思政的切入点。因此，在外语教学过程中，我们需要从教学内容中提炼出这些资源，并将其作为恰当的切入点，以进行课程思政。只要找到了恰当的切入点，我们就可以有针对性地对学生进行思政教育。而且，由于切入点比较恰当，因此也不会产生脱离外语专业教学的现象，从而做到外语专业知识教学与德育教育的有机结合。

（二）恰当的切入方式

在寻找到恰当的切入点后，我们要考虑在授课过程中，以怎样的切入方式展开课程思政。恰当的切入方式对思政内容的展开可以起到事半功倍的效果，并且提高学生对思政内容的学习兴趣与热情，从而达到课程思政的预期育人目的。反之，若切入方式不恰当，给学生一种生搬硬套的感觉，则不仅达不到预期的思政育人目的，而且会降低教学效率。结合现代外语教学的实际情况，我们列举出以下切入方式：

1. 传授式

在外语专业课教学过程中，教师通过有目的、有针对性地进行讲解，直接将所要传授的家国情怀、人生观、价值观等渗透给学生，以引导他们树立正确的三观，并提醒他们要具有合作精神和应具备的道德品格。习近平总书记在讲话中对培养什么样的人给出了明确答案：“我们的教育要培养德智体美全面发展的社会主义建设者和接班人。”我们的课程思政也应该紧紧围绕着这一根本目标来进行。

2. 提问探讨式

在外语专业课教学过程中，教师通过对某一问题或某一主题进行探讨来作为课程思政的切入点。通过对某一单元文章的观点、立场等进行提问，教师能够了解学生的观点和看法，并启发与引导学生积极思考。提问的方法在激发学生求知欲的同时，也无形中达到了课程思政育人的目的。教师尤其可以从跨文化视角来客观分析中外社会的文化、政治、经济等现象，从而让学生了解中外不同文化的差异及其历史必然性。

3. 案例式

在外语专业课教学过程中，在涉及某一问题或主题时，教师通过涉及该主题的典型案例来进行课程思政切入，从而让学生通过现实中的典型案例得到心灵的洗礼。诸多领域中的时代楷模都是绝佳的案例。借助于这些案例，教师可以向学生呈现中华传统美德、爱国主义、集体主义，以及奉献社会、服务他人的精神，从而发挥榜样的力量，并引导学生树立正确的世界观、人生观、价值观。这样也就实现了课程思想的教人功能。

（三）恰当的"思政度"

课程思政有别于思政课程，这一点是专家学者们普遍认可的。简单地说，思政课程与课程思政的侧重点不同：思政课程侧重于思想理论教育，它是思想政治理论课程以及与思想政治相关的教育活动之课程总称；作为一种在时代背景下提出的创新教育理念，课程思政所指的并不是增加一门课程，而是将思想政治教育融入各类课程之中，这种教育理念侧重的是思想价值引领。

由于课程思政有别于思政课程，因此在外语专业课程的教学过程中，我们就需要恰当地把握"思政度"，即课程思政内容所占的课堂教学时间。在专业课教学中，如果整节课的教学内容都是思政教育内容，那么这门课就成了思政课程。专业课中的思政教育时间不宜过长，但具体的时间长短也没有明确的标准，教师可以根据所涉及的思政内容比较灵活地进行安排。此外，我们可以简要地将课程思政的内容概括为一切正能量的传播和引导。大到家国情怀，小到引导学生尊师重道、彼此友爱互助，或者引导学生充实利用大学四年的学习时间、学好专业知识、不断提升自我素质及社会竞争力，这些都可以纳入课程思政的范围。总之，我们可以根据具体情况来灵活把握课程的"思政度"。

四、结论

"培养社会主义建设者和接班人，是我们党的教育方针，是我国各级各类学校的共同使命。大学对青年成长成才发挥着重要作用。高校只有抓住培养社会主义建设者和接班人这个根本才能办好，才能办出中国特色世界一流大学。”明确了“为谁培养人”“培养什么样的人”这两个问题，我们就应该多多思考“怎么培养人”。高校外语类课程的学科性质使其拥有丰富的思政素材，因此具备进行思政教育的可行性。我们在文中提出了恰当的切入点、恰当的切入方式、恰当的“思政度”这一“三恰当原则”，并分析了如何将课程思政内容恰当地融入日常高校外语类专业课程教学过程中，以期为新时代背景下的高校外语专业教学及课程思政的相关研究提供参考与借鉴。

参考文献

[1] 成桂英.推动“课程思政”教学改革的三个着力点[J].思想理论教育导刊，2018(9).

[2] 陆道坤.课程思政推行中若干核心问题及解决思路——基于专业课程思政的探讨[J].思想理论教育，2018(3).

[3] 何红娟.“思政课程”到“课程思政”发展的内在逻辑及建构策略[J].思想政治教育研究，2017(5).

[4] 李宇明.语言学是一个学科群[J].语言战略与研究，2018(1).

[5] 马婷婷.高校语言学类课程思政建设探索[J].科技风，2018(34).

[6] 高德毅，宗爱东.从思政课程到课程思政：从战略高度构建高校思想政治教育课程体系[J].中国高等教育，2017(1).

[7] 邱伟光.课程思政的价值意蕴与生成路径[J].思想理论教育，2017(7).

[8] 杨涵.从“思政课程”到“课程思政”——论上海高校思想政治理论课改革的切入点[J].扬州大学学报(高教研究版)，2018(2).

[9] 庄梅兰.构建同心圆式高校课程思政教学体系[J].河南工业大学学报(社会科学版)，2018(4).

“三全育人”视角下的大学生职业发展与就业指导课程育人路径研究

□ 食品学院/邓高燕

2016年12月，习近平总书记在全国高校思想政治工作会议上提出“把思想政治工作贯穿教育教学全过程，实现全程育人、全方位育人”，并指出要“使各类课程与思想政治理论课同向同行，形成协同效应”。“三全育人”是一种全面性、系统性的育人指导思想，各门课程都应该充分挖掘自身所蕴含的思想政治教育元素，并将其融入课堂教学各环节，以实现思想政治教育与知识体系教育的有机统一。作为使在校教育与融入社会相衔接的重要一环，职业发展与就业指导课程对于探索解决“培养什么人、怎样培养人、为谁培养人”这一根本问题而言具有直接的现实意义。

一、“三全育人”和职业发展与就业指导课程的关联

(一) 高校课程是开展“三全育人”的主渠道

《关于加强和改进新形势下高校思想政治工作的意见》(以下简称《意见》)是为了坚持党对高校的领导，加强和改进思想政治工作，培养中国特色社会主义合格建设者和可靠接班人而制定的法规。《意见》指出，“三全育人”就是全员育人、全过程育人、全方位育人，这是党中央对高校开展新时代大学生思想政治工作提出的明确要求。习近平总书记强调，培养什么人、怎样培养人、为谁培养人，是教育的根本问题。高校要把“立德树人”作为根本任务，使思想政治工作贯穿教育教学全过程，实现全程育人、全方位育人。习近平总书记的重要论述，为高校推动“三全育人”综合改革指明了发展方向。同时，习近平总书记还指出，高校课程都要守好一段渠、种好责任田，使各类课程与思想政治理论课同向同行，形成协同效应。因此，高校课程是开展“三全育人”的主渠道。

(二) 职业发展与就业指导课程是课程思政的有效载体

习近平总书记在学校思想政治理论课教师座谈会上指出，“要加大对学

生认知规律和接受特点的研究，要坚持灌输性和启发性相统一，要坚持显性教育和隐性教育相统一，挖掘其他课程和教学方式中蕴含的思想政治教育资源，实现全员全程全方位育人"。习近平总书记的讲话，就是要求高校在课堂教学中融入思政教育，使学生具备正确的世界观、人生观和价值观。教育部办公厅早在 2007 年 12 月就下发了《大学生职业发展与就业指导课程教学要求》，文件明确指出，大学生要通过课程教学，在态度层面树立积极正确的人生观、价值观和就业观，将个人发展和国家需要、社会发展相结合。因此，职业发展与就业指导课程是课程思政的有效载体。

（三）"三全育人"是职业发展与就业指导课程思政的指明灯

当前，我国的职业发展与就业指导课程中存在教育理论西方化、教育缺乏针对性、职业价值判断的标准趋向务实化等困境，以至于学生的职业生涯规划不明确，并且过度地强调以自我为中心、以个人价值的实现为中心，很少考虑祖国的需要。"三全育人"的提出为高校的职业发展与就业指导课程教学指引了方向。在开展生涯发展教育工作的过程中，高校的首要任务就是突出理想信念教育，大力倡导国家至上、事业为先，鼓励和支持毕业生自觉地将个人的发展同为国家和人民建功立业结合起来。唯有这样，我们才能培养出又红又专、德才兼备、全面发展的中国特色社会主义的合格建设者和可靠接班人。

二、职业发展与就业指导课程进行思政育人的实现路径

（一）理想信念教育融入课程教学目标

《意见》指出，高校要强化思想理论教育和价值引领，把理想信念教育放在首位。因此，在"三全育人"的视角下，职业发展与就业指导课程思政的首要任务，就是要将大学生的理想信念教育融入课题教学，并增加价值观引领的教育环节。通过解读习近平新时代中国特色社会主义思想、观看社会主义核心价值观宣讲影片、学习脱贫攻坚一线工作者的优秀事迹等内容，职业发展与就业指导课程能够提升大学生的家国情怀，指引大学生将自己的职业目标融入社会发展进步的浪潮中，使大学生将个人的成长与国家利益紧密联系起来，以此指引学生做好正确的职业生涯规划。

(二) 专业师资队伍保障课程育人效果

培养一支具有“课程思政”教学能力的专业师资队伍，是高校在职业发展与就业指导课程中开展理想信念教育的重要措施。课堂是育人的主阵地，教学活动能否有效开展的核心影响因素是教师。在校级层面，高校应当选拔出一批思想先进、道德崇高、专业能力过硬的教师来承担职业发展与就业指导课程的教育教学工作；在院级层面，相关学院应该组织任课教师参加教育教学理论培训，从而为教师在课堂上开展理想信念教育提供知识保障；在个人层面，授课教师应注重“言传”与“身教”的统一，用实际行动和亲身经历来做学生的表率，以达到进行理想信念教育之目的。同时，高校积极鼓励专业教师加入职业发展与就业指导的课堂教学，以帮助学生更好地了解专业前景与社会需求，并使学生主动将个人发展与祖国需要紧密联合在一起，从而为理想信念教育保驾护航。

(三) 多样化教学方式满足学生要求

2020 年，因疫情的影响，国内所有高校的学生都上起了网课，这对于高等教育来说是一次挑战，更是一个机遇。教师的教学从线下转移到了线上，曾在三尺讲台教书育人的教师转眼间成为了网络教学平台上的“主播”，但是多样化的教学确实满足了学生的学习需求。笔者所在的教学团队也利用学习通、微信群、B 站等网络学习平台进行教学，这些资源不仅在疫情期间起到了不可替代的作用，而且为日后多样化的教学提供了宝贵的教学思路，并使教师占据了网络思想阵地。

(四) 网格化教学内容融入课程相关章节

职业发展与就业指导课程主要有职业生涯规划意识启蒙、自我认知、职业认知、环境探索、职业决策、大学生职业生涯规划管理、大学生就业政策与制度、大学生就业指导以及创业启蒙等内容，授课过程以经验型、指导型模式为主。教师可以在相关章节中融入理想信念教育的内容，以实现对大学生进行理想信念教育之目的。以笔者所参与的职业发展与就业指导课程为例，课题组根据各章节的特点及学校的实际情况，在研讨的基础上加入了相应的课堂融入内容(见表 1)。

表 1　笔者所参与的职业发展与就业指导课程中的相关章节所对应的课堂融入内容

章　　节	融入内容
职业生涯规划意识启蒙	鲁迅弃医从文、张謇创建海大等爱国人士案例
自我认知	钱学森的人生五次选择
职业认知	社会主义核心价值观内容
环境探索	习近平的七年知青岁月
职业决策	全国优秀驻村书记的感人事迹
大学生就业政策与制度	大学生基层就业项目，如"三支一扶"、西部志愿者、大学生村官、选调生、应征入伍等
创业启蒙	上海海洋大学优秀毕业生农村基层创业案例学习，如海洋学院毕业生农村基层养殖小龙虾案例等

（五）科学化评价标准助力育人功效

高校的课程成绩大都由平时成绩、期中成绩与期末成绩构成，而在平时成绩的构成方面，各个教师标准不一，有的重考勤，有的重课堂发言，有的重课后作业。针对职业发展与就业指导课程的特点，本课题组将探索设定以理想信念学习为主要内容的平时成绩激励政策，如学生参加以爱国、爱党为主题的比赛，或者参与志愿服务、下基层的暑期社会实践等活动可以获得平时成绩上的加分，以此来鼓励大学生将自己的所学应用到社会实践之中，并促使大学生将个人的发展与社会的需求紧密结合在一起。本课题组通过建立科学化的评价标准来助力本次课程的授课效果，以展现"三全育人"的阶段性成果。

随着高等教育大众化的实现，大学生的数量剧增。面对沉重的就业压力，高校需要基于"三全育人"的理念，从设立校企联动制、改进就业指导产教深度融合机制、制定就业指导课程教学任务三个层面入手，重点做好全员、全过程、全方位育人工作，这对做好人才培养工作和稳定就业形势具有重要意义。

参考文献

[1] 陈楠."三全育人"教育理念融入大学生就业指导教学的路径研究[J].智库时代，2019(44).

[2] 周熙，刘琛，瞿明丽.基于"三全育人"思想的大学生就业指导工作体系建设研究[J].中国大学生就业，2019(12).

[3] 郑秀英，张璇，杨栋强."三全育人"理念下大学生就业指导工作探索[J].北京教育(高教)，2016(11).

农业院校课程思政教育实施效果调查分析
——以上海海洋大学食品学院为例

□ 食品学院/蓝蔚青　谢　晶　孙晓红　金银哲　曹剑敏

2014年，习近平总书记在同北大师生代表进行座谈时，对广大青年提出了四点要求，即具有执着的信念、优良的品德、丰富的知识与过硬的本领；2016年12月，习近平总书记在全国高校思想政治工作会议上强调，“用好课堂教学这个主渠道，各类课程都要与思想政治理论课同向同行，形成协同效应”；2018年9月，习近平总书记在全国教育大会上指出，新时代教育工作的根本任务是培养德智体美全面发展的社会主义建设者和接班人，高校应把立德树人作为检验学校一切工作的根本标准，把师德师风作为教师评价的第一标准；同时，习近平总书记提出了坚持办学正确政治方向、建设高素质教师队伍、形成高水平人才培养体系共三项基础性工作，从而进一步阐明了高校开展课程思政工作的重要性与紧迫性。

近年来，我国高校相继建设了“中国系列”课程近30门，综合素养课程175门，另外还有近400门专业课申报开展课程思政试点改革。目前，上海也有12所“课程思政”整体试点校、12所重点培育校以及34所一般培育校，课程思政已基本覆盖全市高校。在此背景下，上海海洋大学于2016年开展课程思政建设工作，提出“课程育人、心理育人、科研育人、管理育人、实践育人、

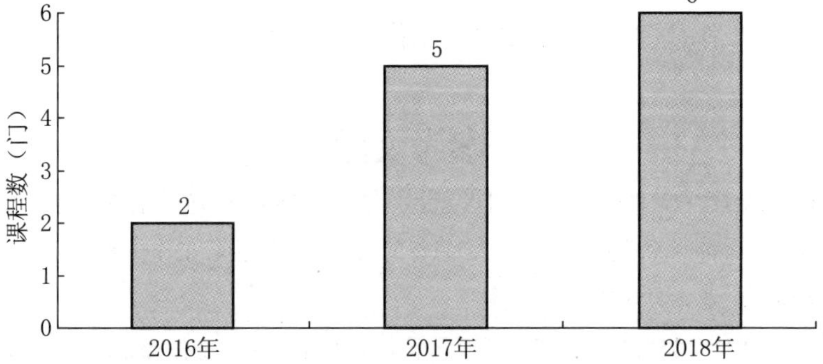

图1　上海海洋大学食品学院2016—2018年思政课程建设情况统计

服务育人、文化育人、资助育人、网络育人与组织育人”的十育人体系，设立了校级与院级思政工作室，并先后建设了60余门思政类课程。上海海洋大学食品学院也在近三年时间内开办了部分思政类建设课程，具体如图1所示。

笔者近年来参与课程思政教育工作，先后主持了多门“课程思政”教学改革课题。为充分了解师生对课程思政工作开展情况的建议，课题组在2018年11月围绕上海海洋大学食品学院课程思政实施情况开展调研工作，并提出了相应的对策建议，从而为后期的课程思政建设工作之开展提供了理论参考。

一、调查目的与问卷设计

本次调查采用无记名的网上调查问卷结合学生访谈的方式进行，调查对象为上海海洋大学食品学院在读本科生。本次调查采用自编的“食品学院课程思政实施情况问卷调查表”，问卷由选择题与填空题组成，分为基本情况、教学安排与实施效果等专题，主要调查在读本科生对任课教师课程思政授课安排合理性与实际教学效果的评价。本次调查共发放问卷500份，收回有效问卷474份。

二、结果与分析

（一）基本情况

调查对象基本情况的数据显示，男生共206人，占比43.46％，女生共268人，占比56.54％，其具体年级与专业分布情况如图2与图3所示。

由图2可知，在调查对象中，一年级本科生为主要活跃群体，其人数为293人，占比61.81％；调研群体的专业分布情况（图3）也进一步说明，课程思

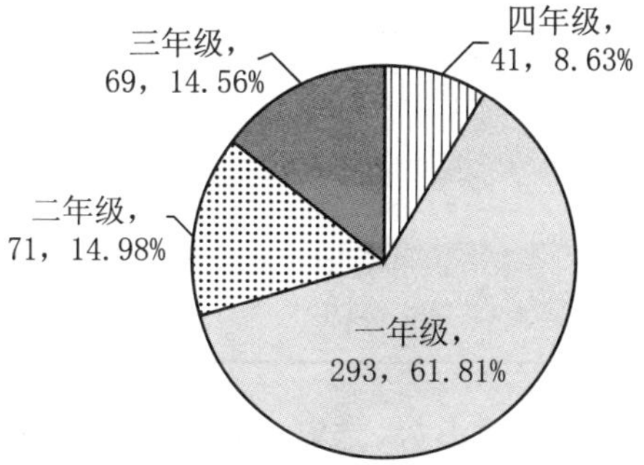

图2 上海海洋大学食品学院课程思政调查群体年级分布

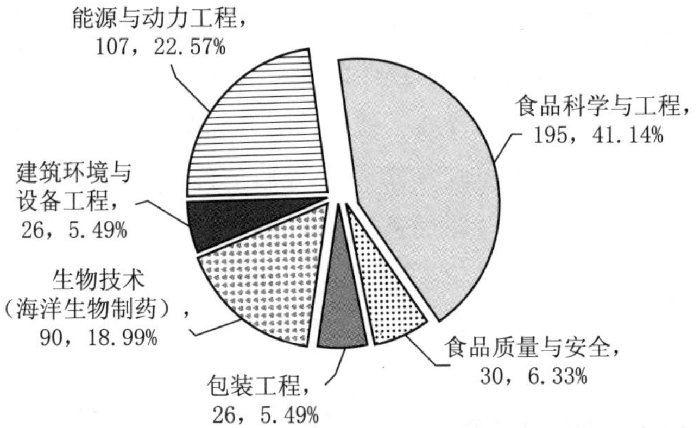

图 3　上海海洋大学食品学院课程思政调查群体专业分布

政在食品科学与工程专业（195 人，41.14%）、能源与动力工程专业（107 人，22.57%）、生物技术（海洋生物制药）专业（90 人，18.99%）的课程教学中被应用得较多，这些专业的学生也对课程思政内容有一定的了解。

（二）教学安排

在教学安排这一专题中，课题组主要围绕思政内容、讲授时长、融入比例、适宜占比、讲授方式与教学建议等展开分析，具体结果如表 1 所示。

表 1　对思政内容与讲授时长的统计分析

类　别	选　项	人　数(名)	百分比(%)
教学过程中，哪部分思政内容最吸引你	党史	58	12.24
	国际形势	330	69.62
	马列主义与毛泽东思想等	51	10.76
	十九大	30	6.33
	其他	5	1.05
课程中融入思政内容的时长有多少	10—15 分钟	194	40.93
	7—10 分钟	185	39.03
	5—7 分钟	68	14.35
	3—5 分钟	23	4.85
	<3 分钟	4	0.84

由表 1 可知，学生对国际形势、党史、马列主义与毛泽东思想等的关注程度较高，因此授课教师应结合当下的国内外形势，将这部分知识点融入其中，

如此才能增加学生的认同感，从而提升其参与度。我们通过有关课程中融入思政内容时长的调查可知，教师在授课过程中融入的思政内容时长一般在10分钟左右。

在有关课程教学中的思政内容适宜比例之调查中，有206名(43.46%)学生认为比例在11%—30%较合适，也有150名(31.65%)学生认为比例应在10%以下。可见，思政内容在课程教学中的占比不宜过高。同时，在有关讲授方式与教学建议的调查中，学生的反馈结果如表2所示。

表2 对课程思政讲授方式与教学建议的统计分析

类　别	选　项	人　数(名)	百分比(%)
教学中采用哪种方式讲授思政内容合适	先讲思政，再讲教学内容	107	22.57
	结合具体知识点或案例，穿插讲授思政内容	316	66.67
	先讲教学内容，再结合知识点总结性地讲授思政内容	29	6.12
	无所谓	21	4.43
	其他	1	0.21
如何将思政内容更好地融入课程教学中(多选)	形式多样化些	378	79.75
	时事热点多些	319	67.30
	与专业内容能更加紧密些	275	58.02
	互动多些	243	51.27
	课外活动多些	195	41.14
	其他	3	0.63

由表2可知，近七成学生更接受教师在讲授知识点与案例时，适当穿插讲授思政内容；同时，学生希望教师能注重思政教学的形式多样性与时事相关性，提升思政内容与专业内容的结合程度，加强课堂互动并适当开展课外活动，以提升教学效果。

(三) 实施效果

对教学安排部分的结果分析显示，有388名(81.86%)调查对象认为，教师在课堂上除讲授专业知识外，还应注重教导学生如何做人；有406名(85.66%)学生认同教师在课堂上能做到言传身教，是学生学习的模范；有409名

(86.29%)学生表示,教师在平时授课中会注意向学生传播有关党、国家、社会与人民的正确理念;有 402 名(84.81%)受访对象表示,教师将课程思政融入教学中的做法,就学生的道德教育而言有明显的改善效果;有 426 名(89.87%)学生认为将思政内容融入大学课程很有必要,有 437 名(92.20%)学生对思政内容融入课程教学表示欢迎,还有 454 名(95.78%)学生认为教师在课程中讲授思政内容能给予其积极的思想指导,使其学会正确待人处事,其中有 343 名(72.36%)学生喜欢教师在专业课中适当讲授思政内容;此外,有 433 名(91.35%)学生认为学院重视课程思政工作。由最终的统计数据可知,八成以上学生对课程思政持赞同的积极态度,这也为教师开展课程思政教学工作提供了良好的基础数据。

三、对策与建议

(一) 明确人才培养目标,构建思政教学机制

高校的思政工作关系到学生的健康成长,因此我们首先应明确其人才培养目标。教师应始终将学生的思想素养和政治理论教育放在首位,从而改变以往课程思政走过场、流于形式或填鸭式教学的不良局面。教师应从思想上和行动上关注课程思政,逐步完善相关学科的课程设置、思政设计与教材体系。同时,教师应加强对我国现阶段实践经验的总结,使社会主义核心价值观贯穿教师教书育人的全过程,从而在合理引导学生学习"中国梦"的同时,使他们创造出符合自身特色的"个人梦",以实现提高人才培养质量的最终目标。

(二) 强化思政师资建设,提升思政教学效果

刘云山同志在全国高校思想政治工作会议总结讲话中强调,高校的思政工作不能只有学生,还要关注教师,以人为本,引导广大教师以德立身、以德立学、以德施教。因此,高校应在建立校院二级思政工作室的基础上,由校院级相关主管部门牵头,将各级思政课程授课教师联系起来,不定期地组织思政教学研讨会,通过交流来取长补短,这在提高教师课程思政教学水平与授课质量方面有明显的作用。同时,高校教学管理部门还应定期组织课程思政教学比赛与观摩活动,以充分调动教师的从教积极性,从而实现高校思政教学水平的总体提升。

(三) 注重教学效果追踪,改进思政教学模式

在以往的课程思政教学过程中,少数教师仅追求教学任务的完成,而忽略了教学质量与综合效果。作为影响整个人生的思想政治教育,课程思政教学应贯穿高校教育教学工作的始终。只有提高学生的思想政治状况,高校才能推进学校建设与学生工作。因此,校院教学管理部门应定期通过问卷调查、学生访谈等形式,进行教师课程思政教学效果的追踪调查。同时,高校应结合翻转课堂、对分课堂、蓝墨云班课等教学模式,不断改进思政教学方法与教学模式,以强化师生间的互动交流,从而形成思想共鸣,激发学习热情。

总之,新时期下的高校育人工作的新要求需要教师加强"课程思政"工作,其关系到新时代中国特色社会主义的建设与"两个一百年"目标的实现。因此,高校教育主管部门应当做好课程思政管理工作的顶层设计。高校教师则应不断提升思政教学方法,充分挖掘课程中的思政因子,潜移默化地开展大学生的思想政治渗透工作,以培养出德智体美全面发展的社会主义接班人。

参考文献

[1] 刘欣."课程思政"的内在价值与实践路径研究[J].郑州轻工业学院学报(社会科学版),2018, 19(6).

[2] 陆祉亦.高校思想政治理论课同向同行形成协同效应模式的构建[J].太原城市职业技术学院学报,2018(4).

[3] 石中英.努力培养德智体美劳全面发展的社会主义建设者和接班人[J].中国高校社会科学,2018(6).

[4] 李国娟.课程思政建设必须牢牢把握五个关键环节[J].中国高等教育,2017(8).

[5] 李花.高校公共音乐课程中思政教育的调查与思考[J].音乐教育,2018(2).

[6] 冯跃飞,柳萍.中外合作办学模式下思政课程调查研究[J].高教学刊,2016(4).

大学生生涯适应力提升阶梯培养模式研究

□ 经济管理学院/赵玲蓉　闫　咏　商利新

随着社会的高速发展变化和生涯建构理论的兴起，生涯适应力备受研究者的关注，其已成为国外生涯心理学的一个新研究热点。近年来，高校毕业生人数激增，就业市场的竞争越来越激烈，这就要求作为求职主体的大学生应具备良好的生涯适应力。如何针对不同年级学生的发展特点和需求，系统性地提升大学生的生涯适应力？为了回答这个问题，本文将立足于我国的生涯教育现状进行探讨，并提出“生涯力提升四维阶梯”的培养模式。

一、生涯适应力的概念界定

生涯适应力(career adaptability)是一种心理社会结构，是个体在应对当前和临近的生涯发展任务、生涯转换和生涯问题时的准备程度与心理资源。生涯适应力使个体能够在生涯角色中实现自我构建，其体现了个体在生涯发展过程中面对挑战时所具备的核心能力。生涯适应力是生涯建构理论的核心概念。

Savickas 和 Porfeli 在 13 个国家展开实证研究，并界定出生涯适应力的抽象层次由生涯关注、生涯控制、生涯好奇和生涯自信四个维度构成，而中国学者侯志瑾则检验了此内涵及结构适用于中国大学生群体。生涯适应力的四个维度分别对应着职业生涯发展的四个重要问题：我有未来吗？谁拥有我的未来？未来我想要做什么？我能做到吗？四个维度以不同的速度发展，并伴随着可能的固着和退化。学者赵小云认为，生涯能力是个体顺应生涯角色并维持平衡的能力，是个体在快速变化的现代社会中获得成功的职业生涯的重要能力，其是近些年国内外生涯心理学视阈中的新理论增长点之一。

总体而言，个体的生涯发展之驱动力并不是随着年龄增长而日渐成熟的内在结构本身，而是“适应”，即个体在内部世界与外部世界的相互碰撞和适应中构建自己的职业生涯。大学生是特殊的群体，大学阶段的生涯适应力教育有助于该群体在遇到个人生涯角色改变的问题时，能够积极地选取、平衡与协调自身的生涯发展道路。

二、我国大学生生涯适应力培养现状分析

近年来，我国学者对大学生生涯适应力进行了大量的理论和实证分析，并就我国大学生生涯适应力水平和培养现状进行了研究。

(一) 我国大学生生涯适应力发展现状

我国大学生的生涯适应力处于中等水平。综合国内研究来看，我国高校大学生的生涯自信在实证分析中的得分较高，但生涯关注、生涯控制和生涯好奇得分偏低，造成这一现象的主要原因包括：大学生对未来发展问题的关注度不够，没有长远规划；大学生在进行生涯决策时自主性不够，缺乏自觉能力；大学生对周边环境缺乏好奇和探索，生涯好奇水平低。

我国大学生的生涯适应力各维度发展不平衡。董振华对 525 名大学生进行了实证调查，结果显示，我国大学生生涯适应力的六个因子之间呈现明显的不平衡性。其中，生涯好奇、生涯控制和生涯关注的整体水平均低于生涯人际、生涯调试和生涯自信的整体水平，从而严重拉低了生涯适应力的平均水平。这在一定程度上表明，我国大学生在生涯适应力上接受过一些培养，具备一定的生涯准备意识，但距离生涯适应力的全面均衡发展仍有很长一段路要走。

我国大学生的生涯适应力随年级升高而基本呈“V”形发展趋势。年级差异也是影响大学生生涯适应力的重要因素。对于那些刚刚跨过高考独木桥的大一新生来说，他们对大学生活充满好奇，对人生充满憧憬，对自己也有较高的自信，因此他们的生涯适应力水平普遍较高；在经历了一年多的大学生活后，大二学生因受到各种外部因素的阻碍而降低了生涯自信，其规划前程的能力有所下降，生涯适应力水平骤降；到大三、大四，大学生由于面临择业、实习、考研等问题而迫不得已地投入到生涯准备中，因此生涯适应力水平有所回升。

(二) 当前我国高校大学生生涯适应力培养中存在的问题

目前，我国大多数高校都为学生提供了职业生涯教育，但在培养中还存在着如下几个方面的问题：

一是高校培养模式不够完善，主要的表现包括：学校培养理念落后，更多地集中于就业技能培养；教育教学效果不佳；校企协同力度不够；师资力量薄弱。

二是大学生缺乏主动培养意识，主要的表现包括：大学生的职业生涯发展观念不强；大学生存在职业依赖性；大学生忽视职业素养的全面提升。

三是培养模式表现为“一刀切”，即对所有学生采取相同的培养教育模式。作为培养学生的摇篮，高校如何发挥其培养功能，以提升大学生的生涯适应力，这个问题值得研究。

基于我国高校大学生的生涯适应力现状，高校对学生生涯适应力的培养需系统化、体系化。在此背景下，本文根据各年级学生的不同特征来构建生涯适应力阶梯培养模式，以系统化地提高学生的生涯适应力。

三、大学生生涯适应力阶梯培养模式之构建

（一）充分考虑各年级学生的发展特征

大学四年是人生的重要发展阶段，大学生不仅要完成大学的学习任务，而且要从价值观、态度、知识等方面为未来进入社会做好充分准备，因此大学四年被称为“关键的四年”。从大一的适应到大二完成转折，再到大三和大四的职业准备与步入职场，各年级都有自身的特征，大学的每一年都有不同的发展任务：大一是最为关键的一年，新生面临环境、生活等方面的挑战；大二学生经历了大一的适应后，开始重新审视人生和社会，他们从对校园的关注转变为对广大世界的探索；大三是学生制定职业规划的关键一年，学生开始面临着毕业的选择；大四学生将根据自己的职业规划做出相应的决定，开始自己的读研生涯或工作历程。

（二）“生涯四维阶梯”培养模式之构建

根据不同年级学生的特点，本文设计了“生涯四维阶梯”培养模式，其强调针对不同年级学生采取不同的生涯适应力培养方式，详见图1。

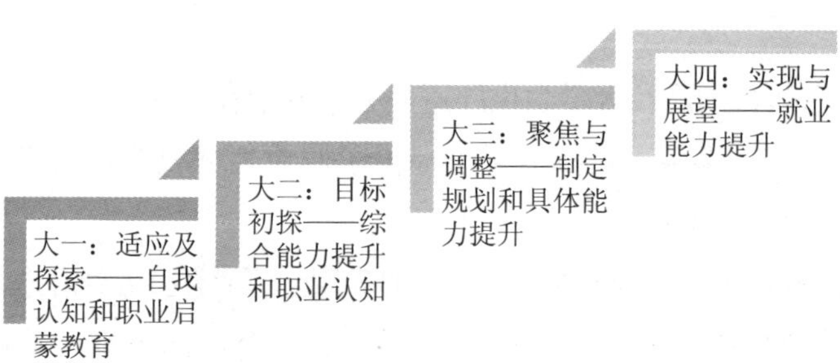

图1 “生涯四维阶梯”培养模式

1. 大一:适应及探索——自我认知和职业启蒙教育

大一新生刚进入大学,他们需要一定的时间来适应大学生活、了解自我和探索外部世界。此阶段的培养要侧重于自我认知方面的教育,以帮助学生全面正确地认识自己和进行自我探索,从兴趣、性格、能力、价值观等方面塑造学生的正确发展方向,如进行 MBTI 性格类型测评、霍兰德职业兴趣测试等。此外,针对大一学生,学校应引导他们进行外部探索,从而让学生了解目标需求,并对比自己目前的能力与目标需求之间的差距,以发现不足,进而完善个人的能力,如通过生涯幻游、名片制作等活动来提高学生的生涯关注度。

2. 大二:目标初探——综合能力提升和职业认知教育

在经过大一的适应和探索后,学生需要开始进行目标初探,以确立自己未来的规划和目标。此阶段的教育分为两个方面:一方面是综合能力提升,大二是学生提高自身能力的关键时期,因为他们在经过了大一的懵懂期之后,有更多的机会参与各类活动,所以学校要鼓励大二学生积极参与各类社会实践活动、比赛,并督促他们认真完成专业课程的学习,以提升自己的综合能力;另一方面是职业认知教育,学校应引导大二学生确立自己的未来规划,鼓励他们将目标分解为就业、升学、留学等不同的类型,并通过举办丰富的活动来帮助学生了解职业,如生涯人物访谈、校友经验分享、行业认知系列讲座等,以此对学生进行职业认知教育。

3. 大三:聚焦与调整——制定规划和提升具体能力

通过大一的自我认知和职业启蒙教育,学生明确了自身具备的素质和目标需要的素质之间的差距,因此他们在大二确立了目标并采取了一定的措施来完善能力,而大三学生则要将前期的准备聚焦,并根据实际情况进行调整。具体而言,这一阶段的教育分为两个方面:一方面是制定规划,即引导学生确立自己的个人规划及目标,以便后期有针对性地开展指导;另一方面是提升具体能力,主要表现为针对不同发展方向的学生来帮助他们强化相应的能力。针对就业学生,学校要以提高就业竞争力为主要目标,通过开展模拟招聘,让学生切身了解招聘过程及要求,而简历制作、自我介绍、面试技巧等也都是学生需要掌握的能力,这些能力的培养能够让他们在招聘过程中少走弯路;针对升学的学生,学校要帮助他们确认考研目标、坚定考研信心,不断引导他们扎实地进行专业学习,以做到查漏补缺,并及时提醒他们关注报考学校招生动态及要求,按时准备和递交相关材料等。

4. 大四:实现与展望——就业能力提升

经过大学前三年的教育培养,大四学生要围绕目标进行冲刺,学校要引导大四学生关注社会上的信息,如应届生招聘信息、升学报考通知等,并通过开展求职面试指导、经验分享等来帮助学生提升就业胜任力,以实现目标规划。大四意味着学生将进入另一个新的阶段,学校要对学生进行职前教育,以帮助学生了解职场上可能遇到的问题,从而使学生避开误区。同时,学校应鼓励大四学生积极参与实习等活动,以提前体验职场生活。

四、总结分析

本文分析了我国大学生的生涯适应力现状和高校培养现状,并针对不同年级学生的发展特质,构建了"生涯四维阶梯"培养模式,细化了各年级的培养目标及方式:大一侧重于自我认知和职业启蒙教育;大二是综合能力提升和职业认知教育;大三落实为制定目标规划,提升具体能力;大四进行目标冲刺。通过"生涯四维阶梯"培养模式,学校能够帮助学生循序渐进地提升个人的生涯适应力。

参考文献

[1] Barabasi A.L., *Linked: How Everything Is Connecetd to Everything Else and What It Means for Business, Science and Everyday Life*[M]. New York: Penguin, 2003.

[2] 沈之菲.生涯心理辅导[M].上海:上海教育出版社,2000.

[3] 关翩翩,李敏.生涯建构理论:内涵、框架与应用[J].心理科学进展,2015, 23 (12).

[4] Savickas M.L., Porfeli E.J., *Career Adaptabilities Scale: Construction, Reliability, and Measurement Equivalence Across 13 Countries*[J]. *Journal of Vocational Behavior*, 2012, 80(3).

[5] Hou Z.J., Leung S.A., Li X.X., *et al.*, *Career Adapt-Abilities Scale—China Form: Construction and Initial Validation*[J]. *Journal of Vocational Behavior*, 2012, 80(3).

[6] 李蕾,陈鹏.发达国家职业启蒙教育的经验与启示[J].职教论坛,2017(21).

[7] 阮娟.后现代生涯理论及其对大学生职业发展教育的启示[J].东南学术,2016(4).

[8] 关翩翩,李敏.生涯建构理论:内涵、框架与应用[J].心理科学进展,2015,23(12).

[9] 许永胜.大学生思想政治教育工作中集体塑造模式的构建[J].中国科教创新导刊,2012(22).

后疫情时代下的高校“三全育人”之创新思考

□ 党委宣传部/蔡　霞

2020年年初，新冠肺炎疫情席卷全国，给教育带来深远影响。疫情发生以来，各大高校围绕“立德树人”这一根本任务，守好“离校不离教”的“质量线”，积极探索疫情期间的学生思想引领和学生管理服务的“云”模式，确保疫情防控期间“育人”不断线。当前，我国率先进入“后疫情时代”，这在为“三全育人”带来诸多挑战的同时，也带来了新的机遇。

一、疫情时代下的高校“三全育人”所取得的成效

自新冠肺炎疫情发生以来，各高校高度重视并坚决贯彻落实上级工作部署，迅速投入抗击疫情工作，充分发挥“三全育人”在疫情防控中的推动实践之作用，从而将“三全育人”工作落到实处，落实到疫情防控一线上。

自今年三月份以来，高校都以“在线教学”开启了春季学期的教学工作新模式。数月以来，通过互联网“云端”的师生见面，高校实现了疫情之下的“停课不停教，停课不停学”。为做好特殊时期的本科教学工作，力争“在线学习与线下课堂教学质量实质等效”，高校上下主动思考，教师学生积极应对，确保线上教学效果不打折、不缩水。课程育人有力保障了教学效果。

面对这场前所未有的在线教学挑战，广大高校利用“空中课堂”，通过师生的齐心协力和艰辛努力，采取多种措施，将在线教学“空中课堂”打造成育人新阵地，实现了疫情防控常态化背景下的在线教育教学的良好开局。除了课程育人以外，实践育人、心理育人、文化育人、网络育人等工作的表现也特别突出。在这场疫情中，大学生的社会责任感、爱国主义热情等明显增强，青年大学生齐心协力、群防群控、深入家乡，他们投身志愿服务工作，为防疫攻坚战贡献了自己的青春力量。在组织大学生聚焦疫情防控工作的同时，高校也积极收集与挖掘大学生的抗“疫”先进事迹，以传播青年学生志愿者的战“疫”故事，弘扬社会正能量精神，坚定必胜信心。

为做好疫情防控期间的学生教育引领工作，高校积极部署，充分利用各

级各类网络文化阵地，牢牢把握网络文化育人主动权，做好疫情防控布置、疫情知识宣传普及创意作品网络展示、学生心理疏导、志愿者事迹宣传等工作，构建疫情防控下的网络育人新矩阵，保证了疫情期间的学生思想教育工作。此外，疫情面前，高校还高度重视学生心理健康，制定疫情防控心理危机干预预案，积极开展疫情防控工作线上宣传，通过各种线上方式进行心理压力疏导和情绪调节知识宣讲，加强对学生的心理疏导与学习生活指导，时刻守护学生的心理健康。

二、疫情时代下的高校“三全育人”所面临的问题

疫情防控让莘莘学子暂时无法回到美丽的校园，但线上教学的如期开展有效保障了教育教学工作的正常进行，充分实现了教书育人工作不断线。然而，在收获的同时，线上育人模式也暴露了一些问题。

有调查反映，在线教学的认可度在60%左右，但也有一些学校表示，学生的学习效果参差不齐。在线上学习的模式下，有些自律性、自觉性更强的学生的学习效果较为可观，而平时没有自学能力、自觉性稍差的学生的在线学习效果就不甚理想。

有的学生自制力较差，较为散漫；有的学生认为在线学习的“效果没有在学校好，没有课堂氛围，网络还经常卡”；还有的学生因为家里没有电脑且使用的手机屏幕小，而经常看不清楚老师课上通过白纸写的例题。虽然在线学习的内容可以回看，但效果难免打折。没有宽带、网速慢、没有电脑、手机非常卡、抄作业、缺打印机等问题，使得“云”育人也打了一定的折扣。缺乏面对面监督的线上教学更大程度上是在考验学生的自觉性和自学能力。随着采用在线学生的时间越来越长，自学能力强的学生和自觉性差的学生之间的差距会进一步被拉大。

此外，疫情也导致了平时不易发现的心理问题。隔离完全打乱了节奏，学生必然会体验到很多无助感与失望感，而每天各类有关疫情的信息所带来的不确定感，也会引发更多的焦虑与恐惧，可能还伴随着抑郁、愤怒的情绪。从亲子关系来看，疫情期间，家长和学生发生冲突的频率比以前高。在专家看来，家长角色的增多、时空的转变，以及家长、学生双方的心理特点，都增加了疫情下的亲子关系之复杂性。随着学生在家的时间越来越长，亲子矛盾就

变得越来越突出，有些地方甚至出现了一些极端事件。

从管理育人和组织育人的角度来看，疫情期间的师生管理都较为散乱，学校不易详细掌握各项信息，诸多工作都缺乏“监督”。“云”管理难免会使主题党日、主题团课和主题团日活动打“折扣”。

三、后疫情时代下的高校“三全育人”之创新思考

当前，新冠疫情逐步由高峰期转入控制期，全国新增确诊和新增疑似病例已现趋势性拐点。疫情控制和有序复工是当下政策的关注焦点。专家认为，疫情的一次性冲击终会结束，但巨大的经济代价和社会成本，以及对全社会的心理冲击所造成的影响将会持续，并且可能成为经济结构和社会治理创新变革的催化剂。

不管教育生态如何变化，后疫情时代必然会为“三全育人”带来机遇与挑战。保证线上与线下的育人效果一致，坚持推进课程思政和引导自主学习，为学生的在线学习提供广阔的空间，释放学生的自主学习潜能，这些是后疫情防控时代的育人“攻坚战”。只要高校“立德树人”的根基不变，“三全育人”工作就会有进一步的改革创新。

（一）深入推进思政课程

疫情防控就是一场生动的思政大课。在以习近平同志为核心的党中央关于疫情防控的决策部署下，中国抗疫彰显了中国共产党领导和中国特色社会主义制度的显著优势。这场“思政大课”内容充实、案例丰富、讲述生动，凸显了中国战“疫”的“硬核”力量。在后疫情时代，高校要以疫情防控为生动教材，深入推动习近平新时代中国特色社会主义思想进教材、进课堂、进头脑。

学生制定的实验方案、正在开展的研究工作、科学竞赛等一系列的科研活动都被搁浅或延期。在严峻的形势下，如何做到“停课不停研”？高校亟须创新科研育人模式，努力将因疫情而停止科研的影响降至最低，不断提升学生的科研素养和能力。在疫情防控期间，高校可以着重加强科研管理制度的优化，明确科研育人功能，继续把思想政治表现和育人功能发挥作为评价科研人员业绩的基本标准与组建科研团队的底线要求。同时，高校应加强学术诚信和科学家精神教育，积极推进科研反哺教学。高校应尽量将作为疫情防控期间最大实践载体的志愿者服务有机地进行融合与整合，从而探索出一条

新路，以形成实践育人统筹推进的工作格局。

以疫情防控为契机，高校应深入开展建党精神教育、革命传统教育和爱国主义教育，并以传承和弘扬本地红色精神与高校红色精神为抓手，扎实推进文化育人工作，注重以文化人、以文育人。高校应推进新时代文明实践中心平台建设，优化校风学风，繁荣校园文化，培育大学精神，从而滋养师生心灵、涵育师生品行、引领社会风尚。

（二）落实网络育人任务

在后疫情时代，作为思政工作主要平台的易班将围绕立德树人、育人的宗旨，落实网络育人任务，推动思想政治工作传统优势同信息技术高度融合。通过增强易班网络内容供给，高校能够巩固网络思政育人阵地；通过在易班平台融入课程教学，高校可以引导青年学子上好网上团课。高校应多措并举地夯实网络育人工作，大力推进网络教育，拓展网络平台，丰富网络内容，推动思想政治工作传统优势同信息技术高度融合，从而传播主旋律、弘扬正能量。

新冠肺炎疫情不仅对人们的身体健康造成损害，而且给不同人群造成了心理上的冲击。虽然学生已适应了线上学习的节奏，但持续的宅家生活与云端学习也使得部分同学产生了烦闷、压抑、焦虑等情绪，从而为心理育人工作带来了一定的挑战。如果学生正处于毕业求职季，那么更难免产生内心焦虑、伤感、期待与希望叠加的复杂情绪。因此，在后疫情时代，高校需要始终关注学生、围绕学生、服务学生，在创新思想的基础上积极开展心理育人工作，引导青年学生在集体中互诉互伴、互帮互助、互信互爱，以此守护心灵健康，筑牢朋辈间的“心理疫情防火墙”。

（三）使“三全育人”理念贯穿疫情防控始终

高校应加强学校治理能力和治理体系现代化建设，强化科学管理对道德涵育的保障功能，大力营造治理有方、管理到位、风清气正的育人环境。

高校要把解决实际问题与解决思想问题结合起来，围绕师生、关照师生、服务师生，为师生提供精准服务，增强供给能力，积极帮助师生解决工作学习中的合理诉求，在关心人、帮助人、服务人中教育人和引导人。高校应加强资助工作顶层设计，进一步完善资助育人体系，以需求精准为导向，以帮扶精准为核心，积极完善“物质资助、精神引领、能力提升”三位一体的多元资助育人模式。

高校要把组织建设与教育引领结合起来，发挥各级党组织的育人保障功能，发挥工会、共青团、学生会、学生社团等组织的联系服务、团结凝聚师生的桥梁纽带作用，促进师生全面发展。高校应推进校际协同育人、区校协同育人、产学研协同育人工作，着力打造校外育人基地平台，积极创建校外育人品牌项目。高校应积极参与区域化党建，推进大中小幼思政一体化建设，参与长三角大中小幼思政一体化工作。

高校应实施“三全育人”队伍建设工作，推动中央关于高校思想政治工作队伍和党务工作队伍建设的政策要求与量化指标落地。高校要在高校智库、国家安全和国防教育、美育、特色体育运动等层面全方位开展综合育人实施计划，培养德智体美劳全面发展的人才。

在后疫情时代，“三全育人”的推进工作更应该按下快进键，以适应形势的要求。高校应积极谋划、狠抓落实，充分发挥网络优势，利用线上平台，全员行动、全过程行动、全方位行动，将此次疫情当成重要教材，将防疫与学生思想政治教育相结合，使“三全育人”理念贯穿疫情防控始终。

“食品微生物学”课程思政育人方式方法初探

□ 食品学院/欧 杰 张 雯

习近平总书记在全国高校思想政治工作会议上提出，“要坚持把立德树人作为中心环节，把思想政治工作贯穿教育教学全过程，实现全程育人，全方位育人”，从而确立了“课程思政”的教育理念，制定了“三全育人”的教育方针。同时，习近平总书记要求高校用好课堂教学这个主渠道，使各类课程都与思想政治理论课同向同行，形成协同效应。

高等教育对社会发展具有促进作用，其是社会发展的重要依靠和动力之源，社会的进步离不开高等教育的发展和改革。所以，在高等教育中发展课程思政教育是十分有必要的，高校应使课程思政贯穿教学的全过程，以培养专业知识扎实、三观端正、爱国敬业的综合性人才。其中，课堂教学是高校人才培养的主要途径，“三全育人”需要充分发挥课堂教学的功能，改革课堂教学方式和内容，挖掘课程中潜在的思政内容和育人功能，巧妙地设计教学内容与思政精神，有机融合知识的讲授和思想政治元素，将专业知识、价值观引领、政治思想塑造和情感激发汇聚于一处，使课程思政展现出春风化雨之效，做到“育人有温度，润物细无声”。

一、“食品微生物学”的教学内容和思政意义

“食品微生物学”是由微生物学分支发展而来的一门基础学科，是食品专业学生就业和进行相关科研的基础课程。“食品微生物学”由农学、工学、医学等学科互相交织而成，是一门具有国际通用特点的专业必修课。“食品微生物学”的课程内容包括：微生物的形态和构造、营养和生长生态、代谢和发酵控制、分类和鉴定；食品中微生物的生物学特性；有害微生物在食品工业中引起的危害及其预防和消除；有益微生物在食品生产中的开发利用，等等。

“食品微生物学”是培养食品科学和食品安全人才的重要基础课程，其教学目标包括：使学生对微生物学产生宏观整体认识，着重培养学生学习、表达、交流和协调四个方面的能力，实现价值塑造、能力培养和知识传授的三位

一体;帮助学生树立正确的政治认同感、国家意识、社会体制观念和专业思想;引导学生学会团队合作,培养人文关怀,激发学习动力。在课程教学中融入思政内容,能够在学生学习与就业时进一步增强其作为食品从业及研究人员对行业的认同感、社会责任感和爱国情怀。除此以外,课程思政还有助于高校以规则意识、敬畏生命、心理道德教育、职业道德等为着力点,使知识传授与价值引领同频共振。

二、“三全育人”与教育内容和教学方式的结合

思想政治工作是精神上的“盐”,是每个人成长过程中的精神灵魂塑造工具之源泉。习近平总书记强调,“好的思想政治工作应该像盐,但不能光吃盐,最好的方式是将盐溶解到各种食物中自然而然吸收”。为了实现思政工作贯穿教学全过程的目标,高校需要将思政精神当作盐,将教学内容当作食物,使二者有机结合,让学生在学“饱”内容的同时,能够学得“津津有味”“回味无穷”。

在课程思政的内容和教学方式中,高校需结合时代精神与社会发展的主流趋势。中华传统文化源远流长,习近平总书记曾强调,文化自信是更基本、更深沉、更持久的力量。高校应将“四个自信”与学生的学习认知相结合,并联系当前的社会热点和国家发展所遇到的挑战,使思政教学有的放矢、对症下药,以引导学生积极践行社会主义核心价值观,从自身做起,从现在做起,从而使“三全育人”耳濡目染、潜移默化地影响学生。

通过总结考察“食品微生物学”课程思政与各个章节的联系,我们可以将思政内容细化到具体的知识点,并将课程思政延伸至教学方式,以提高学生的参与感。

(一)“微生物学发展史”与课程思政的结合

“食品微生物学”课程绪论部分的“微生物学发展史”可以与“三全育人”实现结合。学生除掌握微生物学奠基人巴斯德在狂犬病和炭疽病微生物发酵方面做出贡献的知识点外,更需要借由知识点来体会巴斯德科学研究成果背后的精神,正是这种精神支撑着巴斯德在卫生环境保障不全的年代,攻克了一个又一个的科学难题。诺贝尔医学和生理学奖获得者科赫除了在实验室中钻研外,还曾远赴埃及、印度等地救治霍乱患者,他在条件极

端困难的情况下仍然取得了造福世界人民的科研成就，并总结出了科赫法则。

教师还可结合在社会突发卫生事件中做出突出贡献者的经典实例来开展思政教育，如抗击2003年重症急性呼吸综合征（SARS）和2020年新型冠状肺炎的领军人物、中国首批"国家级有突出贡献专家"钟南山院士。2003年，钟南山等专家组成的小组研究出的三大治疗原则治愈了上千患者，创下了世界最低的非典致死率；2020年，84岁的钟南山院士继续冲在抵御新型冠状病毒的最前线。

学生不仅可以在绪论中初步了解微生物学，而且能够感受学科奠基人和领军人物在艰苦的社会大环境中如何笔耕不辍、坚持探索、刻苦钻研、突破传统思维的羁绊、勇于创新、无私奉献和热爱祖国。专业知识结合时事热点，这种做法更能激发学生的学习兴趣。

（二）"微生物的形态和结构"以及"微生物的营养和生长"与课程思政的结合

"食品微生物学"课程的第二章"微生物的形态和结构"的学习内容主要为细菌、霉菌、酵母菌、病毒的细胞形态结构、生理功能及细菌菌落特性。2020年，新冠病毒给世界公共卫生安全带来了重大挑战，新冠病毒的形态结构对研发疫苗具有重大意义。教师可以通过介绍新冠病毒的形态结构来引入第二章的内容，并引导学生向疫情中艰苦奋斗、不忘初心的医护工作者学习。通过讲授专业知识、讨论国际社会疫情现状、解答学生疑惑等方式，教师能够引导学生从科学的角度看待新冠病毒，以专业素养听从国家的安排、培养规则意识、积极参与疫情防控工作，从而提升学生的社会责任感，并且强化学生敬畏生命、保护自然和野生动物的意识。

（三）"微生物代谢"与课程思政的结合

"微生物代谢"这一章节的主要教学内容为微生物的生长代谢等。针对这一章节的内容，教师可以结合我国科学家凭着科学探索的钻研精神发明了混菌发酵法和二步发酵法的事例：邓子新院士从事放线菌及抗生素生物合成的微生物代谢工程及次生代谢产物的研究，他在实验中排除阻力、坚持创新进取，从而打破了国外技术垄断，实现了科学报国的志向。思政教学使学生体会到文化自信、严谨求实的科学态度、团结精神以及逻辑与辩证思维。在讲授过程中，教师向学生弘扬创新创业精神和爱国精神，从而在传道的同时，帮助学生修身立德，塑造学生的健全人格。

（四）“食品腐败和食品保藏”与课程思政的结合

“食品腐败”这一章节的主要教学内容为食品腐败变质发生的基本条件、化学过程、现象和原因。教师在开展思政教育方面可结合的内容包括骆肇荛、陈淘声等我国近代食品微生物开拓者和奠基人刻苦钻研、淡泊名利、勇于攻关的事例。我国食品科学家的事例能够使学生在学习过程中感受到科学研究的复杂性，并在学习中借鉴科研工作者敬业乐观的合作精神与社会责任感。

（五）“微生物和食品安全”与课程思政的结合

“微生物和食品安全”这一章节的主要教学内容为食品与微生物的关系，教师可以让学生思考我国食品工业的发展现状。

我国的食品工业是国民经济的支柱产业和保障民生的基础性产业。2019 年 1—8 月，全国规模以上食品工业企业营业收入 52 164.6 亿元，增长 5.7%。其中，农副食品加工业营业收入 29 837.2 亿元，同比增长 4.8%。食品制造业营业收入 12 121.1 亿元，同比增长 7.0%。我国的食品工业正在又好又快地稳步发展。通过直观的行业数据，学生能够提升对本专业的认同感，以及民族自豪感和自信心。

（六）“三全育人”与教学方式的结合

学生可以结合食品行业的社会热点与食品科学家的科研事迹进行 PPT 答辩、撰写课程短文或演讲比赛、开展自我学习和朋辈交流，这些途径能够使学生积极思考并提出见解，从而让课程思政学习及交流变成双向教学，以实现提高学生对课程思政内容的参与感，以及培养学生的团队协作意识和规则意识之目标。

在疫情防控向全胜目标稳步迈进之际，高校也深入贯彻落实习近平总书记关于新冠肺炎防控工作的重要指示，将守护师生身体健康和生命安全放在第一位。目前，社会各界正在积极地稳定疫情，开展复工复产。许多高校虽然尚未开学，但是他们都选择了通过直播的方式授课。课程直播不仅解决了疫情期间上课难的问题，而且打开了新的教育窗口。在做到知识传授和课程思政同频共振的同时，各高校结合中国社会各界齐心协力抗击疫情并协助世界人民共同抗疫的事例，在直播课程中与学生"同屏共振"。通过"线上课程思政"，高校与学生保持密切的联系，不断加强思想政治理论教育，致力于培养学生的社会责任感和规则意识，有效提升思想政治教育的亲和力与针对性，以真正实现疫情期间的"教师离校不离教，学生停课不停学"，从而推动课程思政稳步进行。

三、结论

本文就"食品微生物学"课程的"三全育人"教学方法进行了叙述，明确了应将"三全育人"落实到课堂上，为人才培养打好基础，并且要形成教书育人一体化的课程，从而不断向社会输送德智体美劳全面发展的人才，以助力社会文化自信和科技之发展。

参考文献

[1] 高德毅，宗爱东.从思政课程到课程思政：从战略高度构建高校思想政治教育课程体系[J].中国高等教育，2017(1).

[2] 欧杰，蒋采贝.《食品微生物学》课程教学目标达成度分析[J].教育现代化，2019，6(97).

[3] 张灵枝.食品微生物检测的必要性及其影响探讨[J].食品安全导刊，2019(6).

[4] 中华人民共和国工业和信息化部.2019 年 1—8 月食品行业运行情况[DB/OL]. http://www. miit. gov. cn/n1146312/n1146904/n1648366/n1648369/c7501508/content. html，2019-11-1.

以课程思政三维模式建设深入推进“三全育人”

□ 外国语学院/杨德民

习近平总书记在2016年12月的全国高校思想政治工作会议上指出，“要坚持把立德树人作为中心环节，把思想政治工作贯穿教育教学全过程，实现全程育人、全方位育人”。2017年2月，《关于加强和改进新形势下高校思想政治工作的意见》(以下简称《意见》)指出，加强和改进高校思想政治工作的基本原则之一，是“坚持全员全过程全方位育人。把思想价值引领贯穿教育教学全过程和各环节，形成教书育人、科研育人、实践育人、管理育人、服务育人、文化育人、组织育人长效机制”。“三全育人”的概念由此产生。

一、“三全育人”与课程思政

我们可以将“三全育人”理解为“大思政”格局的一种具体化形式，即“立德树人需要所有高校工作者、教育者共同参与，需要发挥各门课程既育德又育人的积极作用”。各级党委、行政部门和全校教职员工都是德育主体，都肩负“以德育人”的使命，只是德育形式有所不同。

课堂教学是思想政治教育的主渠道。习近平总书记指出，要用好这个主渠道，“其他各门课都要守好一段渠、种好责任田，使各类课程与思想政治理论课同向同行，形成协同效应”。2019年3月，习近平总书记在学校思想政治理论课教师座谈会上提出八个“相统一”，其中之一便是“要坚持显性教育和隐性教育相统一，挖掘其他课程和教学方式中蕴含的思想政治教育资源，实现全员全程全方位育人”。该论述说明，思政教育是贯穿“三全育人”各个环节的。

课程思政最早由上海于2014年提出，其基本含义是教育全过程要贯穿德育教育，全员参与、全过程实施、全方位推进，发掘各类课程的思政元素，与思想政治理论课同向同行，形成协同效应，将“立德树人”作为教育的根本任务。2017年，课程思政的理念普及推广全国，标志着“立德树人”在高校从理念走向实践。

全员、全过程、全方位的课程思政工作，就是把传统意义上的思政类课程的单一思政育人任务，拓展为各专业的各科目都参与其中、各科目的教师全员动员、各教育教学管理单位全方位介入的“三全育人”的“大思政”格局。作为一个系统工程，课程思政需要强有力的组织领导和健全的制度保障。习近平总书记指出，办好我国高等教育，必须坚持党的领导。《意见》也强调，要加强和改善党对高校的领导。

二、课程思政三维模式建设

党建引领下的课程思政三维模式建设，能够有力地保障课程思政的常态运行。在党建引领课程思政的模式下，积极运用好第一、第二和第三课堂（网络课堂），引导教师在知识育人、行动育人、科研育人等方面紧密结合，充分发挥党组织、学校、学院、各系部、各教研室、各教研团队的支持、保障和监督功能，全员、全过程、全方位地做好课程思政教学工作。三维模式被概括为“引领—推进—保障：课程思政三维模式建设”。

（一）党建引领的主导作用

2020 年 5 月 28 日，教育部印发《高等学校课程思政建设指导纲要》（以下简称《纲要》），该文件为使思想政治教育贯穿人才培养体系提供了依据。《纲要》明确了课程思政建设的目标要求和内容重点：(1)推进习近平新时代中国特色社会主义思想进教材进课堂进头脑；(2)培育和践行社会主义核心价值观；(3)加强中华优秀传统文化教育；(4)深入开展宪法法治教育；(5)深化职业理想和职业道德教育。人才的培养，关键在教师。党建引领的主导作用体现在做好对教师的教育。党组织要引领“传道者自己首先要明道、信道……要坚持教育者先受教育”。在总体设计上，高校要做到上述五项目标和内容进全校教职工的内心，特别是全体教师要理解上述五项目标和内容并内化为自觉意识，从而在教育教学过程中融会贯通，以达到“润物细无声”的效果。2020 年 3 月 15 日，上海海洋大学党委印发《关于进一步推进“三全育人”综合改革实施方案》（以下简称《实施方案》），该文件为“整合各方育人资源，一体化构建内容完善、标准健全、运行科学、保障有力、成效显著的高校思想政治工作体系，使思想政治工作贯穿学科体系、教学体系、教材体系、管理体系，形成全员全过程全方位育人格局”构建了总体框架，是学校“三全育人”工作的总指引。上海海洋大学各学院党委要发挥好引领作用，组织各支部、系部按照这一总体框架做好思政育人工作，做到党建与业务有机融合，并利用线上和线下的各教工党支部组织生活、各系部例行业务工作会议组织教师学习，做到“教育者先受教育”。各高校应指导各教工党支部、各系部有针对性地收集并推送适合指导学生思想提升的材料给各教学团队，作为思政素材的有益补充。此外，各高校还应鼓励教师积极发现、主动发掘课堂内外的思政素材，并将分享素材和教学成果作为各科目的教学研讨内容加以落实。

（二）多方联动的推进作用

在三维模式中，如果说党建引领侧重于纵向引导，那么多方联动则更多地体现为横向拓展。首先，多方联动发挥了党员教师的先锋模范作用，使他们在系部层面的业务学习和集体研讨时，影响并带动非党员教师提升自身的思政素养。党支部定期组织全系部进行理论学习，有计划、有层次地把《纲要》和《实施方案》所要求的课程思政建设的目标要求与内容重点传达给全体教师。理论学习注重学习效果，以确保思政工作要点的普及从党建层面向非党员教师辐射。其次，在全方位育人层面，多方联动强调教育者的言行在德育育人中的重要作用，这主要反映在行动育人方面。高校应引导教师树立“身正为范”的师德模范意识，使他们在与学生的日常交往、第二课堂、第三课堂等环节发挥道德素养的影响作用，以引导学生树立正确的价值观与道德观。最后，多方联动注重科研育人的辐射作用。高校应激励教师在教学与科研方面齐头并进，以此向学生实施无声的职业道德教育。在一定意义上，教师科研水平的高低和成果的多寡，对学生的影响是深层次的。高校要鼓励教师积极投入科研和教研，力求以优异的研究成果感染学生。教师要在其位谋其政，这样对其他教师也能形成示范效应。

（三）科学全面的保障体系和支撑机制

《纲要》还要求加强课程思政建设组织实施和条件保障。科学全面的保障体系和支撑机制是建立课程思政工作长效机制不可缺少的环节。第一，高校要完善教学体系，即修订培养方案，构建科学合理的课程思政教学体系，完善课程体系设计、做好教材规划，形成循序渐进的育人结构。知识的传授要适应国家建设的需要，思政教育要适时，要通过立德来实现全面树人。第二，高校的管理体系要体现出对政治思想和价值引领的监督。在教学督导查课、领导干部听课、“好课堂”评选等常规工作中，高校应融入课程思政考查项目，并在教学大纲中明确思政要点和对应章节；教师在日常教学中应有机融入思政元素。第三，高校要及时提供智力支持，互学互鉴共享，拓展教师思政教学视野。第四，教师要提升思政教学技能。高校应安排观摩课，并利用示范课的引领功能，把思政教学做到精细入微。第五，高校要发挥典型示范作用。高校应鼓励、带动全体教工对标争先，做思政教学的典范。此外，高校可以设立奖励来表彰思政工作方面表现突出的教师。

为做好“三全育人”工作，高校必须坚持社会主义办学方向，培养高水平师资力量，形成高水平人才培养体系。贯穿其中的，是以课程思政为主要内容的思想政治工作体系。课程思政的落实，就是在深层次地推进“三全育人”工作。

参考文献

[1] 高德毅，宗爱东.课程思政：有效发挥课堂育人主渠道作用的必然选择[J].思想理论教育导刊》，2017(1).

[2] 顾海良.学习习近平新时代中国特色社会主义思想，推进新时代高等教育事业科学发展[J].中国教育干部网络培训课程，2020.6.

[3] 教育部.高等学校课程思政建设指导纲要，2020.5.

[4] 上海海洋大学.关于进一步推进“三全育人”综合改革实施方案，2020.3.

[5] 习近平.全国高校思想政治工作会议讲话，2016.12.

[6] 习近平.学校思想政治理论课教师座谈会讲话，2019.3.

[7] 于向东.围绕立德树人根本任务　探索思政课程与课程思政有机结合[J].光明日报，2019.3.27.

[8] 国务院.关于加强和改进新形势下高校思想政治工作的意见，2017.2.

强化高校管理育人方法刍议

□ 人事处/李毅超

"三全育人"中的"育人",重在"育德",即基于受教育者的实际情况,帮助其形成符合社会要求的思想品德。"育人"是针对要使思想政治教育工作贯穿教育教学全过程而提出的,其旨在更好地培养德智体美全面发展的社会主义建设者和接班人。作为"三全育人"的重要一环,管理育人也应以落实"立德树人"这一教育的根本任务为目标,通过加强学校治理能力和治理体系现代化建设,逐步强化科学管理对道德涵育的保障功能。这就提出了一个问题,即强化管理育人的方法有哪些?这一问题的实质是如何通过科学管理对师生进行隐性的思想政治教育。本文仅从高校一般管理工作的角度出发,对上述问题进行简要分析。

一、实践锻炼法

所谓实践锻炼法,是指在管理者(行政管理人员)的引导下,在管理对象(师生)亲自参与高校管理实践活动的过程中,培养管理对象的优良品德和行为习惯。实践锻炼法以马克思主义实践观为依据,强调实践主体通过实践中介认识实践客体,这里的实践主体是管理对象,实践中介是高校管理工作,实践客体是思想品德和认识能力。

毛泽东在《实践论》中指出,"无论什么人要认识什么事物,除了同那个事物接触,即生活于(实践于)那个事物的环境中,是没有办法解决的"。的确,引导师生参与到高校管理工作中,使他们由管理对象转换为管理者,这是帮助师生认识高校管理工作,进而提升自身思想觉悟和认识能力的直接途径。在管理育人中,实践锻炼法在培养师生的思想品德方面具有重要意义。首先,实践锻炼法是师生认识高校管理活动、培育做好管理工作所需要的思想品德和行为能力的重要途径。参与高校管理活动能够使师生更好地体悟行政管理人员的角色状态,并在管理过程中提升自身的敬业意识和工作能力。同时,既是管理对象又是管理者的双重属性,能够让有师生参与的高校管理活动更具针对性。其次,实践锻炼法有利于提升师生的思想觉悟和认识能力。实践锻炼的过程,是师生运用理论来指导管理实践开展的过程,其能够帮助师生增强管理能力,明确是非、对错的标准,进而提高自身思想觉悟,形成良好的行为习惯。最后,实践锻炼法能够促使师生完成内化到外化的转变。完成管理工作需要师生将所学知识转化为处理问题的方法,并调动完成工作所需的人、财、物,这能促使师生增强社会适应力。在这里,管理工作扮演了外在压力的角色。

在高校的管理育人工作中,实践锻炼法的运用形式多种多样,经常被使用的形式有学生层面的勤工助学、为学校管理工作提意见、企业实习、教师助理、志愿服务、社会实践等,以及教师层面的挂职锻炼、产学研践习、轮岗等。

二、熏陶感染法

所谓熏陶感染法,是指管理者(行政管理人员)充分利用高校的环境因素和育人情景,通过对管理对象(师生)的熏陶感染,春风化雨、润物无声地培养其思想政治品德。熏陶感染法以唯物主义社会历史观为理论依据,强调寓理于情、以情动人,其帮助管理对象在一个治理有方、管理到位、风清气正、和谐生动的管理环境中形成正确的思想品德。

马克思在《关于费尔巴哈的提纲》中提到,“环境的改变和人的活动或自我改变的一致,只能被看作是并合理地理解为革命的实践”。马克思分析了人与环境的辩证统一关系,并指出作为环境的产物,人的思想的形成和发展与环境的影响密切相关。在管理育人中,熏陶感染法对师生思想品德培养的意义主要表现在三个方面。首先,管理环境对师生的思想品德之形成具有强化作用。这种强化作用主要通过媒介环境来实现,即通过对高校管理理念及方式的反复宣传、影像声音的多角度展示、管理榜样的表彰示范等外部刺激来引导师生体悟高校管理工作中所蕴含的思想品德观念。其次,熏陶感染法有利于行政管理人员运用管理规章来引导师生的思想和行为,从而实现育人目标。高校管理工作中的规章制度之强制性,能够引导师生遵守工作纪律、遵循工作流程,进而培养其规则意识,并形成良好的行为习惯。最后,熏陶感染法能够借助管理环境的感染性,通过暗示、模仿、从众、集群等群众心理,间接影响师生的思想品德和行为习惯。将思想政治教育工作融入日常管理工作中,通过愉悦的管理服务方式、人性化的管理工作环境、合理的管理工作程序,让师生在被管理的过程中产生对行政管理人员的情感共鸣,进而推动师生思想品德的形成和发展。

在高校的管理育人工作中,熏陶感染法有多种运用形式,经常被使用的形式包括:大众传媒,如广播、电视、网络等,其以不同的方式宣传高校管理理念、工作流程等,从感官上对师生思想品德的形成施加强化影响;人格感化,即行政管理人员通过热情的服务、诚恳的态度、优良的作风来感染师生,用情感引导师生形成良好的思想品德;环境影响,即有目的地选择和营造蕴含正确价值观的管理环境,好的管理环境能够帮助师生产生积极健康的情感。

三、培训教育法

培训教育法是基于管理者(行政管理人员)的育人能动性而产生的,是指高校根据管理育人的目标和要求,在管理者自我意识的基础上,通过说理引导和自我教育来帮助管理者掌握并强化管理育人意识与能力。培训教育法以马克思主义灌输理论为主要依据,强调以理服人和发挥管理者的主观能动性,被动与主动相结合地接受先进思想和正确行为,进而提升自身管理育人的意识及能力。

列宁在《怎么办》一书中指出,“工人本来也不可能有社会民主主义的意识。这种意识只能从外面灌输进去”。在这里,列宁强调了工人的被动接受性。的确,在高校的管理育人工作中,管理者不可能自发具备管理育人的意识和能力,高校需要通过说理引导来帮助管理者被动地接受管理育人的相关知识。这里的说理引导可以通过培训教育的方法来实现。当然,在培训教育的过程中,高校也要充分考虑管理者的主观能动性,重视自我教育。管理者只有在自我意识的基础上主动接受管理育人这一正确的思想与行为,才能真正地具备管理育人的意识和能力。培训教育法在管理者掌握管理育人的意识和能力,做好高校管理育人工作方面具有重要意义。首先,培训教育能够更好地帮助管理者解决管理育人的认识问题。是否具备管理育人的意识属于认识问题，认识问题的解决只能靠说理引导来说服，而不能通过行政命令来压服。培训教育能够通过针对性较强的理论阐释、方法运用、案例讲解等形式来帮助管理者更直观地认识和了解何谓管理育人。其次，培训教育能够帮助管理者加快管理育人的外化进程。管理者运用管理育人的相关知识来指导实践开展，这是管理育人外化的问题。培训教育的授课内容往往具有可复制性强的特点，可以帮助管理者实施管理育人提供经验方法。同时，培训教育往往以一对多的形式开展，更容易引起管理者群体对管理育人工作的共鸣。最后，培训教育能够更好地激发管理者增强管理育人的意识和能力的主动性。在高校的管理育人工作中，培训教育是帮助管理者形成符合高校管理育人目标和要求的思想观念的实践活动，其教育者（授课讲师）和受教育者（管理者）互为主客体的特性，能够使管理者更好地发挥主观能动性，并帮助管理者更加自觉、主动、积极地进行管理育人方面的学习。

在高校的管理育人工作中，培训教育法通常以集中学习与自我学习相结合的形式开展。其中，集中学习的形式包括讲解、报告等，主要以单向影响为主，其能够系统阐释管理育人的相关问题；自我学习的形式包括阅读书籍、观看影视、自我反省、自我总结、参观调查等，主要以激发自我教育动机为主，其能够更好地满足管理者个人的需要和追求。

参考文献

[1]《毛泽东选集》(第一卷)[M].北京：人民出版社，1991.
[2]《马克思恩格斯选集》(第 1 卷)[M].北京：人民出版社，1995.
[3]《列宁全集》(第六卷)[M].北京：人民出版社，1995.

基于“三全育人”体系的高校师德师风建设探究

□ 食品学院/陈　慧

自党的十八大以来，习近平总书记在全国高校思想政治工作会议、全国教育大会、学校思想政治理论课教师座谈会上发表了一系列重要讲话，做出了一系列的重要指示与批示。近日，教育部等八部委印发了《教育部等八部门关于加快构建高校思想政治工作体系的意见》，提出以建立完善全员、全过程、全方位育人体制机制为关键，全面提升高校思想政治工作质量。

一、“三全育人”体系之内涵

根据张宁等人的研究，“三全育人”的教育理念启蒙于1950年的中国教育工会第一次全国代表大会所倡导的“教书育人、管理育人、服务育人”，兴起于20世纪80年代末，并于20世纪90年代末得到长足发展。2005年，胡锦涛同志在全国加强和改进大学生思想政治教育工作会议上明确提出，“各高校要努力形成党委统一领导，党政群团齐抓共管，全体教职员工全员育人、全方位育人、全过程育人的工作机制”。进入新时代后，“三全育人”的内涵在育人队伍、育人时间和育人空间三个维度的基础上得到进一步完善。教育部党组出台的《高校思想政治工作质量提升工程实施纲要》提出了“十大育人”，标志着“三全育人”机制的进一步深化。

“三全育人”包含了“十大育人”体系，为高校思政工作创新发展提供了“由全面施工到内部精装修”的蓝图。同时，在思政育人体系中，“三全育人”和“十大育人”体现为全方位、理论层面和操作层面的互构。

由图1可知，内圈聚焦第一课堂育人主渠道，形成以思政课为核心，并辐射至其他课程的思政教育课程体系，从而使所有课程都蕴含育人功能，所有教师都承担育人使命；中圈聚焦素质教育第二课堂和网络思政第三课堂，其整合校内育人资源，并调动教学、科研、管理、服务等所有环节参与育人，从而实现三大课堂联动育人；外圈聚焦开门办思政，其整合社会资源来拓展高校育人的平台和载体，从而构建出校内校外合力育人新格局。

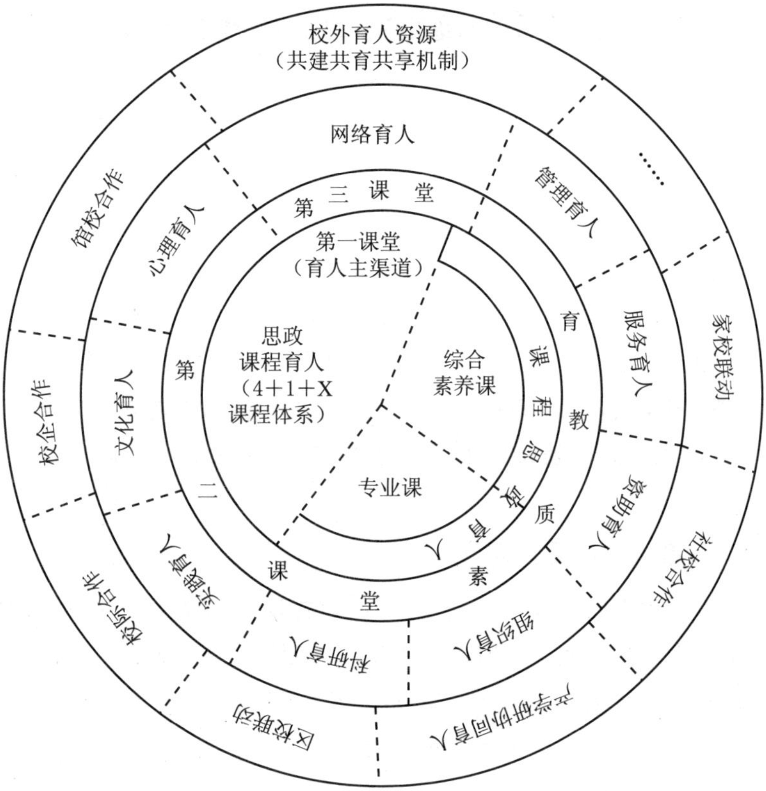

图 1 "三圈三全十育人"体系

二、"十全育人"体系的主体职责分析

纵观"三全三圈十育人"体系，本文对其实施主体进行如下分析：

表 1 "十大"育人工程职责主体分析

育人工程	基本目标	直接主体	间接主体
课程育人	实现思想政治教育与知识体系教育的有机统一。	思政课教师	其他课程的教师
科研育人	培养师生至诚报国的理想追求、敢为人先的科学精神、开拓创新的进取意识和严谨求实的科研作风。	教师	高校科研管理人员
实践育人	教育引导师生在实习实践、创新创业、社会实践和志愿者活动中增强实践能力、树立家国情怀。	教师 辅导员	企事业单位兼职指导教师

续表

育人工程	基本目标	直接主体	间接主体
文化育人	优化校风、教风、学风，繁荣校园文化，培育大学精神，建设优美环境，滋养师生心灵、涵育师生品行、引领社会风尚。	宣传部、校团委	教师
网络育人	引导师生强化网络意识，提升网络文明素养，传播主旋律、弘扬正能量，守护好网络精神家园。	学生工作部 研究生工作部 辅导员	教师和学生层面的意见领袖
心理育人	着力培育师生理性平和、积极向上的健康心态，促进师生心理健康素质与思想道德素质、科学文化素质协调发展。	心理健康教育与咨询中心	
管理育人	全面推进依法治教，强化科学管理对道德涵育的保障功能，大力营造治理有方、管理到位、风清气正的育人环境。	辅导员	校院两级管理人员
服务育人	把握师生成长发展需要，提供靶向服务，增强供给能力，积极帮助师生解决工作学习中的合理诉求，在关心人、帮助人、服务人中教育人和引导人。	后勤服务中心	
资助育人	着力培养受助学生自立自强、诚实守信、知恩感恩、勇于担当的良好品质。	辅导员	
组织育人	发挥党委的领导核心作用和基层党支部的战斗堡垒作用，发挥工会、共青团、学生会、社团等组织的桥梁纽带作用，使思想政治教育贯穿各项工作和活动，促进师生全面发展。	党团组织	担任学生支部书记的辅导员和优秀骨干教师

由表1可知，在高校的思政工作体系中，教师是办学主体，其在课堂教学、实践教学、学术研究、社会服务和人才培养中占据着主导地位，因此高校要加强师德师风建设，以德立身、以德立学、以德施教，以充分发挥教师在立德树人中的主力军作用，如此才能切实提高思政工作的实效性。

三、师德师风分析评议

教育部在《全国普通高校本科教育教学质量报告(2018年度)》中明确，“高校扎实落实立德树人根本任务，‘三全育人’工作有序开展，高校师德师风建设和教师队伍建设取得成效",并指出了师德师风建设未形成长效机制。笔者曾于2018年至2019年分别在教职工、研究生和本科生层面就上海海洋大学食品学院专任教师职业行为规范情况进行过调查。

表2　对上海海洋大学食品学院专任教师"新时代高校教师职业行为十项准则"的评价

题目/选项	对象	很好	较好	一般	较差	很差
坚定政治方向	教　师	67.86%	25%	3.57%	1.79%	1.79%
	研究生	79.09%	8.03%	2.16%	0.24%	0.48%
	本科生	82.58%	14.76%	2.56%	0%	0.1%
自觉爱国守法	教　师	67.86%	25%	5.36%	1.79%	0%
	研究生	81.97%	16.35%	1.2%	0.24%	0.24%
	本科生	85.14%	12.6%	2.07%	0.1%	0.1%
传播优秀文化	教　师	57.14%	25%	12.5%	1.79%	3.57%
	研究生	75.96%	20.43%	2.88%	0.24%	0.48%
	本科生	82.87%	13.88%	2.85%	0.2%	0.2%
潜心教书育人	教师	55.36%	23.21%	12.5%	3.57%	5.36%
	研究生	71.39%	22.36%	5.53%	0.48%	0.24%
	本科生	79.53%	16.63%	3.35%	0.3%	0.2%
关心爱护学生	教　师	57.14%	28.57%	8.93%	1.79%	3.57%
	研究生	69.95%	22.12%	6.49%	0.96%	0.48%
	本科生	76.77%	18.01%	4.72%	0.2%	0.3%
坚持言行雅正	教　师	57.14%	28.57%	10.71%	1.79%	1.79%
	研究生	75%	19.23%	5.29%	0.24%	0.24%
	本科生	80.22%	16.63%	2.76%	0.2%	0.2%
遵守学术规范	教　师	62.5%	25%	8.93%	1.79%	1.79%
	研究生	78.13%	18.75%	2.16%	0.48%	0.48%
	本科生	81.59%	15.45%	28(2.76%)	0(0%)	2(0.2%)
秉持公平诚信	教　师	55.36%	28.57%	10.71%	1.79%	3.57%
	研究生	75%	18.99%	4.81%	0.72%	0.48%
	本科生	80.02%	16.83%	2.36%	0.39%	0.39%

续表

题目/选项	对象	很好	较好	一般	较差	很差
坚守廉洁自律	教　师	62.5%	23.21%	8.93%	1.79%	3.57%
	研究生	75%	20.67%	3.37%	0.48%	0.48%
	本科生	81.89%	15.16%	2.56%	0.2%	0.2%
积极奉献社会	教　师	60.71%	17.86%	14.29%	1.79%	5.36%
	研究生	74.04%	19.95%	4.81%	0.72%	0.48%
	本科生	80.02%	16.14%	3.44%	0.1%	0.3%
总体评价	教　师	64.29%	21.43%	10.71%	1.79%	1.79%
	研究生	优(85 分以上)82.21%,良(70—85 分)17.05%,差(70 分以下)0.72%				
	本科生	优(85 分以上)86.81%,良(70—85 分)12.6%,差(70 分以下)0.59%				

从统计结果来看,上海海洋大学食品学院专任教师的整体素质较高,主流是好的,评价由高到低依次为本科生、研究生和教师自评。学生评价相对较低的选项是“关心爱护学生”和“潜心教书育人”,教师对“潜心教书育人”和“积极奉献社会”的自我评价较低。在原因分析中,62.5%的教师首选“轻教学、重科研”,主要影响因素有“功利化风气的影响(58.93%)”“教师社会地位偏低(57.14%)”等,希望学校和学院出台的措施包括“完善师德师风的考核体系(53.57%)”“做好高校教学科研环境建设(41.07%)”等。

四、师德师风建设的改进对策

(一) 建立健全师德师风评价机制

高校应将《新时代高校教师职业行为十项准则》作为基本维度,结合《教育部关于高校教师师德失范行为处理的指导意见》,设置便于操作的评价指标,实施以学生评价为主,同行教师等共同参与的师德师风评价机制,从而引导教师在教育教学工作中更加关心学生,并且不断改进教学方法和提高教学效果。同时,高校应将评价结果作为教师年度考核、职称职务晋升聘任、评优评先等工作的重要依据,以最大限度地发挥评价的激励和惩戒作用。

（二）完善师德师风教育培训机制

师德的厚度和师风的纯度决定着学生成长的速度与发展的高度。依托校院两级的 FD 培训中心和课程思政工作室，高校可以组织各类主题的培训交流，以引导教师坚定“四个自信”，增强对教育的使命感和责任心，自觉加强师德修养。高校应通过传帮带来发挥名师的引领与示范作用，从而带动年轻教师转变教育理念、改进教学方法、提升教学效果，努力成为政治素质过硬、业务能力精湛、育人水平高超的“四有”好老师。

（三）努力营造静心科研与潜心教学的环境

良好的师德师风是在长期的教育实践中锤炼而成的，高校要将师德师风建设作为一项事关全局的大事来抓，并以激励教师静心科研、潜心教学为目标来设计管理制度、转变管理职能，从而更好地服务于师生的成长成才。通过建立科学、合理的评价机制，使教学与科研形成良性互动，以调动教师教育育人、服务社会的积极性。高校应努力改善教师的工作生活环境，认真倾听教师的心声、积极解决教师的相关困难，让教师全身心地投入到教育事业中。

参考文献

[1] 教育部等八部门.教育部等八部门关于加快构建高校思想政治工作体系的意见.[EB/OL]. http://www.moe.gov.cn/srcsite/A12/moe_1407/s253/202005/t20200511_452697.html，2020-4-22.

[2] 张宁，王伟强.改革开放以来高校“三全育人”研究综述[J].中国校外教育，2018(8).

[3] 中共教育部党组.中共教育部党组关于印发《高校思想政治工作质量提升工程实施纲要》的通知.[EB/OL]. http://www.moe.gov.cn/srcsite/A12/s7060/201712/t20171206_320698.html，2017-12-5.

[4] 马尧双，何瑞.从管理体系到治理路径：高校思政工作体系的构建——基于“三全育人”与“十大育人”体系相融合的视角[J].现代职业教育，2019(34).

[5] 教育部.教育部发布《全国普通高校本科教育教学质量报告(2018 年度)》.[EB/OL]. http://www.moe.gov.cn/jyb_xwfb/gzdt_gzdt/s5987/202006/t20200628_468661.html，2020-6-28.

[6] 教育部.关于进一步加强和改进师德建设的意见[EB/OL].http://www.moe.gov.cn/view/4156210.htm，2020-6-28.

对“三全育人”理念下的辅导员工作有效开展之思考

□ 海洋文化与法律学院/李志强

针对新时代的高校思政工作，“三全育人”做出了新规定，设计了新格局，开创了新局面，使该项工作由点式、线状结构转变为立体、网状结构。辅导员队伍是“全员育人”中的关键节点和重要组成部分，是学生思政教育的骨干力量。在“三全育人”的背景下，面对新时期大学生的全新思想特点，作为学生从入学到毕业的全程关注者、学生德智体美劳全面发展的陪伴者、教育管理服务多角色多职责的承担者的辅导员，在“三全育人”中发挥着重要作用。

一、把握青年的思想特点，有针对性地开展思想政治教育

当代青年大学生在想什么？他们的思想状况如何？对这些问题的认识与理解是辅导员开展思想政治教育工作的基础。青年学生是一般与特殊、个性与共性并存的矛盾综合体：他们爱国家，但也重个人；他们重理想，但也讲物质；他们早熟，但依然稚嫩；他们有全球意识，但也满怀民族感情；他们认同主流，但也有强烈的个性化需求。我们不能单一地将青年学生视为学校里的“受教育者”和思想上的“未成年人”，而是要从主客体相统一的角度出发，理性、辩证地看待他们，因材施教地、有针对性地开展思想政治教育工作。

思想政治教育工作应当要赢得学生的认同，走进他们的心里。在工作中，教师要用高频、密集、持续发声的项目和活动去感染他们、影响他们、打动他们，要营造无时无处不在的思想政治教育浸润“场域”；在方式上，教师要采用青年人喜闻乐见的形式，把“有意义”的事情变得“有意思”，从而潜移默化地浸透教育理念；在情感上，教师要于帮助学生实现自我的过程中开展服务育人，做到服务引导、典型引导，使“情感共振”贯穿思想政治教育。

针对文科学生思维活跃的特点，上海海洋大学海洋文化与法律学院加强学生理论社团建设，院党委召开专题讨论会，确定了由院骨干教师担任社团指导老师。同时，上海海洋大学海洋文化与法律学院组织学生骨干专题讨论社团活动方案，结合学院实际开展“学、讲、赛、践”活动。上海海洋大学海洋

文化与法律学院以“学”为己任，通过组织读书“悦读会”、经典著作导读等活动，带领学生学习习近平新时代中国特色社会主义思想，在新时代学习新内涵；以“传”为使命，通过读书与心得结合、学习与分享结合、线上与线下结合，用通俗易懂的语言、由点及面的形式传递新思想；以“行”为目的，在新时代践行新要求，对照乡村振兴及长江大保护国家战略，组织学生骨干开展暑期社会实践项目，并且发挥专业优势，让学生走进社区、渔村开展调研，将课堂上学习的专业知识理论用于社会实践中，引导学生牢固树立“四个正确认识”，其中的一些社会实践项目获得上海市“知行杯”二等奖等多项荣誉。

二、抓实日常教育管理，在潜移默化中渗透思想政治教育

思想政治教育的载体可谓多种多样，而对于辅导员来说，每天都在开展的对所带学生的日常教育管理是最基本、最重要的途径和抓手。从入学迎新到就业指导，从获得成绩时的开心到遇到突发事件时的焦虑，辅导员时刻与学生在一起，用爱呵护学生心灵，用心陪伴学生成长。和学生成为朋友，多深入到学生中去，不知不觉间，师生之间的关系便越来越密切。亲其师，信其道。学生接受了辅导员，也就会接受辅导员所讲的道理。“灌输法”与“环境熏陶法”的结合，显性教育与隐性教育的结合，言传与身教的结合，这些都会促进思政教育效果的提升。

德育生活化强调建立以生活为中心的德育，将学生生活中的现实资源作为德育切入点，让学生的道德品质之形成回归学生的生活实践。在辅导员这一工作岗位上，笔者深深地体会到在日常教育管理中渗透思想政治教育的基础性和重要性，辅导员的日常工作包括：走访学生生活园区，在学生放寒假前一天，走遍每一个学生宿舍，叮嘱他们路上注意安全，安排好假期生活；结合学校的阶段性工作重点，开展诚信考试、安全教育、两学一做等主题班会；与学生家长交流孩子成长过程及关注事项，形成家校合力；查课并与任课教师、学业导师交流，掌握学生的学习状态，进而有的放矢地做好学生思想工作；通过易班、微信、面谈与学生交流，了解他们的思想动态，引导学生以建设性的视角科学、理性地认识社会问题；与特殊群体学生交流，让他们感受到关切与期待，增强他们改变和提高的信心；评奖评优过程中严格按照规范和程序操作，让学生明白民主管理就在我们身边。

因为岗位职责和工作性质的关系，“5 + 2”“白加黑”是辅导员的工作常态；为了随时应对突发情况，辅导员的手机 24 小时开机，随时待命。正是借助于这些细微的小事和无时不在的服务，学生才对我们在心理上与情感上产生认同。辅导员工作是个良心活，只有做到与学生心相连，才能够成为一名优秀的辅导员。辅导员的身心要沉下去，工作成效才能提上来。自新冠肺炎疫情发生以来，辅导员每天都要统计学生的安全信息，学生刚开始不理解，直到后来才逐渐明白辅导员的良苦用心，“安全零报告”的背后透露着辅导员对学生的关心。

三、注重综合素质的提高，以职业化和专业化促进工作水平提升

“三全育人”的落脚点在于学生的培养，关键点在于育人主体的专业素质。辅导员是高校教师队伍和管理队伍的重要组成部分，是学校将各方资源用于学生的连接器，因此辅导员要通过自身水平的提升来促进育人质量的提高。

辅导员的发展必须与大学生的健康成长紧密相连，必须与提升大学生思想政治教育工作的实效紧密相连，必须适应时代发展的新趋势和青年学生的新特点。辅导员要因势利导、因势而变，要勇于创新、善于创新，从而做出自己的特色，走职业化、专业化的发展道路。辅导员必须思考工作、提升水平，他们不止要做学生工作的“杂家”，更应励志做一名学生工作的“专家”。在教育部的辅导员职业能力标准文件中，不同职业功能的工作内容、能力要求以及相关理论和知识要求，都依据初级、中级和高级的划分而有所不同，呈现出学识理性逐渐深入、宏观格局逐渐扩大、能力要求渐进提高的特点，从而为辅导员队伍的发展提供了政策导向。

辅导员是对大学生进行形势与政策教育的主要力量。在形势与政策教育教学中，辅导员要思考教学内容（“讲什么”）和教学方式（“怎么讲”）；从问题分析（“怎么看”）到解决途径（“怎么办”），辅导员始终要引导学生科学、理性地认识与分析社会问题，并且应坚定学生走中国特色社会主义道路的信心和决心。辅导员应该结合统筹疫情防控与推进经济社会各项事业发展的各项举措，并借助中国与世界其他各国的应对措施之对比，让学生更加坚定对国家制度优势及党的坚强领导的认识。同时，辅导员应结合学院实际来拟定

特色板块内容，如国家发展与海洋权益维护、乡村治理能力提升与全面建成小康社会等。教学效果的提升需要辅导员以习近平总书记在学校思想政治理论课教师座谈会上对思政课教师提出的“六要”为依据，努力提高自身涵养。

上海海洋大学注重将辅导员的日常工作、教学和科研相结合，鼓励辅导员以学生为中心，开展应用型研究。在日常工作中，辅导员贴近学生、走进学生、对话学生、了解学生，在做好日常工作的同时，他们也掌握了鲜活、丰富的第一手资料，从而为有针对性地进行教学科研打下了基础。辅导员的教学和科研不是单纯的理论型研究，而是围绕着学生的成长来解决难点与重点的应用型研究。例如，新生在心理普测中反映出的群体倾向性特点，就为我们“心理健康教育”课程的教学提供了参考；再如，学生在课程教学中反映出的心理特点，又为我们总结探索大学生心理健康教育规律提供了素材。辅导员科研团队的打造，让辅导员从“单打独斗”变为“团队作战”，从而实现了优势互补，使辅导员能够以学生的成长为导向，针对遇到的机制性难题展开研究。

在“三全育人”体系中，辅导员是各方资源的整合者与协同者，发挥着非常重要的作用。辅导员要进一步坚定理想信念、提升专业素养，把职业当事业，不断创新工作方法，以学生成长为己任，用恪尽职守来诠释责任，用奋发有为来回应期望，为党育人，为国育才。

参考文献

[1] 朱平.辅导员在高校“三全育人”中的角色与定位[J].思想理论教育，2020(3).

[2] 杨磊.高校德育生活化及其实现路径探究[D].天津师范大学，2010.

“三全育人”视角下的本科生导师融入高校思想政治教育之价值意蕴和实践理路

□ 海洋生态与环境学院/方晨光

2016年12月，习近平总书记在全国高校思想政治工作会议上指出，“要坚持把立德树人作为中心环节，把思想政治工作贯穿教育教学全过程，实现全程育人、全方位育人”。在当前“三全育人”的背景下，作为一支重要的思想政治教育的育人力量，本科生导师的重要性越来越凸显。使思想政治工作贯穿教育教学全过程，实现“三全育人”，这既是高校本科生导师参与育人工作的新导向，又是题中应有之义。

一、本科生导师融入高校思想政治教育之价值意蕴

本科生导师制源于牛津导师制，我国高校从20世纪90年代中后期开始大规模试行这一制度。发展至今，本科生导师制在我国的高等教育中发挥了重要作用。在新的形势下，高校的思想政治教育工作已不单单是思想政治课教师和思想政治教育工作者的任务，本科生导师已经逐渐成为高校思想政治教育的重要主体，他们为高校的思想政治教育工作提供了新的途径和平台，是思想政治教育资源的重要补充，在提升高校思想政治教育效果的过程中发挥着至关重要的助推作用。

（一）本科生导师是高校思想政治教育工作的重要承担者

高校的人才培养工作并非仅仅围绕着向学生传授知识而展开；同样，专业课程教师不能只做传授书本知识的“教书匠”，其更要成为塑造学生品格、品行、品位的“大先生”，要把知识传授、能力培养、思想引领教育融入每一门课程的教学之中，使每一门课程都发挥育人的功能。在“三全育人”的理念下，本科生导师进一步融入思政育人工作，如此能够有效避免在知识教育中出现思想政治教育“缺位”的现象。本科生导师不应独立于学生的思想政治教育之外，而应该和高校的其他思想政治教育主体一起，共同承担起高校的思想政治教育任务，坚持教书和育人相统一，强化教书育人的责任担当，突破

思想政治教育过分集中于"点"和"线"的瓶颈，把思想政治理论教育与专业教育变为一个协调同步、相得益彰的过程，实现"知识传授"与"价值引领"的有机统一。

(二) 本科生导师是高校思想政治教育资源的重要补充

首先，本科生导师是人力资源的有效补充。本科生导师由于所带班级人数较少，与学生接触最为密切，因此他们可以充分发挥日常思想政治教育的作用。本科生导师能够了解与摸清每一位学生的学习状态、思想观念和生活情况，从而有针对性地开展思想政治教育。其次，本科生导师能够充分发挥隐性教育资源的作用。本科生导师可以在专业课教学中渗透思想政治教育内容，从而将教书和育人真正统一起来，以充分发挥隐性教育资源的作用，彰显其"塑造灵魂、塑造生命、塑造新人"的育人使命。最后，本科生导师能够助推学校内部的思想政治教育资源之整合。作为任课教师，本科生导师能够与其他部门实现优势互补和系统优化，从而实现资源的最优配置，以提高思想政治教育的精准度与学生的获得感。

(三) 本科生导师是完善高校思想政治教育过程的有效助推器

一方面，在思想政治教育过程方案制定、具体实施、评估等各个环节，本科生导师都深刻地参与其中并承担具体的工作任务，因此其成为强化高校思想政治教育过程的重要推力。另一方面，学生的思想道德素质之提升是伴随着其学业的进步发生的，而本科生导师承担着实现学生学业进步和思想道德素质提升的双重任务，因此在传授学生知识的过程中，本科生导师能够将思想政治教育融入其中，从而让学生的思想道德素质和知识技能共同提高、共同发展，以培养出又红又专、德才兼备、全面发展的中国特色社会主义合格建设者和可靠接班人。

二、本科生导师融入高校思想政治教育工作之问题剖析

从目前的情况来看，本科生导师在思想政治教育意识、专业性、路径和具体方式方法等方面还存在一定的不足，因此很难高效地开展思想政治教育。

(一) 融入意识淡薄，专业性不强

由于受到传统教育观念的影响，专业课教师主观地认为思想政治教育工作和自己关系不大，而从专业教师中选聘出来的本科生导师也存在同样的想

法，因此他们主动融入思想政治教育的意识还不强，容易忽略针对学生的价值引领工作。此外，本科生导师基本上没有受过系统的思想政治教育培训，所以很难全面掌握思想政治教育的方法，而这也导致他们在思想政治教育方面的专业性不强，在对学生进行思想政治教育的时候往往力不从心、无从下手，从而很难真正起到引导学生、教育学生的效果。

(二) 融入路径单一，连续性不高

在开展思想政治教育的过程中，本科生导师很少有清晰的规划与蓝图，他们的主动性和创造性不足，无法对整个班级或者学生个体开展连续性的思想政治教育。此外，从四年的学习成长来看，学生在每一个阶段呈现出来的情况都是不一样的，但不同年级之间的本科生导师的思想政治工作职责之界定不是很明确，教育的衔接力度不够，从而导致他们容易忽略学生在不同成长阶段下的变化和需求，无法对症下药，也无法做到全过程育人，因此思想政治效果较差。

(三) 融入管理缺失，规范性不足

当前，本科生导师融入高校思想政治教育的整个过程管理缺失，规范性不足、保障机制不完善等问题逐渐凸显。从本科生导师的配备上来看，符合条件的教师毕竟占少数；从本科生导师的监督和考核管理来看，监督不到位、考核管理不健全的问题也确实存在。此外，在考核方面，象征性、鼓励式的考核办法无法严格规范考核制度，久而久之，本科生导师的作用就会打折扣，其思想政治教育的效果就会变差。

三、本科生导师融入高校思想政治教育之实践理路

所谓本科生导师融入高校思想政治教育，就是要求本科生导师参与学校的思想政治教育之全过程。一方面，本科生导师应从自身意识提升、本领增强、路径拓展的角度着手融入；另一方面，高校也要充分整合资源，为本科生导师的有效融入提供有力保障。

(一) 激发内生动力，增强“三全育人”的意识和本领

当前，高校要从不同层面激发本科生导师的内生动力，并提升本科生导师协同育人的意识和本领。一方面，高校要提高本科生导师融入思想政治教育的意识。学校和学院在加强师德师风建设的同时，要更加注重对教师教书

育人的引导,以营造全员育人的良好氛围,从而逐步消除传统的高校管理中"学术事务"和"学生事务"两大泾渭分明的工作板块给思想政治工作带来的不利影响,让本科生导师从内心深处意识到学生的思想政治教育工作和自身息息相关。另一方面,高校要致力于加强本科生导师开展思想政治教育的本领和能力。高校应不断完善本科生导师的培训机制和工作交流机制,着力使本科生导师成为思想政治教育方面的专家与能手。

(二) 增强过程连续,拓展"三全育人"的方式和路径

首先,高校要依托专业课教育,发挥"课程思政"的优势,拓宽育人方式。高校应充分利用专业课教学的机会,将思想政治教育融入课堂教学的各个环节,让思想政治教育变得更加有血有肉。其次,高校要借助学科科研优势,主动对接思想政治教育。高校应注重提升学生眼界,帮助学生树立远大理想,让学生在科创实践中提升能力和素质。最后,高校要加强与思想政治教育工作者之间的联系,增强思想政治教育的连续性。高校应主动强化本科生导师和辅导员的沟通联系机制,做到信息互通,形成强有力的育人协同与育人合力。

(三) 完善保障机制,优化"三全育人"的资源和环境

首先,在思想政治教育管理工作中,高校要善于运用顶层设计理念,努力把思想政治教育管理队伍建设的目标和架构设计好,为本科生导师融入思想政治教育提供制度保障。其次,高校要注重思想政治教育资源的整合,打通思想政治教育中的不同部门、不同主体之间的联系,建立沟通、协调机制,实现资源、信息的互通和共享,合力育人。最后,高校要完善本科生导师的选聘、考核等方面的管理机制,将教书育人的"软倡导"变为可抓、可查、可考核的"硬约束"。同时,高校应完善激励机制,激励机制要向本科生导师自身的职业发展、职务晋升、科研申报等方面倾斜,并且就本科生导师的辛勤付出也要在物质上给予适当的激励。

"三全育人"综合改革是高校办人民满意教育、肩负培养德智体美劳全面发展的社会主义建设者和接班人的重大任务之要求,而本科生导师融入高校思想政治教育,就是要赋予本科生导师以明确的思想政治教育职责,让本科生导师成为思想政治教育的重要主体,并且主动参与思想政治教育。本科生导师应坚持育人为本、德育为先的理念,将人才培养作为根本任务,把思想政治教育摆在首要位置，增强自身在高校思想政治工作方面的责任感与使命感，凸显思想引领的作用。在平时的教书育人工作中，本科生导师不仅要体现“教书”的作用，而且要发挥“育人”的功能，同时应自觉提高思想政治工作的能力与本领，并且着力提升学生的思想政治素质与道德品质。

参考文献

[1] 习近平在全国高校思想政治工作会议上强调：把思想政治工作贯穿教育教学全过程 开创我国高等教育事业发展新局面[N].人民日报，2016.12.9.

[2] 唐汉琦.我国高校实施本科生导师制的成效、问题与出路[J].重庆高教研究，2019，7(4).

[3] 高德毅，宗爱东.从思政课程到课程思政：从战略高度构建高校思想政治教育课程体系[J].中国高等教育，2017(1).

[4] 刘润，王小莉.高校“三全育人”工作路径与机制的探索实践[J].思想教育研究，2020(6).

[5] 张仙智.高校“三全育人”综合改革实践路径探究[J].思想理论教育，2020(7).

◆文化育人◆

高校特色体育文化的育人功能研究
——以上海海洋大学为例

□ 体育部/张　帆

一、前言

作为全面培养高素质人才的基地，高校应该把对学生的思想政治教育放在首位，并将其融入教学工作的方方面面，从而达到全方位育人的目的。习近平总书记在2019年的全国教师大会上指出，“要树立健康第一的教育理念，开齐开足体育课，帮助学生在体育锻炼中享受乐趣、增强体质、健全人格、锤炼意志”，从而在国家层面的战略高度诠释了体育教育在人才培养中的重要意义。作为高校教育的重要组成部分，体育教育独特的育人本质正与“三全育人”的总体要求相吻合，这使得体育教育的思政育人功能更加得到凸显。

作为高校体育和校园文化的重要组成部分，高校体育文化在体育育人的过程中发挥着极为重要的作用。由于学科专业的特殊性，上海海洋大学的校园体育文化自建校以来就与“水”形影不离。在一百多年的发展过程中，上海海洋大学始终坚持“水上为主、水陆并举”的发展思路，将“海洋特色”作为校园特色体育文化的发展方向。近年来，随着上海海洋大学被列入国家“双一流”重点建设和“新农科”建设高校，学校进一步构建了“海洋特色体育育人平台”，从而为校园特色体育文化的育人功能提供了研究契机。

二、高校特色体育文化的构建

高校体育文化包括体育精神文化、体育制度文化和体育物质文化，三者相互依存，共同构建出高校体育文化的完整体系。上海海洋大学是一所多科性应用研究型大学，由于学校的学科特色，“海洋”成为校园体育文化的主题，因此学校大力开展与水相关的特色体育项目，并取得了一定的成果。

体育精神文化在校园体育文化中起到引领作用，它包括体育观念的形成、体育道德的传承，以及对体育风尚的引领。在“勤朴忠实”的校训精神之引领下，上海海洋大学充分发挥学校优势，着力发展以“水上为主”的特色体育项目，如龙舟、赛艇、游泳、水球、潜水、桨板、皮划艇、水上定向等，并以课程、社团活动、学生运动队等形式在全校长期开展上述体育项目，从而使学生有多种机会以水上运动为途径，认识和了解“海洋体育”，进而逐渐在校园内形成了“海洋特色”的体育精神文化。

体育制度文化是校园体育文化发展的方向和依据，也是对学校体育工作的要求，它包括对校园体育传统的发扬、体育规定和条例的制定等。上海海洋大学秉承“渔界所至，海权所在也”的创校初心，发扬老一辈海大体育人的优良传统，为发展海洋特色校园体育文化制定了一系列的发展方案。上海海洋大学组织举办了“国际大学生龙舟邀请赛”“南汇新城镇桨板水球邀请赛”“上海海洋大学水上运动会”等活动以及多种形式的论坛，并制定了一系列促进校园水上运动发展的规章制度，从而为校园“海洋特色”体育制度文化的创建提供了保障。

体育物质文化是校园体育文化的基础，它是构建校园体育文化的物质保障。体育物质文化主要包括体育场馆、体育器材和器械等。在一系列规章制度的有效保障下，上海海洋大学建设了一批具有海洋体育特色的体育场所，如龙舟和赛艇码头、陆上划桨池、室外游泳池、室内深水池等，并且购置了大量与海洋特色体育项目相关的器材、器械等，如各式船艇、桨板、水球等，使学生不出校园就可以参与到海洋体育运动之中。正是因为有了这些场所和器材，才使得海洋特色体育物质文化成为上海海洋大学校园特色体育文化的基础与保障。

三、高校特色体育文化的育人特点

作为高校校园文化的重要组成部分，高校体育文化的功能是多元化的，它能够成为智育与美育的有益补充，并在培养学生完整人格的过程中起到关键作用。

高校特色体育文化隐于无形之中。通过参与校园内的各种体育活动，学生能够潜移默化地感受到校园体育文化的魅力，并在不知不觉中受到这些活动的影响，从而于无形中发生积极的改变。海洋特色体育文化激励和影响着一代代的海大学子奋勇拼搏、努力前行。近年来，从参与海洋特色体育项目的学生中脱颖而出的优秀人才层出不穷，他们有的加入党组织，有的创业开公司，有的获得保研资格，有的出国留学深造，而将他们塑造成为栋梁之才的，正是海洋特色的校园体育文化，因为他们从校园体育文化中锻炼出了自立自强的拼搏精神，从而使他们能够不断自我激励、奋勇向前，最终获得成功。

高校特色体育文化的影响持久而深远。喜好时尚是适龄大学生的性格特点，优秀的特色体育文化更容易激发他们参与体育活动的恒心和毅力。海洋特色体育文化具有新颖、时尚的特点，尤其是龙舟、桨板、潜水等趣味性强、门槛低的体育项目，更容易吸引学生，使他们参与其中。在积极参与的过程中，学生们能感受到体育活动带给他们的快乐。体育活动不仅使学生们精神愉悦，而且使他们体魄健壮，因此他们就更容易在今后的生活中继续参与体育活动，并体验到体育活动所蕴含的更为深远的积极影响。

四、高校特色体育文化育人功能的表现形式

高校特色体育文化育人功能的表现形式是多方面的，其主要体现为强健身心、激励导向和实践德育。

强身健体是体育最基本的功能之一，而通过参与体育活动，参与者的心态能够向积极的方向转变，并得到心境方面的满足，从而减少焦虑感、抑郁感和紧张感，以实现人格的健全，进而达到强健身心的目的。在上海海洋大学，不少学生通过参与龙舟、赛艇、游泳、水球等海洋特色体育项目，锻炼出了扎实的体魄，而这成为他们更好地学习和工作的本钱；同时，参与体育项目也使学生们课余时间的活动变得更加丰富，还使他们的时间管理能力得到提升。

激励导向也是高校体育文化育人功能的表现。大学生通常处于社会经验相对较少、处世尚浅的状态，他们易受到当今社会中的一些不良因素的影响，容易出现消积、悲观、颓废等不良情绪。高校体育文化具有多元化的特点，它具有竞争性、组织性与公平性，体现了团队精神和规则精神，并且能够使参与者获得荣誉感、认同感及归属感。海洋特色校园体育文化能够使学生在多方面得到满足，如龙舟项目的团队精神、水球项目的规则精神、游泳项目

的竞争性和公平性等,从而激励他们向正确的方向不断努力前行,并帮助他们树立正确的世界观、人生观和价值观。

实践德育既是体育教育的特征之一,又是高校体育文化育人功能中的亮点。一般情况下,高校的德育教育多以公民基本道德教育、思想品质教育、道德理想教育、行为规范和文明教育等理论教育为主,而作为一项实践活动,体育能够让学生体验到各种优秀的道德情操,从而成为理论德育教育的补充和拓展。例如,在龙舟项目中,一船学生只为一个目标而努力划桨,这就是对集体主义的最好诠释;再如,校学生龙舟队代表学校、代表上海、代表中国征战全国和国际赛场摘金夺银,这就是对荣誉感的最好诠释。

五、结语

高校体育文化既是高校文化的重要组成部分,又是高校体育的基础工作。在外部的各种文化不断冲击之背景下,进一步完善和发展积极向上的校园特色体育文化就显得尤为重要。上海海洋大学以弘扬高校体育精神文化、加强建设高校体育物质文化和健全高校体育制度文化为抓手,实施特色课程体系构建、特色学生体育社团管理体系构建、特色项目学生运动队建设等措施,不断完善高校特色体育文化的育人功能,并使其成为海洋特色体育育人平台的重要组成部分,而这也是"三全育人"理念在高校体育育人中的优秀实践。

参考文献

[1] 高小平,崔成前.高校体育文化育人功能与建设路径研究[J].江苏高教,2019(10).

[2] 卢文洲,陈娟.谈高校体育文化的育人功能及实现路径[J].才智,2019(25).

[3] 王文.高校体育文化环境育人功能及实现路径[J].体育文化导刊,2018(5).

[4] 张振,赵纯.基于体育育人观念下高校体育文化建设的思考[J].河西学院学报,2017,33(5).

[5] 程浩然,程启铭.高校校园体育文化建设及其育人功能分析[J].产业与科技论坛,2017,16(10).

[6] 赵红,周士杰.高校体育文化育人功能研究[J].理论观察,2017(3).

[7] 李联凯,石工文,刘兰涛.高校校园体育文化的育人功能研究[J].文学教育(下),2015(8).

作者简介：

张帆(1986—)，男，陕西西安人，讲师，硕士，主要研究方向：体育教学与训练、高校体育管理。

注：本研究由“上海海洋大学2020年度高等教育研究课题”资助，项目号为A1-2005-20-400108。

对高校文化育人中的大数据应用之思考

□ 党委宣传部/宋志方

在新时代下，为实现“立德树人”这一根本任务，全面贯彻落实习近平新时代中国特色社会主义思想，进一步推动全国高校思想政治工作会议精神落地生根，各高校都在积极开展“三全育人”工作。其中，结合自身特色，抓好文化育人工作，优化校风学风，繁荣校园文化，培育大学精神，是“三全育人”工作不可或缺的重要内容。当今是新技术与新应用蓬勃发展的时代，大数据应用、抖音短视频等兴起，数字化生活正在变为现实。因此，如何利用好大数据等新技术，以更好地实现“以文化人、以文育人”，这是值得我们深入思考的问题。

一、在文化育人中开展大数据应用是时代的潮流

文化育人在高校的人才培养方面具有重要意义。习近平总书记曾指出，我国有独特的历史、独特的文化、独特的国情，从而决定了我国必须走自己的高等教育发展道路，扎实办好中国特色社会主义高校。要做好文化育人工作，其中的一个重要方面就是要用好“工具”，而这类工具必须具有良好的适用性和精准性，能实现统合目的手段的效果。

大数据应用就是这样一个良好的工具。当前，一些发达国家已经在大学教育方面投入了大量的资金、技术和人力资源，以支持大数据技术在大学教育领域的应用，我国的一些高校也开始在大学生的学习、生活等方面开展大数据的应用研究。

在大学文化教学和教育方面，美国马里斯特学院与一家商业数据分析公司合作，开发了一个“开源学术分析程序”，其主要是对新开设课程的第一阶段中是否存在大学生不积极在线学习、不按时完成作业等情况进行分析。通过收集网上阅读资料、论坛演讲、作业完成时间等数据，“开源学术分析程序”可以预测学生的学习情况。通过大数据分析的结果，“开源学术分析程序”可以及时帮助有问题的学生，使他们得到指导。Knewto 大数据公司在美国建

立了大型数字分析平台，通过对数百万大学生的学习过程进行分析，其可以根据大学生的错误问题自动制定个性化的课程学习目标。这些学习目标能够适应每个学生的个性化需求，学生可以根据自己的学习进度安排自己的学习，并且系统会自动向老师反馈学生的学习信息，以便老师可以及时指导有困难的学生，给予他们学习上的帮助。此外，系统还将分析一组学生的整体表现数据，以供教师参考。

在国内，电子科技大学收集整理了大学生的相关数据，并进行了大数据分析。电子科技大学收集的数据涵盖了大学生进出高校图书馆的记录、餐厅消费记录、宿舍门禁刷卡记录、超市购物卡清单信息和学生选课记录。如果我们通过对“刷卡前后”时间间隔的分析发现，某个学生的日常购物主要集中在超市食品上，而餐馆记录较少，那么我们可以判断该大学生在学校不善于人际交往，具有独立性。大数据分析发现，近千名大学生被评为孤独。这些大学生可能存在一定的心理疾病，需要学校和家长的关注，以使他们健康成长。这种分析手段是传统的“文化育人”模式无法实现的。

通过分析国内外运用大数据的实际案例，我们认为，大数据在文化育人方面的应用至少能够发挥以下功效：

第一，大数据为大学文化教育的发展提供了基于数据的决策支持。随着信息时代的到来，不仅是大学生的学习、生活和课外活动，就连教师、教育工作者、管理者等高校的教学管理人员都离不开信息办公技术。各类系统平台存储了大量的学生信息，对这些信息数据的分析可以为文化教育考试提供决策依据，从而更有针对性地指导高校的文化教育。

第二，大数据推动大学文化教育的多元化发展。在大数据时代，每个大学生都有自己的兴趣方向。大学生可以根据自己的个性化需求来选择自己的发展方向。大学生的学习与生活方式也正朝着自主化的方向发展。随着大数据技术的逐步完善和各种技术手段的不断应用，大学生形成多样化的生活方式与学习方式将成为可能。

第三，大数据推进大学的文化教育改革。大数据技术的使用可以解决高校文教资源开发不平衡、不充分的问题。随着大数据技术的发展，各种知识、信息和资源都可以通过网络手段获取。大学生不仅可以依靠传统的方式接受教育，而且可以通过电脑、手机、媒体等渠道更加快速、及时、方便地获取想要的信息。各种信息资源每天都大量涌入社会的各个角落，这对我们的文化教育模式提出了新的要求。我们不能仅仅依靠传统的路径方法来进行文化教育，因此教育改革势在必行。未来将是大数据主导的时代。

总之，随着中国改革开放进程的不断加速，以及数字化生活的进一步发展，高校的文化育人工作必然会越来越多地受到大数据应用的影响。

二、文化育人中的大数据应用之挑战与问题

现实中，作为一个新鲜事物，大数据在文化育人工作中也遭遇了很多挑战和问题，特别是在数据共享、数据安全、数据挖掘与应用等方面，由于受到体制机制、人力资源、重视程度、发展水平等方面的制约，大数据的应用还存在许多薄弱环节，因此我们要进一步提高认识、发挥潜力。

首先，在数据共享方面，高校的各部门之间存在彼此独立、数据共享不畅通的问题。例如，行政部门与党务部门、各学院与上级管理部门、服务后勤部门与教学研究部门等，都存在相当程度的数据交换共享的冲突。此外，高校与相关政府部门之间也存在一定的数据交流问题。要真正做好大数据应用，我们就必须在信息共享上做到数据的相互传递障碍最小化。

其次，大数据分析需要一批善于利用数据进行分析、管理和应用的人才。人力资源的不足，也是大数据在高校文化育人工作中得到应用的重要阻碍。学生的电脑和手机，以及学校的教学系统和后勤系统每天都会产生大量数据。针对这些数据，应该由谁负责分析与应用，以及如何分析与应用，这些都是复杂的问题。

再次，高校还存在认识不足的问题。一些高校的学生管理工作者没有意识到大数据在高校文化教育方面的重要性，也没有引入和运用大数据技术为高校的学生管理工作提供决策支持。目前，高校的学生管理工作比较复杂，我们难以利用大数据技术来分析学生的学习状态、生活状态和学生发展的个性化需求。

最后，大数据技术的应用还面临着技术分析问题和数据安全问题。现有的高校技术分析手段仅依靠基础分析工具对数据量小、相似度高的数据进行处理。针对结构复杂、数量庞大的数据，高校无法系统、直观地进行处理和呈现。此外，数据的安全存储、算法揭示出的个人隐私、推送文娱产品的路径等

都存在相当的安全隐患。以不久前的 tiktok 被美国强制购买一事为例，字节跳动公司通过国内数亿用户构建出的推荐算法是强依赖训练集的，即如果算法和数据外泄，那么将有大量中国人的特征数据（行为习惯和社交关系链）被他人掌握，并为其他国家的人工智能所应用，如投放针对性极强的“洗脑”文化产品，乃至建构虚拟人物进行宣传，从而对我国的国家安全造成严重威胁。对于高校来说，若没有一个强健的数据安全系统，则被外来势力渗透也是极有可能的事情。

三、文化育人中的大数据应用之实现思路

高校必须充分认识到文化育人中的大数据应用之重要价值，并让大数据服务于我们的育人目标，从而使得广大教职工与青年学生从中华优秀传统文化和革命文化中得到滋养、获取底气，进而不断坚定文化自觉与文化自信，成为社会主义事业的合格建设者和可靠接班人。在新时代下，新技术会不断涌现，我们应当积极开展以下方面的大数据文化育人工作：

第一，真正树立好大数据思维理念。利用大数据技术开展高校文化育人工作不仅是一种新的教育模式，而且是一个非常复杂的运行系统。政府、相关社会组织、学校、教师等主体要有与时俱进的大数据思维意识，大学生也要自觉学习大数据的最新应用成果，并积极利用大数据来解决学习和生活中的问题。社会各界必须树立正确的大数据观。

第二，加大大数据人才的培养力度。作为最活跃的生产力成分，人是最需要受到重视的。我们应当从长效机制、资金投入、专业职能安排等方面进一步加大对大数据人才的培育和使用，具体措施包括但不限于：培养本校的大数据人才，即加强数据应用和管理人才的培养，注重数据人才的专岗设置；引进大数据专业人才，通过大数据人才的引进和培养，建立大数据人才研究团队，为大数据研究与应用提供人才支撑。

第三，积极搭建大数据文化育人平台。高校应当构建综合性的文化育人体系，并突破平台类型（两个微端、实体展馆、校报、学校广播、文化娱乐活动等）之间的壁垒和界限，以全面规划学校的方方面面。高校应以学生语境为背景，以大数据为工具，通过对各平台的信息数据之采集、处理、分析和挖掘，促进各平台的“优化组合”和“有机结合”，构建全面综合的“新”教育平台。高

校要消灭盲点和断点，不断提高科学工作水平，从而开创大学教育新时代。

第四，挖掘数据内涵，打造特色品牌。高校要就大数据平台上的数据进行挖掘，并对大量的数据资源进行定量分析。高校应通过大数据技术对各种线上线下的数据进行采集和分析，并找出线上平台和线下平台的特点与“结合点”，从而有选择地利用广播、网络电视等各种线上平台来实现与线下平台的深度互动及融合。此外，每一所高校都有自己的特色和品牌，因此各高校要因地制宜地突出自身特点，并结合自身的红色革命文化来探索适合自身发展的大数据文化教育模式，以最大限度地发挥大数据在文化育人中的优势。

参考文献

[1] 陈桂香.大数据对我国大学教育管理的影响及对策研究[D].武汉大学，2017.

[2] 施卫华.大学文化育人功能及实现路径研究[J].思想教育研究，2016(5).

[3] 张永波，丘爱鹏.大学文化育人与实现路径[J].长春理工大学学报(社会科学版)，2014(2).

[4] 涂子沛.大数据：正在到来的数据革命[M].南宁：广西师范大学出版社，2013.

[5] 曹胜勇.美国教育大数据的发展现状、经验与启示[D].华中师范大学，2017.

[6] 汤龙升，宗晓蕾.大数据时代高校就业工作的机遇与挑战[J].牡丹江大学学报，2018(5).

[7] 李芬，朱志祥，刘盛辉.大数据发展现状及面临的问题[J].西安邮电大学学报，2013(5).

[8] 中共中央宣传部理论局.新时代面对面[M].北京：学习出版社，北京：人民出版社，2018.

从档案视野谈高校文化育人

□ 档案馆(校史馆、博物馆)/陆　原

人类的历史发展是一个不断实践和创新的过程,更是一个世代接续的文化创造、文化积累、文化传承的过程。作为历史的原始记录和存储载体,档案真实反映着自然、社会和人类思维活动,其是文化历史的重要组成部分,在人类历史的发展过程中发挥着至关重要的作用。高校档案客观真实地记录了学校自创建以来的发展历史,承载了各所院校的办学宗旨和兴学理念,展现了大学的教学特色和科研成果,其蕴含着丰富的教育资源,先天就具有育人的价值功能。

习近平总书记在北京大学考察时指出,“青年人的价值取向决定了未来整个社会的价值取向,而青年又处在价值观形成和确立的时期,抓好这一时期的价值观养成非常重要。这就像穿衣服扣扣子一样,如果第一颗扣子扣错了,剩余的扣子都会扣错。人生的扣子从一开始就要扣好”。当代大学生正处于世界观、人生观、价值观的关键形成期,社会的高速发展带来了多元的文化和价值观,也为高校德育工作带来巨大挑战。如何在立德树人的过程中帮青年们“扣好第一颗扣子”,这是所有的高校工作者都需要思考的首要问题。围绕“培养什么人、怎样培养人、为谁培养人”这一教育的根本问题,以档案视角来看高校的文化育人工作,我们能得到不少启发。

习近平总书记曾经在讲话中强调,“档案工作是一项非常重要的工作,经验得以总结,规律得以认识,历史得以延续,各项事业得以发展,都离不开档案。在全面建设小康社会的进程中,档案工作显得越来越重要”。高校档案具有真实性、客观性、广泛性、积淀性,其是收集和保存大学发展历程的权威记录,是回顾和启示大学发展方向的智慧宝藏,是高校在发展和治理过程中不可或缺的基础性、支撑性工具。高校档案在文化传承中形成大学文化的核心载体,其有着“存史、资政、育人”的重要功能。深入挖掘和利用高校档案,从档案角度出发,切实把德育工作“落细、落小、落实”,这对于保存大学记忆、传承大学精神,以及更彻底、更有力、更持久地推动社会主义核心价值观全方位、全过程地融入学校教育而言具有重要意义。

高校档案蕴含着一所高校的文化、制度与传统。利用最原始、最真实的档案向师生叙述学校历史，更能激起师生文化上的“根”和“魂”层面的认同，从而增强师生的凝聚力。塑造具有高校本土特色的档案文化和文博体系，并使其有针对性地服务于高校的德育、教学、科研、管理工作，这在充分发挥高校档案文化的育人功能，彰显高校档案文化的软实力方面有十分重要的意义。档案的历史性、文化性、权威性、价值性和知识性决定了档案天然地具备“育人”功能。细观高校档案，每所学校都有自己独一无二的历史瑰宝，而这些都是发挥文化育人作用的绝好素材。无论是高校档案馆里的文书档案、教学档案，还是科技档案、基建档案，都属于“高校记忆”不可缺少的部分，都发挥着构建大学精神的文化基石之作用。这些宝贵的资料、文书、实物、影像等，传递着一代代前辈积累的经验和知识，构建着历史与当下的有效连接，推动着大学文化记忆的延续。

自 2010 年以来，上海海洋大学档案馆（校史馆、博物馆）也在档案育人方面做出了不少有益尝试。例如，上海海洋大学每年以新生入学为契机，举办校史教育活动，以知校史、讲故事、践行动、筑梦想等形式，在历史景观大道、校史馆等地为新生开展生动的校史校情教育，通过历数一代代海大人对“勤朴忠实”的传承与践行来宣扬社会主义核心价值观、百年潮和中国梦；再如，上海海洋大学举办了“百年校训，精神航标”等专题图片展，围绕校训“勤朴忠实”提出的历史背景、发展过程和精神内涵，深入挖掘档案中代表海大精神的典型人物与历史事件，以使师生从海大档案中汲取奋进前行的精神力量，从而增强了他们的认同感和使命感；又如，上海海洋大学每年开展“视觉海大”图片影像展，在广阔浩瀚的海大历史长河里聚焦百年老校的璀璨点滴，并深入挖掘整理校史、专业史、人物史等档案资源，形成各具特色的学校文化体系，以增加新生对校史校情的了解，从而强化新生对学校的认同感与爱校荣校意识；还如，上海海洋大学内有 700 米长的朝海路历史景观大道，其记录着学校 5 次搬迁 11 次更名的艰苦奋斗经历，《饮水思源》《元鼎骨》《渔歌》《创新石》《六分仪》《海权石》《美味》《雏鸟振翅》《划船归来》等校园内雕塑作品的灵感均来源于厚重的海大档案，艺术家从档案中汲取精华进行创作，这些作品既凸显了校园景观的视觉美感，又体现了学校深层次的文化精神与内涵。

高校档案的文化育人是一个系统性、长期性、积累性的过程。借助有教育意义的传播载体(如校园网、校报、官方微博、宣传栏、主题展、先进表彰大会、校园建筑、文创产品等),通过解说、图片、视频、讲座、座谈、征文、小程序等多种形式,我们能够增强校园文化底蕴,构建校园文化氛围,从而让学生们自觉接受人生理想教育、爱国主义和革命传统教育、爱校敬业教育、知识创新教育、科研能力教育等各种形式的育人教育。只有以广大师生喜闻乐见的形式开展形式新颖的校园文化活动,才能真正做到吸引人、鼓舞人,从而更容易润物细无声地促使青年人接纳和理解。回顾上海海洋大学的发展历程,学校能够在几经变迁后,不断发展成为国家“双一流”学科建设高校,其中非常宝贵的经验就是海大人应当将“勤朴忠实”奉为人生箴言。上海海洋大学以“勤朴忠实”的校训精神为育人的着眼点,通过各种形式的育人活动,将社会主义核心价值观融入新时期的人才培养工作中,从而不仅为高校培育和践行社会主义核心价值观贡献了有益的探索和尝试,而且向生生不息的海大学子传递了新的时代精神内涵,以此为传承和弘扬百年大学文化精神提供了广阔平台。

2017 年 2 月,《关于加强和改进新形势下高校思想政治工作的意见》指出,“高校肩负着人才培养、科学研究、社会服务、文化传承创新、国际交流合作的重要使命。加强和改进高校思想政治工作,事关办什么样的大学、怎样办大学的根本问题,事关中国特色社会主义事业后继有人,是一项重大的政治任务和战略工程。要坚持全员全过程全方位育人,把思想价值引领贯穿教育教学全过程和各环节”。在全员育人、全过程育人、全方位育人的新时代背景下,高校档案馆如何利用自身资源优势参与大学生思想政治教育工作,以发挥档案“存史、资政、育人”的价值?高校档案馆如何丰富档案管理业务的内涵与外延,以在立德树人的过程中帮青年们“扣好人生第一颗扣子”,以此助力学校的“三全育人”工作,帮助学校强化服务育人、文化育人的基础职能,做到用优秀的校园文化涵养青年学子?对这些问题的思考与探索势必将成为推进高校档案事业长足发展的新挑战和新机遇。

档案文化不仅是高校文化体系的重要组成部分,而且是增强校园文化自信的重要支撑。因此,高校档案馆的目标是对已封存的大学记忆进行深入挖掘、有序整合、具体研究、宣传利用,并进一步提升档案开发的主动性和能动性，以丰富“高校记忆”的表现形式。高校档案馆应使用合适有效的方式开展立德树人教育，从而发挥高校档案的引领示范作用，激扬家国情怀、传承大学精神，将优秀的大学文化传统以润物细无声的方式内化为大学面向新时代的精神追求，并体现为师生们实现中国梦的自觉行动，进而形成“档案—校史—文化”协同创新的良性循环。高校档案馆应坚守育人初心，对标高质量育人之目标，不断推进档案事业的创造性转化和创新性发展。

参考文献

[1] 中共中央办公厅印发《关于培育和践行社会主义核心价值观的意见》[EB/OL]，新闻报道—人民网 http://cpc.people.com.cn/n/2013/1223/c64387-23924110.html，2013-12-23.

[2] 上海市地方志编纂委员会.上海市级专志·上海海洋大学志[M]，上海：华东师范大学出版社，2016.

[3]《上海海洋大学百年志》编纂委员会.上海海洋大学百年志[M]，上海：上海人民出版社，2012.

[4] 上海市学生德育发展中心.德润心灵，成长有声——上海教育系统社会主义核心价值观“落细落小落实”实践案例集(下)[M]，上海：上海交通大学出版社，2017.

[5] 中共中央宣传部.习近平新时代中国特色社会主义思想十三讲[M]，北京：学习出版社，2018.

[6] 习近平.决胜全面建成小康社会　夺取新时代中国特色社会主义伟大胜利——在中国共产党第十九次全国代表大会上的报告[M]，北京：人民出版社，2017.

[7] 习近平.在北京大学师生座谈会上的讲话[M]，北京：人民出版社，2018.

[8] 贺雯.文化自信视域下的高校档案文化育人研究[J]，河北农机，2020(6).

[9] 习近平.坚持中国特色社会主义教育发展道路培养德智体美劳全面发展的社会主义建设者和接班人[EB/OL]，教育部政府门户网站 http://www.moe.gov.cn/jyb_xwfb/s6052/moe_838/201809/t20180910_348145.html，2018-9-10.

[10] 新华社.习近平：把思想政治工作贯穿教育教学全过程[EB/OL]，教育部政府门户网站 http://www.moe.gov.cn/jyb_xwfb/s6052/moe_838/201612/t20161208_291306.html，2016-12-8.

[11] 朱彤，杨灏.基于“高校记忆”视角发挥档案在大学文化中育人作用[J]，档案管理，2020(4).

◆网络育人◆

高校网络育人中提升大学生媒介素养的媒体融合方式探究

——以上海海洋大学食品学院为例

□ 食品学院/刘　源　孙红刚

第 44 次《中国互联网络发展状况统计报告》显示，截至 2019 年 6 月，我国网民规模达 8.94 亿，互联网普及率为 61.2%，手机网民规模达 8.47 亿。我国网民以 10—39 岁这一年龄段的人为主，占整体网民的 65.1%；其中，20—29 岁这一年龄段的网民占比最高，达 24.6%。在我国的网民群体中，学生的人数最多，占比为 26%。可见，大学生群体在中国网民群体中的地位举足轻重，大学生群体的媒介素养之高低影响着中国的网络生态。习近平总书记强调，我们要加快推动媒体融合发展，使主流媒体具有强大传播力、引导力、影响力、公信力，形成网上网下同心圆，使全体人民在理想信念、价值理念、道德观念上紧紧团结在一起，让正能量更强劲、主旋律更高昂。

构建高校网络育人质量体系的最终目的，是提高大学生的媒介素养。媒介素养是一种能力，大学生群体将用这种能力来接触、分析和评价大众媒介所传递的诸多复杂信息。对于大学生而言，媒介素养不仅体现出他们对媒介信息的认识、参与和使用能力，而且意味着他们能正确看待媒介信息，并合理使用媒介信息。个人既是媒介信息的接受者、传播者和使用者，又是媒介信息的监督者，其应保证媒介信息的传播质量，以促进社会的稳定发展。当前网络和移动互联网飞速发展，大学生普遍利用互联网——尤其是移动互联网——获取资讯、参与社交、查阅资料和进行娱乐，而在此背景下，媒体整合成为必然趋势，其将导致单一的媒介产品遭到淘汰，多媒体产品从而将走上传播巅峰。本文以上海海洋大学食品学院的学生群体为研究对象，通过调查研究，从媒介参与能力和媒体融合设计两方面入手，针对学生的媒介素养能力之特点展开媒体融合的工作。

一、移动端的显著特征

经过调查,上海海洋大学食品学院的大学生群体主要利用手机的三个功能参与到信息社会当中:一是打电话、发短信等通讯功能,二是看新闻、刷微博等资讯功能,三是微信、QQ 等社交功能。调查结果显示,仅三分之一的大学生主要使用手机的通讯功能,绝大多数的大学生使用手机的目的首先是社交,其次是获取资讯。可见,大学生群体对手机的使用已经开始偏离手机的传统功能,手机不再是通讯工具,而是大学生参与社交和获取资讯的最重要渠道之一。从使用时间上看,平均每天使用手机查看资讯 1—2 小时的大学生占比 41.71%,平均每天使用手机查看资讯 2—4 小时的大学生占比 45.5%,平均每天使用手机查看资讯大于 4 小时的大学生占比 12.8%。调查结果显示,大学生利用手机获取资讯的主要平台为微博热门、微信公众号和 QQ 空间,而专业的新闻资讯平台(如央视新闻、腾讯新闻、澎湃新闻等)的使用频次相对较低。可见,虽然当代大学生在获取资讯方面有诸多平台可以选择,但大多数大学生是从非官方的自媒体平台上获取资讯。面对聊天工具、社交网络等类型的 App 已成为当代大学生获取网络信息的主要方式这一形势,培养大学生对信息进行认知、解读、分析与批判的媒介素养和参与能力就显得尤为重要。

另外,大学生群体对手机(主要是社交软件)的依赖性极强。调查结果显示,只有 13.3%的大学生表示可以不带手机出门,只有 16.1%的大学生表示可以关闭社交软件。可见,在日常生活中,大学生对手机的依赖程度颇高。同时,大学生通过社交软件获取信息的频次也相当高,如微信公众平台的朋友圈、公众号、小程序、微博平台的热搜等。其中,00 后使用 QQ 的频次非常高。作为中国即时通讯工具的鼻祖,QQ 现在也拓展出了腾讯新闻、QQ 看点、微视等多种平台,从而将社交与资讯捆绑。综合以上调查结果可知,大学生获取媒介信息的源泉是社交平台,而社交平台的最大特点是具备交互功能,所以在校园媒体融合实践的探究中,我们着重需要开发的属性应该是互动性。

二、上海海洋大学食品学院学生的媒介素养能力分析

(一) 认识媒介的能力是抵御不良网络信息的铠甲

在信息社会,大学生对个人身份功能进行排序时,普遍认为自己首先是信息的接收者,其次是信息的传播者,只有极少数大学生认为自己是信息的发布者。由此可见,大学生对主动参与信息社会建设这一职责的主观认识不足,他们仍停留在自认为是媒介的被动接受者之层面。调查结果显示,在收到社交平台而非官方机构发送的热门推送时,第一反应是比较相信、将信将疑和认真思辨的大学生所占人数比例分别是32.23%、31.28%和35.55%。可见,当前的大学生对媒介的认识能力较低,他们常对媒介信息持有摇摆的态度,仅三分之一的大学生能结合当前的社会、经济、政治、文化环境对媒介信息进行思辨性分析。

(二) 参与媒介的能力是融入网络生活的必要战术

调查显示,在看到网上散布反动、暴力等不良信息时,约30.81%的大学生选择不予理睬,45%的大学生选择做一名“吃瓜群众”围观事态发展,18.01%的大学生选择主动举报不良信息,5.69%的同学会选择主动批判反驳。由此可见,四分之三以上的大学生在遇到互联网媒介上的不良信息时表现为不作为。同时,近八成的大学生选择利用手机互联网来查阅新闻资讯,但其中只有两成不到的大学生会转发和评论。综上可见,大学生在媒介信息方面的参与程度较低,他们大多停留在围观阶段,未具备辩证地分析资讯并承担起抵制不良信息职责的媒介参与能力。

但是,“shou食品团委”微信公众号在探索媒体融合实践时的调研结果显示,对“时事舆论”板块的开发有需求的大学生占比43.13%。可见,面对当前的舆论环境,当代大学生对国内外发生的时事是时刻关注着的,他们需要一个提高媒介素养、锻炼参与媒介之能力的机会,以承担起更多的社会责任。

(三) 使用媒介的能力是保证大学生群体正确体验网络生活的利器

“shou食品团委”微信公众号在探索媒体融合形式时的调研结果显示,多数大学生希望能在“事务通知”板块中增加咨询功能。可见,伴随着互联网的发展,大学生对媒介的使用已经十分熟练,他们在媒介的使用方面有着明确的目标。针对人肉搜索、网上挂人等现象的调研结果显示,有6%的大学生参与过此类行为,其中有23%的大学生表示只是为了跟风或者发泄情绪而做

出以上行为。可见,当代大学生在使用媒介方面的能力虽然突出,但是未能做到主动参与社会监督,以保障信息社会的健康发展。

三、提升大学生媒介素养的媒体融合方式

综上所述,作为网络思政和宣传思想的重要阵地,“shou 食品团委”若未能依托微信公众号这一平台,通过媒体融合的形式来满足大学生对媒介的个性需求,则信息传播将出现严重的同质化现象,从而严重影响其传播力、引导力和公信力。经过前期的媒体融合模式之探索,“shou 食品团委”决定在一采多发、双向互动功能和网络行为引导三个方面进行拓展。

针对以上三个方面,“shou 食品团委”亟须着手去落实的是培养一批拥有采、编、发技能和辩证地认识媒介之能力的学生组成宣传队伍,从而形成“由点及线,由线到面”的网络育人态势。在组建学生宣传队伍时,“shou 食品团委”秉持“广纳贤才”的态度来组建一流的创作团队。校园中有不少身怀绝技的大学生,甚至有粉丝过万的 UP 主(uploader,网络流行词,指在视频网站、论坛、ftp 站点上传视频音频文件的人),但这些学生普遍“脑洞大开”,所以在指导他们的创作时,学院应主动开展对话,并在遇到矛盾点时与他们正面交锋,这就需要学院自身树立坚定的理想信念。在指导学生创作时,学院要辩证地分析问题,并坚持真理越辩越明的观念。

此外,通过开发不同的媒体融合形式,“shou 食品团委”应打造学生们喜闻乐见的媒介内容,以增强他们对校园文化的认同感和自豪感。以每年 9 月针对新入校学生开展的上海海洋大学的传统活动“品读海大”为例,其将海大的百年历史和国家发展史相结合,通过图文、视频、线下讲解等多种形式向新生们传输“勤朴忠实”的校训精神,并吸引他们主动参与和使用媒介,以使他们在主动获取校园文化信息的同时做一名积极互动的媒介参与者。

“shou 食品团委”也可以借助媒体融合的内容,结合特定的时间节点开展创作,如雷锋月、五四青年节、建党节等。“shou 食品团委”应培养热点预判的能力,从而结合时事、抓住时效地进行思想引领和网络行为的引导,以此来帮助同学们绿色地使用媒介、科学辩证地分析媒介,进而使他们在网络舆情中做一名合格的媒介使用者。

参考文献

[1] 第 44 次 CNNIC 中国互联网报告发布[J].中国广播,2019(8).

[2] 周葆华,陆晔.从媒介使用到媒介参与:中国公众媒介素养的基本现状[J].新闻大学,2008(4).

注:本文原文为《校园媒体融合实践报告——以“shou 食品团委”为例》,该文已在《中国多媒体与网络教学学报》2020 年第 8 期第 200—202 页刊出。

融媒体背景下的高校网络育人质量提升路径研究

□ 海洋文化与法律学院/胡惜惜

第45次《中国互联网络发展状况统计报告》(以下简称《报告》)显示，截至2020年3月，我国网民规模达9.04亿，互联网普及率达64.5%，较2018年实现增长，越来越多的群众跟上了互联网时代的步伐，享受到了信息社会的便利。当代大学生以95后和00后为主，他们是出生于1994年中国实现全功能接入国际互联网时代后的数字原住民，他们与中国互联网共发展，是网络时代的重要参与者。《报告》显示，在9亿多的网民中，学生群体的人数最多，占比为26.9%，这进一步体现了当代大学生对网络的高度依赖性。2020年上半年，根据疫情防控的要求，高校将课堂从线下搬到线上，这再一次助推了网络育人的实践，深化了对网络育人质量的探索。

中国共产党历来高度重视高校的思想政治工作，自党的十八大以来，党中央更是将思政工作摆在突出位置，并在《关于加强和改进新形势下高校思想政治工作的意见》(以下简称《意见》)中提出全员、全过程、全方位育人的要求。《意见》强调，要推进高校思想政治工作改革创新，就是要加强互联网思想政治工作载体建设，运用大学生喜欢的表达方式开展思想政治教育。作为积极践行"三全育人"理念的重要途径，网络育人要充分发挥相应的功能，以推动全员、全过程、全方位育人格局之形成。在当今的融媒体背景下，数字媒体技术之间的相互连接将创设出新的行为，从而给网络育人带来新的机遇和挑战。

一、融媒体的概念界定

2019年6月，工信部正式向中国电信、中国移动、中国联通、中国广电发放5G商用牌照，从而打开了中国网络的新纪元。网络不再只承担信息检索和通讯功能，其还融合了网络视频、网络音乐、网络文学等方方面面的用途。融媒体正是在传统媒体行业和媒体服务发生转变之际诞生的一种新型理念。媒体融合一方面与数字型科技企业(如华为)的崛起有关，另一方面也受到参与性媒体的影响。参与性媒体不仅将以传统媒介为主导的模式转变为以用户为主导,而且将媒体内容从特定的媒介设备中分离,以实现文化融合。因此,媒体融合是指信息技术、传播网络、基于互联网的媒体内容与数字媒体技术相连接,从而产生融合产品、融合服务和融合行为。由此可见,融媒体不仅是经济、社会与文化数字转型中的重要因素,而且是教育行业革新的契机。

二、融媒体背景下的大学生网络行为之特征

(一) 用户主导互动性

作为目前用户较为广泛、内容较为具有影响力的参与性媒体和短视频平台,抖音在官方平台发布的《2019 抖音数据报告》显示,截至 2020 年 1 月 5 日,其活跃用户已经超过 4 亿,约占网民总数的二分之一。其中,迎接新生、高考、毕业等涉及高校内容的短视频发布数量约为 232 万个,该类短视频深受抖音用户关注。2019 年,约有 6.2 亿用户为教师点赞,教师成为抖音上获点赞数最多的职业。从数据中可知,参与性媒体已经成为众多网民融入网络的主要渠道,高校学生参与分享的主动性较强,对参与性媒体的关注较多。上述网络行为都反映了融媒体背景下的新型社交模式——用户主导创新型社交模式。

(二) 多元化

2019 年,网络用户的习惯发生了变化。《报告》显示,网络视频(含短视频)的用户规模为 8.5 亿,使用率为 94.1%,其已成为仅次于即时通信软件的第二大互联网应用类型,短视频平台的融合趋势越发显现。此外,网络音频、网络音乐、网络文学的受关注度也占据高位。社交与视频融合,以不断增加用户群体的使用时长和黏度,由此出现了以短视频、直播等作为新载体的社交产品。

(三) 创新性

融媒体的流行催生了社会产品的更新,从而为网络文化产品的创新提供了可能性和空间。参与性媒体的兴起降低了网络文化产品的产出成本,并进一步激发出活跃用户的创新意识,其通过网络作品或其他方式来展现文化创意。同时,参与性媒体激励传统媒介寻求突破,并借助"互联网+文化"新业态激发行业活力改革,以吸引更多青年人参与其中。网络新业态和新行为都

在积极引导大学生进行网络行为方面的革新，因此无论是作为传播者还是作为参与者，大学生在创新理念上都得到了进一步加强。

三、融媒体背景下的高校网络育人质量提升体系之构建

（一）创新思政教育模式，优化网络平台交互性

在融媒体背景下，媒体与用户之间固有的层级关系被打破，用户主导创新渐渐成为当下网络互动行为的表现。此种变化对现有的思想教育模式中的互动提出了革新性要求，即课程或者网络端学习的互动不能仅限于教师的单方面引导，而是应当给予学生在一定范围内主导、组织、参与和展示的空间，以优化网络平台的交互性。《意见》也指出，要推进高校思想政治工作改革创新，践行“三全育人”理念，就是要在互动交流中进行思想引导，加强学生互动社区、主题教育网站建设，有的放矢、生动活泼地开展工作。学生主导的创新型交互方式符合学生的网络行为习惯，因此能够提升学生的过程参与感与获得感。同时，由“受”转变为“授”的参与方式也能强化学生对知识和理论的理解，从而在互动的过程中提升学生的学习兴趣，加强学生的自主学习和探索能力，进而全方面培养学生的综合素质，并提升网络育人的质量。

（二）融合新媒体，丰富校园传播体系

目前，高校在推动网络育人工作过程中遭遇的一大困境就是，学生高频使用的网络平台功能与高校推进网络育人工作的传播体系之间存在差距。换言之，高校网络资源平台的传播途径较为单一，不符合当代大学生群体的使用习惯。所以，为了扎实推进“三全育人”工作，高校要重实效地结合大学生的网络行为特征，不断加强互联网思想政治工作载体建设。在融媒体流行的当下，校园媒体可以融合一批具有吸引力、符合大学生群体使用习惯、具有使用黏度的校园新型主流媒体，以多维度地丰富校园传播体系。“易班”平台就是接近大学生使用习惯的新媒体平台，其整合了大学生群体使用频次较高的即时通信、网络视频等功能，从而贴近大学生的使用习惯，实现了用户黏度的提升。同时，高校应考虑到使用手机上网的大学生人数较多，从而推出相对应的手机客户端，以最大程度地便利学生使用，进而丰富校园传播体系。特别是在此次疫情状态下的远程教育阶段，易班充分发挥了教育和传播功能，其积极引导大学生正确认识疫情和提升防疫信心，并保障大学生顺利完

成居家学习。通过丰富的传播体系，高校能够完善网络育人工作载体，从而提升网络育人的质量。

（三）融入学生网络生活，拓展网络文化作品形式

在众多的文化创意产品中，带有高校标识的衍生产品一直受到追捧，这主要是因为购买者认同产品背后所蕴含的文化。网络文化作品亦是如此，文字宣传不是唯一的育人方式，带有高校标识或时代特征的多样化新型网络文化作品（如动漫、拟人化动漫形象等）可以吸引更多大学生参与网络互动，从而提高大学生在育人过程中对信息的接受度，以实现全员育人。以上海海洋大学为例，学校的微信公众号曾以校内大白鹅作为原型制作了Q版大白鹅表情包，此表情包深受学生喜爱，在学生群体中被广泛使用，从而提升了学生对母校的认同感，激发了学生发扬母校校训精神的意识。此外，带有高校标识或时代特征的多样化新型网络文化作品还可以鼓励学生积极主动地参与到网络文化作品的创作环节中，并引导学生创作出契合时代特征、符合当代四有青年要求的网络文化作品，以引领时代新潮流。无论是自主创作还是引导学生参与创新，高校都应致力于使思想价值引领贯穿教育全过程，以形成文化育人的长效机制，从而提升大学生的文化自信，丰富网络信息的传播过程。高校应以大学生喜闻乐见的网络传播形式开展教育，而且要把握学生的思想特点，不断提升学生群体对网络传播的关注度，以发挥网络育人工作的实效性，并为网络育人质量的提升贡献新思路。

参考文献

[1] 中国互联网络信息中心.第45次中国互联网络发展状况统计报告[M]，2020.

[2] 教育部.高校思想政治工作质量提升工程实施纲要[EB/OL]. http://www.moe.gov.cn/srcsite/A12/s7060/201712/t20171206_320698.html，2017-12-1.

[3] 国务院.关于加强和改进新形势下高校思想政治工作的意见.http://www.gov.cn/xinwen/2017-02/27/content_5182502.html，2017-2-1.

[4] 抖音短视频 App.2019年抖音数据报告[M]，2020.

[5] 特里・弗卢.新媒体4.0[M].北京：人民日报出版社，2019.

[6] 董路.传播学核心理念与概念[M].北京：北京大学出版社，2017.

[7] 张文斌.着力构建网络育人质量提升体系[J].中国高等教育，2017(Z2).

网络育人中的“媒体困境”之审视与应对思考

□ 学生处/刘智斌

当前，在“双一流”建设的背景下，上海海洋大学正着力推进“三圈三全十育人”体系的建设工作。通过对标全国和上海各个高校思政工作中的“三全育人”综合改革之要求，上海海洋大学充分发挥课程、科研、实践、文化、网络、心理、管理、服务、资助、组织等各方面工作的育人功能，形成了全员、全过程、全方位育人的格局。

网络育人处于“三圈三全十育人”体系中的“中圈”，其核心要义是抓主体供给改革。具体而言，网络育人就是通过聚焦网络思政第三课堂，构建形成相应的工作体系，不断创新和丰富网络内容，在满足师生需求的过程中落实“三全育人”的任务要求。然而，在各种新媒体层出不穷的当下，网络传播从传播方式、传播渠道到传播速度都在发生着深刻变革，全程媒体、全息媒体、全员媒体、全效媒体让一个全媒体时代加速到来，网络载体的多样化、网络传播的立体化、网络内容的碎片化很容易让网络成为“众声喧哗”的空间。同时，信息泛滥、内容冗余、产品质量良莠不齐等问题，更是影响了网络空间主流媒体的传播力、引导力和影响力，并且降低了师生用户的体验感与满意度。因此，要落实网络育人在“三圈三全十育人”中的任务，我们必须破解“媒体困境”，从而在新的时代背景下适应新要求，以着力提升网络育人的实效。

一、网络育人中的“媒体困境”之审视

早在 2015 年，习近平总书记在视察解放军报社时便指出，现在媒体格局、舆论生态、受众对象、传播技术都在发生深刻变化，特别是互联网正在媒体领域催发一场前所未有的变革。“受众在哪里，宣传思想工作的着力点和落脚点就要放在哪里”的论断在今天看来依然振聋发聩，值得我们深思。明者因时而变，知者随事而制。在开展网络育人工作时，我们必须审视互联网变革给思政育人工作带来的挑战，并围绕工作的着力点和落脚点，有针对性地破解以下三方面的工作困境，从而“化危为机”，让互联网成为助力我们做

好育人工作的“最大变量”。

(一) 环境之变下的选择困境

今天的学生在哪里？毫无疑问，他们在一个个网络媒介应用中。加拿大的传播学者麦克卢汉在《理解媒介：论人的延伸》中提出了“媒介即人的延伸”的著名论断。今天的我们已经离不开媒介，尤其是网络媒介，无时不网、无处不网已经成为我们每个人的真实写照。然而，网络信息技术的快速发展也引发了新的问题，各种新兴媒体的不断问世容易让人措手不及、难以招架。仍旧沉浸在“两微一端”的媒体环境之中的我们突然发现，“忽如一夜春风来，千树万树梨花开”，“抖音”等新媒体应用开始活跃在学生之中。这些新媒体应用特有的话语体系令老师们费解，老师们只能吐槽自己“out”了。不会玩、不敢玩又不能不玩，在某种意义上，这就是今天我们在育人工作中所面临的媒介选择困境的真实写照。

(二) 对象之变下的沟通困境

在全国高校思想政治工作会议上，习近平总书记指出，思想政治工作从根本上说是做人的工作。因此，高校开展思想政治教育必须充分认识教育对象，用学生易于接受的方式，春雨润物般地把思想政治建设融入学生成长成才的全过程。被誉为国际未来学家、“数字经济之父”的美国人唐·泰普斯科特在《数字化成长 3.0》中宣告：N 世代已经到来！所谓 N，既代表着 Net 这个单词的首字母，又蕴含着 New 的意义，而 N 世代自然就是指伴随互联网成长起来的年轻人。随着 00 后开始进入大学校园，我们今天的大学生将是具有全新的行为方式和思维模式的“网络公民”。我们该如何与之沟通？面对青年学生不时提及的 B 站、“小号”、树洞等媒体新词，我们时常感到不知所措，甚至陷入媒体应用的“技术恐慌”，这就好比工具已经在手里却用不起来，无法用它与学生沟通。

(三) 生态之变下的资源困境

习近平总书记在全国高校思想政治工作会议上指出，要“提升思想政治教育亲和力和针对性，满足学生成长发展需求和期待”，这充分指明了我们工作的着力点。从生态学视角看，网络育人的效果很大程度上取决于媒体平台对受众的黏性，而黏性的强度又取决于平台内容资源使受众满意的程度。当前，青年学生流连忘返于社会商业化的媒体平台，其根本原因还在于这些媒体平台强大的资源供给对学生产生了强大的吸附力。因此，网络育人要想把青年学生从社会商业化媒体平台夺过来，就必须确保资源的有效投入，并推动资源的内容转化，以更好地满足师生的需求。需要指出的是，相比于社会商业化媒体，当前我们不仅在资源的投入方面展现出不足，而且缺少有力的资源整合手段。功能条块分割、资源无法共享、面对 VR 等新技术资源时供给相对滞后等问题都制约了网络育人的发展。

二、网络育人中的“媒体困境”之应对思考

网络育人是“三全育人”综合改革工作中的重要内容。作为在网络虚拟空间开展的育人实践，网络育人既是高校网络思想政治教育在新时代最集中的功能体现，又是伴随着网络信息技术的快速发展而需要不断进行迭代创新的工作。党的十九大以来，习近平总书记多次强调，要科学认识网络传播规律，提高用网治网水平，运用新媒体、新技术创新思想政治工作，增强时代感和吸引力。面对现实“变”的困境，我们必须转变思维，优化育人载体，创新工作方式，完善供给机制，真正让高校思想政治工作活起来。

（一）构筑媒体矩阵，优化育人载体

“三全育人”已经深刻阐明了思想政治教育工作的空间性、教育者对教育阵地的主导性，以及各教育阵地之间的关联性。过去我们经常说“一把钥匙开一把锁”，然而在今天，思想政治教育的复杂性已经远远超出了一个人、一个部门所能解决的范围。进入多媒体时代之后，面对纷繁复杂的媒体传播，传统教育阵地失守和教育者话语权旁落之现象逐渐显现。因此，在新时代加强网络育人，高校必须以系统化的思维来谋划，要基于“三全育人”的任务和要求来梳理媒体功能定位、整合各项垂直应用，并且应致力于建立流量共享和价值交换的网络媒体育人载体，以构筑基于育人导向的媒体矩阵，不断优化网络育人路径，从而实现“三全育人”的要求：在人员上全参与，做到人人育人（全员）；在时间上全连续，做到时时育人（全过程）；在空间上全覆盖，做到处处育人（全方位）。

（二）提升媒体素养，创新工作方式

2013 年，习近平总书记在全国宣传思想工作会议上针对年轻人基本不看主流媒体，大部分信息都从网上获取的现象，提出要正视事实，尽快掌握这

个舆论战场上的主动权，不能被边缘化了，要解决好“本领恐慌”问题，真正成为运用现代传媒新手段、新方法的行家里手。的确，面对网络信息技术的快速发展，每个思想政治教育工作者都或多或少感到压力。但是，面对压力和挑战，我们要坚持一分为二的辩证分析法，既要看到网络媒体给思想政治教育带来的严峻挑战，以规避其风险，又要看到媒体本身中立的工具属性和发掘媒体工具为育人工作带来的机遇，并且善用其时间上的及时性、空间上的便捷性、内容上的趣味性、载体上的丰富性等优势来创新工作方式，以实现与学生的积极互动，做到思想政治教育工作积极“触网”，思想政治教育内容择优“上网”，思想政治教育主客体之间紧密“结网”，从而切实提高思想政治教育工作的实效。

（三）推动融合发展，完善供给机制

随着网络信息技术的快速发展，以及国家对“互联网＋”战略的大力推进，网络育人也获得了长足发展。然而，我们也要看到，“＋互联网”不等于“互联网＋”，网络育人不是简单的“育人＋互联网”模式，其关键在于相互融合。正如习近平总书记在全国高校思想政治工作会议上指出的，“要运用新媒体新技术使工作活起来，推动思想政治工作传统优势同信息技术高度融合，增强时代感和吸引力”。因此，按照网络育人在“三全三圈十育人”体系中的定位和要求来推动媒体融合是至关重要的。高校要围绕提升内容供给能力来构筑横向打通、纵向整合的工作模式，完善资金、制度、人力、信息、技术等要素的资源配套机制，推动校园网络媒体在内容、渠道、平台、运作和管理方面的相互衔接，以实现育人信息的一次性采集、N次加工、梯次生成、多元适配、多渠道发布、全终端传播、全媒体覆盖等育人效果，从而切实满足师生受众的不同需要。

参考文献

[1] 覃川等.媒介化生存与大学生成长[M].北京：中国传媒大学出版社，2016.

[2] 中国共产党新闻网.牢牢把握新时代宣传思想工作的中心环节［EB/OL］. http://theory.people.com.cn/n1/2018/0905/c409499-30273680.html, 2020-10-9.

[3] 中国共产党新闻网.让高校思想政治工作活起来［EB/OL］. http://theory.people.com.cn/n1/2017/0213/c40531-29075554.html, 2020-10-9.

◆组织育人◆

"三全育人"理念下的高校党支部提升思想政治工作之有效性研究
——以上海海洋大学体育部直属党支部为例

□ 体育部/贺越先

一、前言

"三全育人"是一个全面系统的育人理念。自教育部于 2018 年 5 月开展高校"三全育人"综合改革试点工作以来,"三全育人"积累了经验,总结了规律,取得了成效,但工作过程中还存在需要我们深入思考和着力破解的现实问题。我国一直以来都很重视基层党建工作,在新时代背景下,加强党的先进性建设的工作增添了新任务、新内容。因此,高校必须改革思政工作育人体制,创新育人策略。

本文以"三全育人"理念为引领,将高校党支部思想政治工作与"三全育人"相结合,探究高校教师党支部提升思想政治工作的新思路。本文以上海海洋大学体育部为研究对象,旨在充分利用专业优势资源,将体育部直属党支部建设成创新型、学习型和服务型的党支部,并打造彰显体育部直属党支部特色的育人基地。

二、高校"三全育人"与党支部思想政治工作结合的意义

"立德树人"是高校的根本使命。习近平总书记指出,高校要以凝聚人心、开发人力、造福人民为工作目标,培养全面发展的社会主义接班人。我们审视高校大学生目前的思想现状和德育教学存在的问题可知,尽管"三全育人"理念已提出多年,但高校中仍存在对"三全育人"认识不足的现象。新时

期，在贯彻落实"三全育人"理念的背景下，高校要创新党支部的思想政治工作模式，充分挖掘基层党支部的潜力，这是落实高等学校"立德树人"根本任务的重要抓手。

在"三全育人"机制的构建过程中，高校应加强对学校党支部的统一领导。在构建实施方案时，高校应发挥党支部的领导价值，增进师生沟通交流，在教学中渗透德育理念。高校应使"三全育人"契合"立德树人"这一根本使命，将党的工作与学校的教育教学和科研工作结合起来。高校应充分发挥党支部的示范带头作用，做好全员育人的参与者，学生成长发展的全程陪伴者和全方位育人体系的构建者；高校应发挥教师党支部作为党联系高校教师的桥梁和纽带之作用，发挥教师党支部在大学生思想政治教育中的作用，推动德育教育融入学生成长成才的全过程，促进大学生德智体美劳全面发展，培养出能够担当民族复兴大任的时代新人。高校只有充分发挥党支部的作用，才能构建和谐校园，并且妥善处理高校、教师、学生三者之间的关系，从而真正体现出新时代下的"三全育人"理念与党支部思想政治工作相结合的重要意义。

三、"三全育人"理念下提升上海海洋大学体育部直属党支部的思想政治工作之措施

(一) 不断完善"三全育人"理念下的"体育课程＋思政"工作模式，强化专业优势

按照习近平总书记的要求，高校"要用好课堂教学这个主渠道"。因此，上海海洋大学体育部的教师党员和其他教师结合体育各项目课程的特点和学生实际，以课程团队和工作室为抓手，组织教师着力开发各类体育项目课程的育人功能、育人价值、育人资源，对体育文化的历史脉络进行全面认识与分析，然后结合当前的新时代精神，深入挖掘体育课程蕴含的文化内涵、德育元素和人文精神，进一步完善体育教学大纲，改革创新教学方法、优化教学设计、丰富教学资源，使德育元素贯穿并渗透于体育专项课程教育教学活动的全过程。上海海洋大学体育部直属党支部着力围绕学校百年历史，强化龙舟、游泳等水上运动项目的优势，突出和保持学校的海洋特色优势运动项目，

建立起几个示范性的教学基地，彰显特色，强化体育育人功效，充分发挥体育部直属党支部的示范带头作用，做好全员育人的参与者、学生成长发展的全程陪伴者和全方位育人体系的构建者，以点带面地助力学生综合能力的全面发展。

(二) 不断完善"三全育人"理念下的"结对支部＋思政"工作模式，提升教育能力

上海海洋大学体育部直属党支部要积极地与学校其他党支部——尤其是思政党支部——共同开展一些教研活动。如何让非体育专业的学生在短时间内入门，并让学生能从这些体育专业课的学习中更多地获益？针对这一问题，大家要一起探讨交流，打破专业壁垒，发挥各自的优势。同时，各部门应结对共建支部，进一步优化教学设计，共同探讨育人问题，深入了解学生，在思想、学习、心理、生活、活动等方面对学生进行全程指导，从而产生育人合力，形成协同效应，以实现全员、全过程、全方位育人。

(三) 不断完善"三全育人"理念下的"考核激励＋思政"工作模式，促进机制优化

上海海洋大学体育部直属党支部应健全师德师风考核制度、绩效考核机制和科研训练工作的量化考核方案，找准结合点，积极推动教师党支部思政工作与业务工作深度融合、相互促进，从而形成体育部的亮点特色。上海海洋大学体育部应建立党支部统一领导，全体教工参与的机制，协力合作，形成体育部全员育人的格局。上海海洋大学体育部直属党支部应引导每一位成员聚焦工作意义，使党员教师自觉接受广大师生的监督，对存在问题的教师党员责令其反思、学习，对考核优秀的教师党员给予表彰和奖励，从而使队伍里的人有更多的成就感与获得感。同时，上海海洋大学体育部直属党支部应创新党建工作方法，成立教学、科研、比赛活动三位一体的"全方位"育人中心或者团队，并组建以体育部教师党员为主，全体教工参与的特色团队。上海海洋大学体育部直属党支部应通过凝练学科方向，形成以党员学科带头人为核心的党员学术队伍，并由其带领青年教师参加课题研究、比赛训练等，以提高教师的教学科研水平，逐步形成有利于教师党支部建设的浓厚氛围和良好环境，从而真正发挥基层党支部的领导核心作用。

(四) 不断完善“三全育人”理念下的“互联网＋思政”工作模式，发挥后发优势

随着信息技术的快速发展，教育领域发生了深刻的变化，随时随地可以参与的在线学习课程极大地改变了传统教育的运行规则。在 2020 年全球疫情暴发的背景下，“停课不停学”的号召也让党支部的工作面临着前所未有的挑战。微信、微博、QQ、腾讯会议、钉钉等各种形式的教育培训载体，使优秀的师资和教学资源实现了共享。在教学活动中，上海海洋大学体育部要求大家结合当前的疫情，通过自身的积极锻炼，带领家人一起健身，用科学的健身方法引导学生关爱家人、奉献社会。上海海洋大学体育部坚持“三全育人”与新媒体技术的有效融合，贯彻从学生出发的理念，使用新型的、多样化的教育载体和手段方式，并辅以丰富生动的教育内容，激发学生的学习热情，增强学生的社会责任感，厚植学生的爱国主义情怀。上海海洋大学体育部充分发挥基础党支部的作用，展现教育的本质，使“三全育人”理念与党支部的工作实践更加具有普遍性与实效性，坚定不移地推进“人才强校”措施。

四、结语

总之，作为一个近些年来逐渐为我国各大高校所重视的教育理念，“三全育人”能否在新的时代背景下得到有效落实，这在很大程度上取决于高校党支部在思想政治教育工作方面的改革力度。本文从“三全育人”这一视角出发，将上海海洋大学体育部直属党支部的育人研究作为论述对象。未来，上海海洋大学体育部将继续尽最大努力去挖掘育人资源，不断完善管理机制，更好地协调各方力量，以提升体育部直属党支部教师干部的综合素质，并且齐心协力地打造更多以体育学科为依托的特色项目，使学校党支部的思政工作迈上新台阶。

参考文献

[1] 薛蛟.坚持立德树人实现“三全育人”[J].吉林日报，2019.12.

[2] 赵鹏等.基于“三全育人”理念的高校青年志愿服务工作体系构建[J].智库时代，2019(10).

[3] 王瑞鹤.全国高校思想政治工作会议的里程碑意[J].教育界，2017(15).

[4] 刘佳仪等.从十九大报告解读“高校优先发展教育事业”思想[J].赤峰学院学报(汉文哲学社会科学版),2018(1).
[5] 朱巍.支部文化建设促进思想政治工作的实践探索[J].理论观察,2020(3).
[6] 彭议.提高思想政治工作时效性的做法[J].现代农村科技,2020(4).
[7] 孙清磊.基于“三全育人”理念的高校名师班主任角色定位及育人优化[J].华北电力大学学报,2020(3).

融媒体时代背景下的高校学生党员教育培训发展之长效机制研究

□ 信息学院/吴兴识

技术革命推动社会不断发生变革，新型媒介日新月异、层出不穷，在新媒体与传统媒体交织发展的过程中，“媒体之间呈现出多功能一体化的趋势”，我们继而进入了新旧媒体交融发展的“融媒体”时代。随着融媒体数字技术与内容供给的迭代发展，各类媒体的多元性与传播性呈现出不断扩展的态势。同时，互联网持续进步与普及，自媒体文化传播及多元内容供给推动着社会的深层次变化和发展。

融媒体的发展对学生的思想道德、价值观念、生活方式、学习渠道等都产生了深刻的影响，并向传统教育培训工作提出了严峻的挑战。如何发挥融媒体的优势，以提高思想政治教育工作的质量，并构建一套适应“互联网 + ”时代下的学生党员教育培训发展之长效机制，就成为了新时代重要的研究课题。

一、融媒体时代下的高校学生党员教育培训所面临的挑战

（一）网络内容资源对传统学生党员教育培训的冲击

互联网改变了人们的视野、观念和生活方式，甚至深刻影响着当代大学生的思维方式、认知能力与价值取向。大学生可以通过网络观看具有内容输出性的文字、图片、音频、视频等，而这些内容输出又附着了丰富的意思表示。在获取便利与乐趣的同时，大学生也在潜移默化地接受着内容发布者向其传达的意旨。在尚不具备相对稳定的世界观、人生观和价值观的状态下，大学生容易在庞大的内容输入面前被误导和利用，从而获取错误的思想观念，并使其渗透到生活的方方面面，进而严重影响我国社会结构的发展。因此，融媒体时代下的互联网内容之冲击，对思政教育提出了更高的要求。

（二）网络资源庞杂化对学生党员教育培训内容供给的冲击

网络逐渐发展成为人们重要的工作和学习媒介，自媒体的发展使每个人

都能成为内容的提供者，于是海量内容呈现在各类媒体平台上。但是，琳琅满目的网络资源也对党员教育培训提出了挑战。如何促进学生党员在海量信息中发现端正的、具有教育意义的、具有时代特点的优质资源，如何制作生产出更适合当代大学生吸收和利用的学习资源，这些是思政战线的工作者应该回答的现实问题。

(三) 网络资源碎片化对学生党员教育培训的影响

尽管海量的信息资源拓展了学生的学习渠道，并且其中不乏具备系统性知识体系的内容，但是学生通过网络往往只能借助支离破碎的零散内容去架构个人的知识体系。片面地、静止地看待很多知识和问题，对学生的成长无益。思想政治教育与党员教育培训需要为学生提供系统的、全面的、辩证的教育内容。学生党员教育如何有计划、有体系、更全面、更持续地进行，这是社会各界需要共同面对的问题。

二、利用融媒体对学生党员进行教育培训的优势

融媒体的发展是社会演进的必然趋势。融媒体正被广泛应用于社会的各个领域，因此掌握和利用融媒体的发展规律，并将其应用于学生思想政治教育工作，是提升高校在学生思想引领工作中的优势之有效手段。

(一) 融媒体为学生党员教育培训提供了丰富的教育教学资源

“信息技术同现代教育融合的表征有革新传统教育模式（如大学公开课）、促进教学方式变革（如个性化学习）、营造全新学习环境（如数字化学习）等。”在自媒体迅猛发展的背景下，融媒体已然萌芽并得到培育，随之而来的便是各类媒体资源的整合与提升。网络媒介逐渐开拓出各类学生党员培训教育教学资源平台，学习强国平台、慕课网、共产党员网、官媒公众号等成为重要的内容供给渠道。丰富多样的学习资料对于学生党员教育培训而言具有重要的参考价值。

(二) 通过融媒体进行学生党员教育培训打破了时间与空间的界限

在传统的学生党员教育教学实践中，学生专业课程安排不同、学生所在校区不同、学生参训安排不同等各类情况，往往导致部分学生无法全程参与培训。受到各类因素的影响，培训班的课时数和培训安排的形式呈现出一定的局限性。通过融媒体的技术和内容之优化，培训除了采用传统的教育教学

方式以外，还可以借助网络课程与网络研讨，从而打破时间与空间的界限，将每个学生党员碎片化的时间与隔离开的空间整合于一场具有时间跨度的网络课程之中，这将有利于学生党员学习的持续性、系统性与全面性。

（三）融媒体教育教学方式有助于提升学生党员教育培训的质量

传统的教育培训实践往往是“教师授课—学生听讲”的教学模式，学生完成一定的学时数并通过考核，就可以获得结业证书。融媒体的教育教学方式则在一定程度上给予了学生自主安排学习计划的条件和权利，其有助于发挥学生的主观能动性，并能激励学生在吸收教育教学内容的基础上，自主搜集查找相关的学习资源，从而不断拓展自己的知识储备。融媒体的教育教学方式能够打破填鸭式教学的壁垒，促进学生认真学习教学内容，其在教育教学质量的提升方面具有重要作用。

三、融媒体背景下的高校学生党员教育培训发展长效机制之构建

在融媒体时代背景下，网络平台具备视频学习、PPT 学习、在线测试、发帖讨论、资源共享等多种学习与互动功能，高校应发挥网络平台的教育培训优势，整合各类优质的学生党员教育培训资源，通过网络平台对学生党员的教育培训进行常态化管理，从而形成“学、思、践、悟”的教育培训体系，并搭建起高校学生党员教育培训机制，以使学生在认知、情感、意志、行动等方面都能够有所提升。

首先，高校应培育优质的课程体系，不断输出优质的教育教学内容。高校应将基层青年学生思政教育工作与专业知识学习进行结合，并搭建青年学生“第二课堂”。高校要充分整合重要法律法规、系列重要讲话、党史国史校史、专业知识讲座、榜样实践经验等学习资源，从而形成学生党员系统化知识培育体系，以培养综合素质完备的青年学子。高校应致力于使基层党校成为优质思政内容的输出者。

其次，高校应拓展资源输出实施载体，打破单一平台培训的学习瓶颈。对学习载体进行整合利用，是提升党员培训教育质量的重要手段。高校应不断探索青年学生教育管理工作组织新形式，以主题活动工作项目为驱动，以增强基层支部政治功能为目标，重创新、求实效地提升青年学生教育管理工作的水平。高校要实现党员教育管理的无属地、全天候、一体化，促进党员假

期理论学习“不打烊”，从而真正发挥融媒体时代背景下的宣传工作之思想引领作用。

最后，高校应搭建统筹的管理体系，以点带面地推进学生思想政治教育工作。高校应不断探索完善政治理论学习形式和制度，构建小范围专题学习、全体党员集体学习、各党团支部主题学习、党员个人自学等多种政治理论学习形式，并结合课堂教学、课程思政、学术论坛和讲座、座谈与交流、参观调研等主阵地来开展师生的政治理论学习和思想教育活动。高校应逐步制定并发布政治学习指南，反馈政治学习计划，形成理论学习记录，汇总学习总结内容，构建纳入支部考核评价的支部党员教育管理体系，以巩固支部的政治建设基础。

高校应当整合各类文化传播媒体资源，搭建融媒体网络思政教育载体，深化党团联动思想教育长效机制，进一步凝聚师生为党育人、为国育才的共识，全面营造能担当、敢作为、争先进的氛围，从而为高校的发展奠定坚实的基础。

参考文献

[1] 马琼.新时代高校“互联网+”大学生党员教育创新研究[J].法制博览，2020(18).

[2] 程飞.高校“互联网+党建”模式的创新与实践研究[J].决策探索(下)，2020(5).

[3] 陈舒媛.新媒体视域下增强高校党员教育实效性的探讨[J].漯河职业技术学院学报，2020(3).

[4] 刘德强，姜珍珍.新时代高校加强大学生党员教育管理长效机制研究[J].上海党史与党建，2020(4).

[5] 邓国军.加强党员教育管理：实践价值、现实要求及重要路径[J].中共山西省委党校学报，2019(6).

[6] 邓美茹.融媒体时代高校思想政治教育传播路径发展探究[D].苏州大学，2019.

[7] 李毅峰.高校学生党员发展和培养工作的现状与创新[J].河北北方学院学报(社会科学版)，2019(2).

基于生涯教育的班级组织育人研究

□ 食品学院/刘　鹏

高校的组织育人工作是实现“三全育人”的重要途径，作为高校最基本的单位，班级组织应承担起组织育人的职责。班级组织的包容性、目标一致性等特征，以及生涯教育的全局性、阶段性等特点，共同决定了两者结合的必要性与可能性。大学生生涯发展教育——特别是就业环节——是完成国家“六稳”“六保”工作的重要保障，是使“三全育人”工作落地的重要切入点。利用班级组织平台开展大学生生涯教育，可以将普遍性的职业发展规律与现代大学生思想文化与价值诉求的多元化特性有效结合起来，将组织育人、生涯教育与学生思政工作有效结合起来。

一、构建生涯教育下的班级组织育人模式之必然性

（一）生涯教育融入班级是发挥组织育人优势的有效途径

大学生的生涯发展需求日益多元，他们对理想与事业有无穷的创意，但这些想法不能自发地聚合成一个有序的整体，也不会形成系统的、科学的职业生涯规划理论，以回应国家社会大局发展。

班级是大学生的基本组织形式，是大学生自我教育、自我管理、自我服务的主要组织载体，是大学生思想政治教育的最前线。传统的班级组织主要以活动和任务为导向，信息传递主要呈现出单向性特征。现代大学生的思想文化与价值诉求多样，个性差异明显，特异化追求大量展现，班级的行政倾向在不断减弱。因此，与时俱进地开展大学生的班级组织管理工作成为了时代的要求。

生涯教育以人职匹配为原则，尊重个性需求，强调个人的兴趣和能力，讲究计划性与反馈，因此与大学生的特点相契合。生涯教育指导下的班级管理将以个人和集体的发展目标为导向，调动个人积极性与主动性，提升个人能力以完成集体目标，从而实现个人发展与班级和学校发展的有机结合，进而增强思政工作的有效性。

(二) 生涯教育下的班团组织育人是落实全程育人的基础平台

生涯教育必修课可以解决全覆盖问题,选修课、相关讲座等形式可以部分地解决学生的全程化问题,但高校仍急需寻求课程外的其他形式来将生涯教育思想全程化、全员化、全方位化地贯彻到教育之中。伴随大学生始终的班级组织管理与生涯教育之结合,可以有效解决全程育人的问题。

(三) 生涯教育下的班团组织育人是学生进入职场的自适过程

现代的教育理念提倡"以人为本",其落脚点是"促进学生的终身发展"。生涯教育的目标正是帮助每一位大学生掌握生涯管理科学,培养职业精神,使他们形成并自主增强职业生涯规划能力和生涯发展调控能力,从而促进每一个大学生的终身发展,这与现代班级管理所倡导的"构建大学生自我教育、自我管理、自我服务的平台"之目标是一致的。

班级组织育人与生涯教育的共同目标,是引导大学生的自主发展。大学的开放性和社会化程度决定着该环境下人群的生涯成熟度。作为大学生走向职场的过渡阶段,班级可以通过科学有效的管理使自己成为"虚拟的职场",从而为每个学生提供能力展示舞台和"工作"平台。班级组织育人与生涯教育互为支撑、互为补充、共同促进,真正体现了现代教育管理"以人为本"的理念。

二、生涯教育下的班团组织育人模式之构建目标

(一) 聚焦优良学风建设,养成学生职业素质

培养大学生的职业素质,是帮助大学生顺利完成从学校到社会之转变的必然要求。学风建设是教育质量和人才培养水平的前提保证,是高校办学能力和竞争力的最直接反映,其对引导学生树立正确的成才观和价值观,以及教会学生做人和做事,都有积极的作用与深远的影响。学风建设也是大学生职业素质培养工作的重要抓手。

(二) 健全班级生涯教育体系,巩固学生生涯理论

生涯教育的系列课程为大学生的职业生涯规划提供了科学的理论参照体系。以专业班级为单元的生涯教育体系的构建,是理论课程体系能否作用于学生职业素质养成过程的关键。有效的班级单元职业教育体系由理论课程计划、职业测评计划、职业见习模拟、岗位实习实践计划、班级职教组织队

伍、班级职教发展规划、班级职教组织办法等制度进行规定，从而为学生的职业教育体系之构建提供理论与实践指导。

（三）提升生涯发展能力，延伸职业支持系统

生涯教育能够提供有效的职业发展方法论，但学生职业能力的发展还需要借助案例的实证，并获得实践的支持。因此，建设以班级为单元的朋辈支持系统具有实践的必要性、亲和性与可行性。班级平台的这一优势有助于大学生分享职业发展心得体会，构建良好的职业发展关系，延伸职业发展支持系统。

三、生涯教育下的班团组织育人模式之构建策略

（一）构建班级生涯发展管理机制

传统的"一视同仁"或"千篇一律"的组织管理模式已难以适应大学生的职业多元化发展之需要。班级管理制度首先要将班级团队的发展与成员个人的发展进行结合，并且在成员之间互构支持体系的同时，尊重个人的兴趣与能力。因此，制度的制定需要全员参与，并应整合学生的学习、生活、实践等各项时间资源，以强化学生的归属感和目标意识。根据个人的发展与班级的实际情况，班级制度应定期修订、实时调整，以符合个人及班级的发展需要。

（二）构建班级生涯发展管理体系

生涯发展的班级管理体系之实质，是为学生营造获得职业发展能力的基础环境，其组织结构以辅导员为节点，包括职业指导专家队伍、专业老师、班主任、学生家长、学生本人、班级信息员、辅导员社会网络等成员。班级生涯发展管理体系的组织职责涉及创新创业、职业路径、职业养成、就业指导、岗位推荐、职业协作等各个方面。班级应结合自身的实际情况来开展管理工作，建立全员参与、适时轮转的班级管理执行体系，分阶段、分任务地构建班级管理秩序。

（三）构建班级生涯发展四年管理规划

大学生的全程发展规划包括两个部分：一是以班级为单位的班级职业发展愿景，二是以个人职业养成为核心的学业发展计划。大学生的全程发展规划遵循如下的一般性原则：大一注重成才教育指导，了解专业，认识大学生角

色，关注个人素质与成才，建立科学的世界观和人生观；大二注重职业素质培养，包括实践能力、创新能力、语言文字能力等；大三注重培养国情、社情敏感度，学会收集信息，保持积极状态；大四注重就业实操、政策法规和就业方法技巧。在规划的实施过程中，班级要注意鼓励大学生自行组织各项活动，以提升学生的自主性和参与程度，从而保证管理实效。

(四) 构建班级生涯管理效果评估体系

以职业能力拓展为抓手的班级建设，其目标更加清晰，也更容易被学生接受，但是其成效必须经过检验和评估。因此，评估体系应从两个层面对班级建设进行综合评价：一方面是班级成效评价，包括道德行为（违规违纪）、学风建设（成绩出勤）、科学研究（学术创新）、文化建设（社团活动）等；另一方面是个人成效评价，包括职业目标（科学明确）、职业规划（条理清晰）、职业技能（目标达成）、管理活动组织（满意度）等。

四、生涯教育下的班团组织育人模式之建设成效与展望

(一) 巩固了专业思想，坚定了职业理想

专业教师不仅负责专业课程教育，而且可以通过班级的组织活动加入到学生的职业发展教育中，以引导学生主动了解专业的国内外发展动态和建立专业认同感。专业教师应结合学院的创新创业活动来指导学生参与提高。班主任和辅导员应结合学校的要求，以职业能力拓展为依托，组织班级主题活动，并指导社团活动等第二课堂的建设，使职业发展教育融入大学生的班级日常管理之中，从而让管理目标更加明确，管理方式更容易被接受。

(二) 增强学生的社会责任感与主人翁意识

生涯发展班级组织育人模式有效地将第一、第二和第三课堂以生涯发展为主线结合了起来，其集德育、专业教育与职业发展教育于一体，为更系统地开展高校教育教学提供了有效的信息反馈。生涯发展班级组织育人模式有效推动了班级思政教育，加强了对个人价值观与事业观的引导，凝聚了社会主义事业的核心价值观，对高校建设者与接班人的培养起到了很好的助推效果。

(三) 推进大学生生涯发展市场导向建设

在大学生生涯教育的实践过程中，由于师资、课程结构等的限制，高校职

业发展教育、职业素质结构、市场信息反馈与人力资源市场的发展异位之现象时有发生，就业指导的各项实施工作还有待完善。高校可以从三个方面入手，贯通校园内外的生涯支持体系，以推进市场导向工作：一是进一步建设班级生涯发展跟踪支持体系，为生涯起步期学生提供职业发展专业支持；二是贯通专业校园内外的职业教育与指导体系，实现大学就业导航和社会职业指导的有效衔接；三是加强政产学联动，实现学生创业、产业创新和学科建设的有机结合，为学生的职业能力培养构建科学的专业知识结构。

“大思政”格局下的高校共青团组织育人之思考与实现路径探析

□ 学生工作部、处、团委/刘星安

作为中国共产主义青年团在高校中的青年群众组织，高校共青团受上级团委和高校党委的双重领导，其在高校治理体系和治理能力现代化建设中发挥着特殊的政治功能。新形势下，置身于“三全育人”大格局的背景之中，共青团组织作为重要的育人主体，要明确自身的职能定位，积极融入“三全育人”的工作格局，不断提升共青团组织在思政育人方面的实效性。

一、“大思政”格局下的共青团组织之定位与思考

（一）坚持中国共产党的领导是共青团工作的根本保障

“大思政”是指在党委的统一领导下，各育人主体充分发挥育人优势，形成一种协同育人的工作格局。共青团是党领导的先进青年的群团组织，在中国的革命、建设与改革的波澜壮阔之历史进程中，共青团组织都发挥了重要的作用。坚定不移地走中国特色社会主义群团发展道路，是对党的群团工作的长期奋斗经验之科学总结。就共青团组织的政治属性和育人主体而言，讲政治是共青团的灵魂，加强党对共青团工作的政治领导、思想领导和组织领导，把党的理论和路线方针政策贯彻落实到共青团日常工作的各方面、全过程，则是对共青团组织建设的必然要求。

（二）实现中华民族的伟大复兴是新时期共青团组织的历史使命

实现中华民族的伟大复兴是当今中国社会最鲜明的时代主题。今天，实现“两个一百年”奋斗目标、实现中华民族伟大复兴的中国梦是当代青年运动的主题和方向。共青团是党的助手和后备军，是党和政府联系青年的桥梁与纽带，其肩负着团结青年、凝聚青年、引领青年的重要使命。青年引领涉及“培养什么人”这一教育的首要问题，而“培养什么人”既是教育工作的根本任务，又是教育现代化的方向和目标。共青团要始终从为党和人民的事业培养建设者与接班人的高度来谋划、部署、推动自身的工作。作为重要的育人主

体，共青团要始终牢记为党育人、为国育才的历史使命，增加共青团组织育人的紧迫感、责任感、使命感，牢牢把握育人主线，不断团结青年、凝聚青年、引领青年。

（三）推进高校共青团改革是强化组织育人的必然要求

2016年，共青团中央、教育部印发了《高校共青团改革实施方案》（以下简称《方案》），切实加强和改革创新青年学生思想引领工作是其中的重要内容。《方案》指出，要紧紧围绕保持和增强政治性、先进性、群众性这一基本要求，突出基础制度创新和组织活力提升，建设更加充满活力、更加坚强有力的高校共青团。共青团改革是整体性、系统性工程，是对新形势下落实全国高校思想政治工作会议精神，加强和改进大学生思想政治教育，提升团组织育人实效的重要探索。深化高校共青团改革，既是进一步提升高校治理体系和治理能力现代化的重要环节，又是深化“三全育人”综合改革，提升高校思政育人实效的重要途径。

（四）聚焦育人领域创新工作机制是提升育人的针对性和实效性之必然导向

在“大思政”格局下，高校教育应具备德育“大熔炉”式的教育合力作用，让思想政治教育贯穿所有学科的教学过程，并使其渗透于学校生活的全部领域，覆盖课堂内外和校园生活的方方面面。高校共青团组织是思想政治教育工作的重要育人主体，其在第二课堂、社会实践、创新创业、校园文化等方面发挥着不可替代的作用。高校共青团组织既是思政教育活动的重要组织者，又是思想政治教育内容的重要供给者。思想政治教育工作要做到因事而化、因时而进、因势而新，高校共青团组织要适应经济社会的发展变革，以及大学生的个性化成长之特点与特质，以改革创新的行动不断增强高校共青团思想政治工作的针对性、时代感和亲和力。

二、共青团组织融入“大思政”格局的路径探索

新形势下，高校共青团组织在明确组织定位的基础上，要充分整合资源，突出重点导向，聚焦文化育人、实践育人和组织育人三个板块，着眼于提升以服务引领学生、以服务教育教学的针对性和实效性，让学生忙起来，让思想政治工作活起来，从而在“大思政”格局下充分发挥育人主体职能，彰显育人工

作实效。

(一) 强化政治建团,把准政治方向,坚守政治属性

一个组织的属性,决定了它的初心,明确了它的使命。就其本质而言,共青团组织是政治组织,因此政治属性是共青团的第一属性,而强化政治建团是共青团的政治定位。在“大思政”格局下,高校要加强共青团组织的政治性建设。首先,高校要坚持政治建团,完善团干部队伍建设。高校应完善团干部的选拔、培训、教育和管理,提升团干部的团务工作能力和思想政治育人能力,强化团干部的政治理论素养和政治站位。其次,高校要夯实基层团支部的建设。高校应坚持党建带团建的工作思路,全面从严治团,严格落实“三会两制一课”制度,加强政治导向,深入学习习近平新时代中国特色社会主义思想。最后,高校要深化青年马克思主义者培养工程。高校应以青年马克思主义者培养工程为依托,着眼思想政治引领和价值引领,致力于强化团员的先进性、荣誉感和榜样意识。

(二) 加强部门协作,形成协同育人机制,提升育人实效

“大思政”工作格局既是一个思想政治教育主体及其实践的综合形象之表达,又是高校思想政治教育生态的具体表现。“大思政”格局体现了育人主体的多元性与交互性,作为重要的育人主体,高校共青团组织要具有整体意识和系统思维,即牢牢把握“立德树人”这一根本任务,注重部门之间、各项育人工作之间的协作与相互支持,共建育人同心圆,实现育人实效最大化。高校共青团组织要发挥主动性,整合育人资源,加强与宣传部、学工部、图书馆、教务处等各部门的联系与合作,巩固和拓宽党建带团建机制,形成互动性与共享性并存的机制,加强第一课堂和第二课堂的有机衔接,形成与各部门在思想政治教育方面同向同行的育人局面。

(三) 聚焦育人板块,创新工作载体和机制,提升育人针对性

“大思政”理念旨在构建多元一体的育人格局,加强育人主体、育人载体、育人方法的协同融合,形成致力于学生成长成才的“整体优化体系”。在“大思政”格局下,共青团组织要充分彰显自身的育人优势,全面发挥文化育人、实践育人和组织育人的功能。共青团组织要充分发挥在组织建设、校园文化、社会实践、创新创业板块等方面的育人优势,并且根据青年大学生思想的新特点和育人规律,拓宽工作载体,创新工作机制,在日常政治引领的同时,运用朋辈来引领教育，以增强价值传播和感召力。同时，共青团组织要实现政治引领与社会实践、志愿服务、创新创业、文化育人、组织建设等的结合，并注重分层分类引导，以使思想引领贯穿学生成长成才的全过程。

高校“大思政”格局的构建是系统性、长期性的工程，融入“大思政”格局是共青团组织进一步增强政治属性、强化组织育人的必然要求。高校共青团组织要坚定政治属性，牢记育人使命，积极融入“大思政”格局。同时，高校共青团组织应主动担当，积极作为，不断提升思想政治教育的针对性和实效性，持续推进“大思政”格局的建设。

参考文献

[1] 沈威.高校共青团改革中的职能定位及问题研究.中国青年社会科学[J]，2017(1).

[2] 中共中央.中共中央关于加强和改进党的群团工作的意见[EB/OL].http://www.gov.cn/xinwen/2015-07/09/content_2894833.htm，2015-7-9.

[3] 共青团中央，教育部.高校共青团改革实施方案[EB/OL].http://www.gqt.org.cn/documents/zqlf/201611/P020161115391495551784.pdf，2016-11-14.

[4] 刘兴平.高校“大思政”格局的理论定位与实践建构[J].思想教育研究，2018(4).

浅谈如何发挥高校党外人士在“三全育人”工作中的作用

□ 党委统战部/ 江菊美　周　京

2017年，中共中央、国务院印发的《关于加强和改进新形势下高校思想政治工作的意见》提出，坚持全员、全过程、全方位育人。以“立德树人”为根本任务的高校是党外人士集中的地方，其在育人活动中具有独特的优势，对学生所产生的影响不可忽视。高校要重视发挥党外人士的优势和作用，做好“三全育人”工作，推动高校持续健康地发展。

一、高校党外人士在“三全育人”工作中的优势

党外人士是高校教师队伍的骨干力量，他们在教师队伍中所占的比重越来越大。据不完全统计，目前在上海海洋大学的教师队伍中，具有党外人士身份的教师所占的比例为31.8%。党外人士所占比重的加大，一方面是由于我国的高等教育迅速发展，教师队伍得到了扩充；另一方面是得益于改革开放及高等教育制度改革的深入发展，海外留学后归国的人员将高校作为他们择业时的优先选项。基于党外人士自身的特点，他们在“三全育人”公众中具有诸多优势。

（一）智力密集的优势

高校中的党外人士大多获得了博士、硕士学位，并且具有中、高级职称，他们长期工作在教学科研第一线，具备较强的知识获取能力。同时，高校中的党外人士掌握着新知识、新技术，并且了解前沿课题，他们的观点具有前瞻性，对社会制度和各种思潮都有比较科学的看法，因此学生们往往比较崇拜他们，更愿意听从他们的建议。

（二）联系群众的优势

高校中的党外人士既包括民主党派的成员，又包括大量的无党派人士和群众，他们大多分布在教学第一线，是普通教师，与学生没有上下级关系，因此学生在与他们的相处过程中，更愿意进行平等讨论和双向交流。高校中

的党外人士可以利用课堂教学、实习实训等活动来了解学生的思想动态和学习生活，第一时间了解他们的困惑和矛盾并给予耐心解答与充分疏导，从而提高思想政治工作的及时性和有效性。

(三) 丰富的阅历优势

高校中的党外人士一般都有丰富的政治阅历，不同年龄的党外人士有不同的经历。特别是新一代成员，他们思想活跃、思路开阔，对社会上的各种现象有比较深入的思考。高校中的党外人士立足于岗位，潜下心来干事业，他们积极参与政治协商和民主监督，在各自的工作岗位上发挥着越来越大的作用。在教育活动中，身教的效果往往优于言传，高校中的党外人士可以用自身的经历来现身说法地做大学生的思想政治工作，从而使教育内容更具有说服力。

(四) 灵活的育人渠道

高校中的党外人士所具有的阅历和学历优势，决定了他们的教书育人工作能够覆盖课堂内外。除课堂教学外，最常见的育人方式有专题讲座、科研课题、个人交往等。从学术上的表述指导到生活中的引导，从学术上的良师到生活中的益友，学生很乐于和高校中的党外教师进行交往，并愿意将他们之间的联系延伸到课堂之外。在此背景下，单向直线式的课堂教学就转变为了网格式的教育模式，这种模式所产生的润物细无声的教育效果是课堂教育所无法企及的。

二、高校党外人士在“三全育人”工作中面临的难点和问题

高校中的党外教师的独特身份，使他们在教书育人工作方面具有一些独特的优势，但他们也面临着一些难点和问题。这些难点和问题，有些源于党外教师自身，有些源于高校的制度设计。

(一) 主动育人的意识有待强化

在高校中，开展大学生思想政治教育工作的队伍主要是思想政治理论课教师和辅导员，而这些人一般是中共党员，这就在无形中给党外教师造成一种心理暗示，即“我只要教好书就可以了，育人工作与我无关”。

(二) 育人的能力有待提升

高校中的党外教师长期在一线从事教学工作，他们接受到的大都是有关

提升教育教学能力的培训，而提升育人能力的专题培训屈指可数。

（三）育人的创新意识有待增强

当前，高校中的学生是伴随着网络成长起来的新一代大学生，他们的生活方式、学习方法、娱乐途径乃至思维模式都已经受到了新媒体的影响。在此背景下，在许多大学生的眼中，传统的德育方法形式枯燥、内容乏味、实践效果不佳。因此，高校中的党外教师在育人的意识和育人的途径方面需要有所创新。

（四）育人的合力机制有待完善

“三全育人”工作是贯彻落实习近平总书记关于教育工作的重要论述之必然要求。在推进这项工作的过程中，高校党委做出了一些顶层设计，但是落实的力度还不够，保障工作计划顺利实施的机制还不完善，育人的效果还没有得到普及。

三、推进高校党外人士在“三全育人”工作中发挥作用的若干建议

高校中的党外人士普遍具有学历层次高、知识结构新、政治素质好、思想认识佳的特点。针对新时期高校党外人士的思想特点和工作实际，高校党委必须转变思路、更新观念、健全机制、突出优势，搭建有效平台，丰富全程育人内涵，凝聚党外人士力量，以全面提升育人质效，实现育人合力的最大化。

（一）建机制，聚合力

在大统战格局下，高校要本着“围绕学生、关照学生、服务学生”的理念，统筹组织推进相关工作，使党外人士服务于大学生思想政治教育。高校应构建起由党委统一领导，党委组织部、党委宣传部、党委统战部、党委学生工作部、党委教师工作部、二级党组织等各部门分工负责、共同配合的工作机制，健全相关制度体系，及时协调处理大学生思想政治教育工作中的重大问题，实现育人合力的最大化。

（二）给政策，强支持

在教学、科研、学生工作、人事制度、财务制度等领域，高校统战部门要制定党外人士参与“三全育人”工作的相关政策，如制定党外人士深入联系学生工作机制、党外人士参与“三全育人”工作的激励办法、党外人士“三全育人”工作专项调研方案等，并划拨专项工作资金，大力支持党外人士，鼓励他们为

学生的成长服务,呼吁他们积极参与大学生思想政治教育改革,激发他们投身于"立德树人"实践的积极性。

(三) 搭平台,重实效

高校要注重发挥党外人士拥有海外经历、身在党外,且长年奋战在教学、科研和管理工作第一线的优势,借助他们与学生广泛接触所获得的经验,搭建与学生进行沟通交流的平台。例如,依托"不忘合作初心,继续携手前进"主题教育活动,开展展览、参观、演讲等活动,从而有针对性地引导党外人士在不同领域发挥独特作用。同时,高校应搭建党外知识分子与学生社团的管理服务平台,有意识地安排思想素质较高、热心学生工作、在学术上有造诣的党外知识分子担任学生社团的指导老师,从而在潜移默化中促使大学生接受思想教育,提高综合素质。

(四) 增强育人能力

一方面,高校要坚持将学习习近平新时代中国特色社会主义思想和党的十九大精神作为主线,并结合全国高校思想政治工作会议、全国教育大会、学校思想政治理论课教师座谈会精神进行宣讲,不断提高党外知识分子的思想政治素质,进一步加深全校党外知识分子对课堂教学、科研工作、管理和服务工作在"立德树人""铸魂育人"方面所发挥的重要作用之理解,使他们自觉影响和带动青年学生。另一方面,高校要结合专业特点,按需施训,加大不同专业课程的思政专题之培训力度。

(五) 激发育人热情

高校应坚持将党外知识分子参与大学生思想政治教育工作的情况作为他们接受各级各类政治安排和参与各项考核的重要评价依据,从而让党外知识分子在参与大学生思想政治工作时更有动力、更有热情。高校应定期召开党外知识分子深入联系学生的工作培训会和交流会,及时总结党外知识分子开展大学生思想政治教育工作的情况,并在校内进行经验推广。

(六) 营造育人氛围

高校应充分利用庆祝改革开放 40 周年、中华人民共和国成立 70 周年、脱贫攻坚决胜年等重大时间节点来开展大学生思想政治教育,通过集中宣传党外人士感恩祖国、报效国家的不凡经历,以及他们投身精准扶贫、川藏铁路建设等国家战略部署的先进事迹,引导广大学生自觉践行社会主义核心价值观，为实现中华民族伟大复兴的中国梦矢志奋斗。

参考文献

[1] 沈如吉，黄茜.民主党派和无党派人士在高校教书育人中的优势与作用[J].福建省社会主义学院学报，2006(4).

[2] 赵霞.“三全育人”视阈下，关于政工人员在大学生思想政治教育中发挥作用的调研[J].高教学刊，2020(30).

[3] 刘化.关于如何发挥民主党派在高校思想政治工作中的作用的研究[J].辽宁师专学报(社会科学版)，2011(1).

[4] 刘定平，张桂叶，申覃. 论高校党外教师在教书育人工作中的作用[J]. 衡阳师范学院学报，2011(8).

[5] 杨能山. 民主党派成员是大学生思想政治工作的重要力量[J]. 中南林业科技大学学报(社会科学版)，2008(5).

构建高校本科生“党团班”协同育人机制

□ 经济管理学院/边黎明　张　闻　周　超

本科教育的质量很大程度上决定了中国高等教育的质量和水平。目前，我国教育界已经形成了全员、全过程、全方位育人（“三全育人”）的理念共识，这既是对以往成功经验的理论总结，又是新时代下的高等教育探索内涵式发展的一个前提。高校“党团班”协同育人机制的探索不仅是对“三全育人”理念的扩展，而且是对新时代高等教育理念的丰富与创新。

一、当前我国高等教育中的本科生党支部、团支部和班委会的现状

中国高等教育有一支职业化、专业化、专家化的辅导员队伍，这是中国教育事业的特色。中国高等教育下的辅导员队伍是一支听党指挥、作风优良、能打胜仗的队伍，是新时代中国特色社会主义高等教育事业坚持正确的政治方向之基石和支柱。在辅导员队伍的有力支撑下，我国的本科生班级或者专业有着比较健全的党支部、团支部和班委会。

（一）本科生党支部组织的发展有着广泛的群众基础，但是在学生党员的政治素质培养和党性实践养成方面仍然存在薄弱环节，亟待改进

班级在向党支部推荐优秀的学生时，基本流程是团支部书记或者组织委员把学生入党申请书先期交给辅导员，辅导员审核后找该学生谈话，然后再将入党申请书交给党支部，党支部在发展党员的时候会充分考虑辅导员的意见和建议。但是，在这种机制下，团支部在推荐优秀团员加入党组织的环节中发挥作用与否就显得有些随意：原则性强的辅导员会要求团支部召集班级团员对符合条件的优秀学生进行集中评议和投票表决；原则性弱的辅导员在和团支部的少数几个人沟通后就直接推荐该优秀学生。这样，在其他学生看来，整个流程就有暗箱操作的嫌疑，从而不利于班级集体活力和凝聚力的建设。

(二) 班委会和团支部的运行比较顺利,但是班委会和团支部的职责界限尚不明确,存在各自职能不清晰的情况

依据传统的观念,在通常情况下,班委会和团支部没有太过明确的界限,班级的团支部由班级的团支部书记、组织委员和宣传委员三人组成,共同承担班级的团建工作,并且三人具备班委的身份;班委会的其他成员包括班长、生活委员、体育委员、文艺委员、学习委员等。在具体的班级工作之分配上,各主体往往是协同作战,即学校的工作由校院团委、学生处、学工办、辅导员、班主任、任课教师等布置,具体的安排由班长、团支书以及其他班委来决定。

团支部在班级的精神文明建设工作中应发挥核心作用。班级的文艺工作、体育工作、生活和卫生工作、学习任务更多地由班委会来承担,团支部在此过程中应更加突出导向性功能和对个别同学的思想政治引导功能。同时,团支部可以关注在班级集体活动、宿舍文明建设、科技创新、学习效果、德行修养等方面涌现出的优秀分子,并有意识地对其进行引导和培养。团支部应向本科生党支部推荐优秀学生,使他们加入党组织。

班委会应该搞好班级的文化娱乐活动、学风建设、宿舍文明建设、体育活动,以增强班级的凝聚力,培养班级的活力,促进班级工作的创新。针对班级活动表现出来的成效和问题,班委会应做具体的总结评价,并负责任地向团支部反映。同时,班委会应奖励积极和先进,批评帮助后进。

(三) 党支部和团支部在工作上有沟通交流,但是尚未形成常态化、过程化的配合与沟通协调机制

在向党组织推荐优秀团员时,团支部应该发挥主导作用。团支部和党支部应该密切配合,做到分工有序,对大学生的培养不能有真空地带。

在培养预备党员的过程中,党支部应该充分调动班委会和团支部发挥实践监督作用,以使新发展的预备党员或者入党积极分子在班级实践中贯彻“全心全意为人民服务”这一宗旨,明确中国共产党员应有的群众意识,即“从群众中来,到群众中去,一切依靠群众,一切为了群众”。

二、构建高校本科生“党团班”协同育人机制的基本原则

(一) 充分调动和发挥学生党支部在本科生政治品质养成方面的引领示范作用

一方面,学生党支部应使本科生在实践中经风雨、长才干、铸党性。学生

党支部是高校的重要战斗堡垒，其是服务学生、服务社会的载体。另一方面，班级中的学生有寻求自身的发展与进步之强烈需要，他们通过有组织、有形式、有内容的教育活动，可以获得意想不到的思想洗礼。在党支部的带领下，学生在学习、品德养成、生活实践等方面更有依靠，更易于获得帮助。

(二) 巩固班委会在服务学生的过程中提升班级凝聚力、创建优良班风的基础地位

班委会既是高校本科生班级实现自我管理、自我教育、自我服务、自我监督的基础，又是高校最为活跃、最具创新潜力的主体。首先，班委会应选出真正愿意为同学服务，并有较高组织能力和政治觉悟的班干部。班级干部只有认识到自己的职责和权力源于班级同学，并对权力怀有敬畏之心，班级才能风清气正。其次，班委会应对其成员进行有效培养、管理和监督。班主任、辅导员、课程导师三位一体，定期召集班委开会，统一思想认识，点评班级工作，推广先进经验，批评落后、保守和消极怠工。同时，班委会要狠抓班级学风，学风是班风的主要内容，如果学风浓、学风正，那么班风就差不到哪里去。再次，班委会应狠抓学生的生活作息和宿舍文明建设。宿舍是学生的小家庭，因此班委会要借助宿舍长制度和沟通联络机制，在安全、卫生、习惯规范方面做大量工作，通过辅导员、宿舍管理员、考评机制、家校互动来改进部分同学的不良行为，以弥补学习投入时间与精力不够等问题。最后，班委会应实行班务公开制度。班级的重大决策均应充分尊重班级的民意，涉及学生自身利益的事情必须公正透明。

(三) 发挥团支部在班级团员组织建设和思想政治建设中的核心作用

班级团支部是共青团工作和活动的基本单位，是团的一级基层组织，其与班级团员青年有着最直接、最广泛的联系，是共青团各项工作的最终组织者。在德智体美劳综合素质培养的过程中，团支部应坚持用中国化的、最先进的马克思主义理论来武装广大青年学生。

总之，在新时代的教育背景下，充分发挥班委会、团支部和党支部的作用，构建“党团班”三位一体的协同育人机制，培养中国特色社会主义事业所需要的时代新人，既是时代赋予中国高等教育的神圣职责，又是高校光荣的历史使命，其对于中国在21世纪建成现代化强国，乃至构建人类命运共同体而言都有着非常重要而深远的意义。在构建“党团班”协同育人机制的过程中,辅导员应该按照九大职责模块,找准自己的角色定位,创造性地开展工作,勇于自我革新、自我创新。

参考文献

[1] 新华社.习近平在全国教育大会上的讲话[EB/OL].http://www.cse.edu.cn/, 2018-9-10。

[2] 百度百科"团支部".https://baike.baidu.com/item/, 2020-10-9。

注:本文系上海海洋大学2019年党建立项重点课题《高校本科生"党团班"协同育人机制研究与实践》阶段性成果。本文已经被《教育教学论坛》期刊录用,待刊发。

作者简介:边黎明,男,上海海洋大学经济管理学院专职辅导员;张闻,上海海洋大学经济管理学院党委专职组织员。

通讯方式:上海浦东新区沪城环路999号上海海洋大学经济管理学院,通讯作者:边黎明,邮编201306,邮箱lmbian@shou.edu.cn,办公电话:021-61900858 手机:15692166550。

◆服务育人◆

后勤服务育人保障机制研究

□ 后勤与基建管理处、教育保障中心/孔德星　林喜臣　蒋莉萍

中共中央、国务院印发的《关于加强和改进新形势下高校思想政治工作的意见》(中发〔2016〕31 号)指出,“坚持全员全过程全方位育人。把思想价值引领贯穿教育教学全过程和各环节,形成教书育人、科研育人、实践育人、管理育人、服务育人、文化育人、组织育人长效机制”。《高校思想政治工作质量提升工程实施纲要》(教党〔2017〕62 号)详细规划了课程、科研、实践、文化、网络、心理、管理、服务、资助、组织等“十大育人”体系的实施内容、载体、路径和方法。从“三育人”“七育人”到“十育人”,高校后勤服务育人越来越成为思想政治教育的重要组成部分。

一、高校后勤服务育人工作的理论基础

(一) 马克思关于人的全面发展之理论与高校后勤服务育人机制

实现人的全面自由发展,是马克思主义追求的根本价值目标。马克思强调,“人们创造性的实践活动的最终目的就是为了实现人的价值,满足人的需要”。马克思始终把实现个体的全面自由发展视为人类解放和发展的前提与目标。“一个人的发展取决于和他直接或间接进行交往的其他一切人的发展。”由此可见,整体是个体自由发展的环境和条件,个体只有在整体中才能获得全面自由的发展。

马克思关于人的全面发展之理论是社会主义的价值目标,更是后勤服务育人的价值目标。后勤服务育人正是在餐饮、公寓、交通、医疗等服务中,潜移默化地提高学生的综合素质。高校后勤服务育人的内涵也是在人的全面

发展理论的引领下不断得到丰富与发展。

（二）人本主义关于人的全面发展之理论与高校后勤服务育人机制

人本主义强调对人的本性、潜能、尊严和价值之研究，强调社会文化应促进人的潜能的发挥及普遍的自我实现。

习近平总书记指出，“思想政治工作从根本上说是做人的工作，必须围绕学生、关照学生、服务学生”。高校后勤服务育人的对象是已经具备独立的判断能力、思考能力和分析能力的大学生，因此在后勤服务育人的实践中，高校的后勤服务人员应认可大学生的主体地位，以学生为本，准确把握大学生的特点及动机，以引领和引导为主要原则来提供服务，从而引导大学生将思想观念、道德规范、社会责任等内化为自觉、自主的意识。

因此，高校的后勤工作要适应新时代的发展和要求，尊重大学生的主体性，重视其内在导向，努力满足大学生对校园美好生活的向往。唯有如此，高校才能保障大学生进一步探索新领域、新知识，并真正激发大学生的能动性和积极性，使他们充分发挥自身成长的最大潜能，从而彰显高校后勤服务的育人功能。

二、高校后勤服务育人保障机制的现状

（一）高校后勤服务育人机制

机制是指各要素之间的运行方式和结构关系，其有效运行的前提是各个事物相互依存且在某种作用方式下相互联系。育人机制是一个开放而复杂的系统，其由运行机制、保障机制等子系统组成。在高校后勤服务工作中，育人机制不仅涉及学校教职工、劳务派遣人员等多种不同身份的人员，而且涉及甲方、第三方服务单位等各类组织。高校后勤服务育人涉及众多的普遍性需求和个性化需求，这些需求之间既有内部的关联性，又有外部的涵摄性，构成一个持续发展变化的动态系统。

因此，高校后勤服务保障部门要围绕“立德树人”这一根本任务，做好顶层设计，整合资源，加强子系统之间的交流，增强服务育人的协同效应，实现各个子机制之间的互联互通，从而构建科学高效的服务育人机制。

（二）高校后勤服务育人保障机制

所谓保障机制，是指为一切社会领域的实践活动提供物质、制度、精神、

组织、人力、技术等方面条件的要素之运行方式。所谓服务育人保障机制，是指起保障作用的内外部要素之间通过分工合作与综合协调来保证高校后勤服务育人得以有序有效进行的运行方式，其旨在确保服务育人工作的顺利开展。所谓后勤服务育人保障机制，是指高校后勤部门采取一系列保障措施（如制定相关管理制度、合理配置各项资源等）来确保服务育人工作常态化开展的制度运行方式。

首先，高校应通过打造后勤服务良好形象、健全服务规章制度、提升服务能级等措施，实现后勤工作的规范化、多样化、科学化。其次，高校应做好顶层设计，将服务育人纳入育人工作的长期规划和年度工作计划，并确保有专人和专款来支持此项工作。再次，高校应负责好组织实施工作，使服务育人贯穿整个日常管理工作，尤其是覆盖毕业季、迎新季、传统节日等重要时间节点。同时，高校要对各类后勤人员开展服务育人专题教育活动，并要注意加强其理论指导实践的自觉性；高校要加强制度规范上的保障，通过推行“六T”现场管理等措施，使常规工作顺利开展。最后，在评价反馈和改进完善阶段，高校除了履行常规的评价过程外，还要注意将后勤服务育人的成效与员工个人考核、第三方服务单位管理费等进行结合。此外，高校要制定《服务管理监督考核实施细则》，并相应地予以改进与完善。

三、建议与对策

结合高校后勤服务育人工作的实践，依据教育学、管理学、社会学等学科的理论，我们可以将保障机制分为制度规范保障、人员队伍保障和经费条件保障三个方面，以构建科学系统的高校后勤服务育人运行与保障机制。

（一）人员队伍保障

所谓人员队伍保障，是指为提高大学生思想政治工作服务育人成效而培育一批高素质、高水平的后勤管理和服务人员，这是提高高校后勤服务育人工作水平与能力的关键。高校后勤服务育人机制要想高效、有效、长效地运行，就必须要有一批具备良好的道德修养和职业素养的后勤服务人员，他们能凭借相应的职业技能发挥服务工作的育人功能。近年来，很多高校将有限的编制用于教师、科研等岗位，对后勤人力资源不够重视，从而导致有编制的后勤人员在教职工中所占的比例呈现逐年下降之态势。将包括校本部在内的教职工、科研机构人员、校办企业职工和其他附设机构人员归为教职工，将教辅人员、工勤人员和其他附设机构人员归为后勤编制人员，以此得到的趋势图(图1)表明，后勤队伍中的事业编制人员之比例明显呈下降趋势。因此，高校应该尽早扭转此趋势，配足、配强后勤管理与保障人员。

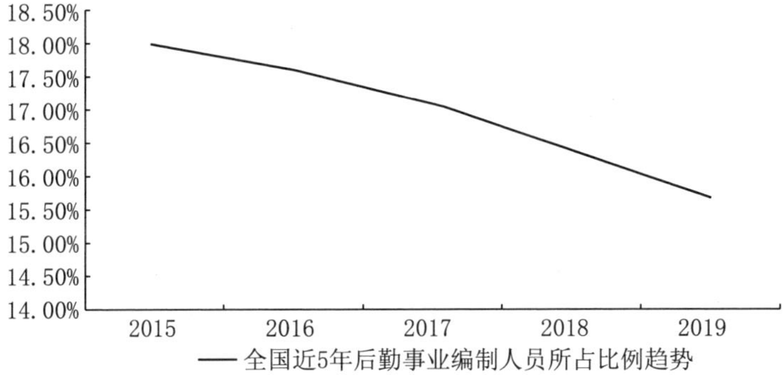

图1 全国高校近5年后勤事业编制人员所占比例趋势图

(数据来源：中华人民共和国教育部)

(二) 经费条件保障

经费条件保障包括财政经费保障和物质条件保障两个方面。财政经费是高校后勤服务育人工作的重要影响因素，其在很大程度上左右着高校后勤服务育人工作的开展。财政经费保障可以分为两个方面：一方面是专项经费保障，主要用于确保学生后勤保障事项的常规运行；另一方面是在后勤服务育人的过程中开展活动所需要的经费保障。物质条件保障通过提供场地、建立各项基础设施和设备等方式，保障后勤服务育人工作的正常开展与持续完善，其是高校开展后勤服务育人工作的基础。高校应不断优化和改善服务育人工作的物质条件，积极建设有助于学生开展相关文体活动的空间、条件较好的宿舍与餐厅等必要的基础设施。本文将事业性教育经费支出分为个人部分、公用部分和基本建设部分，并通过量化分析认为，公用部分应涵盖后勤保障投入部分，利用公用部分与事业性教育经费支出之比进行粗略估计后的具体情况如图2所示。调查表明，后勤保障投入与教育投入的比例呈现逐年下降之趋势(目前的数据更新到2016年，且数据仅包含高校教育支出)。因此，高校应该加大资金投入，以保障体制机制的顺利运行。

（三）制度规范保障

制度规范具有长期性、科学性、稳定性。规范的制度能够最大程度地减少工作中的人为因素，使后勤服务更加公正和透明。规范的制度不仅能让学生成为服务育人工作的主体，而且可以保证高校在实施后勤保障的过程中有规可依、有方可寻、有门可诉。清晰的制度能够指引学生、约束学生、激励学生，进而实现从管理人到引导人的转变。在依法治校的总体要求下，面对后勤服务的范围不断扩大、服务对象更加多元、服务需求更加多样、后勤基础设施更新相对滞后等一系列现实状况，高校应致力于加强后勤管理制度建设。

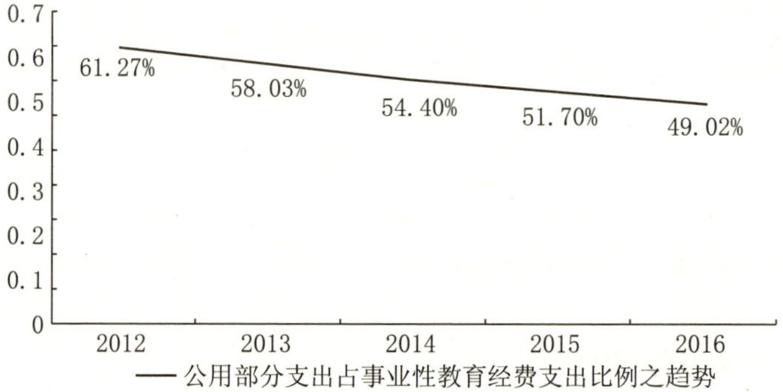

图2 公用部分支出占事业性教育经费支出比例之趋势

（数据来源：中国教育统计年鉴）

参考文献

[1] 杨宁宁.高校思想政治工作服务育人机制研究[D].陕西师范大学，2019.

[2] 简福平，谭寒.高校思政工作的四项重任[EB/OL].https://epaper.gmw.cn/gmrb/html/2017-11/14/nw.D110000gmrb_20171114_2－13.htm?div=－1，2017-11-14.

[3] 卢凯，梅运.高校服务育人的内涵与实践路径研究[J].黑龙江教育(理论与实践)，2020(4).

[4] 崔新明.高职院校后勤管理体制与运行机制研究[J].高校后勤研究，2018增刊.

◆实践育人◆

以实践育人促进“一带一路”视域下的上海海洋大学少数民族大学生就业精准帮扶路径研究

□ 经济管理学院/王　翔　苑晓阳　王　婷　焦　凤

实践育人基于实践并向实践开放，其是根据社会需要培养全方位发展之人才的一种综合育人方式，是我国高校育人观和大学生思想政治教育体系的重要组成部分。当前，面临高校大学生思想政治教育的新形势与新任务，时代潮流赋予实践育人以新的内涵，因此高校需要就此进一步进行深入研究并不断创新。“一带一路”倡议是我国在新时代下提出的全球治理体系变革的重大战略，需要承担起“一带一路”战略所规划出的新使命和新职责，培养具有国际视野、了解当地文化、具备专业背景的人才，以适应和引领“一带一路”建设。作为高校学生中的特殊群体，少数民族大学生往往存在家庭生活拮据、学业落后、交际沟通及情感交流贫乏等问题，从而导致其在就业时也面临着一些困境，如就业率较低、就业过程艰辛、就业层次较低、工作与专业无关、遭受歧视等。在此背景下，怎样精准帮扶少数民族学生，以使他们较好地实现就业，就成为高校的一项关系到社会稳定发展的重要任务。

一、上海海洋大学少数民族大学生的职业愿景及生涯教育现状

本文以上海海洋大学少数民族大学生为调查对象，采用问卷调查法和访谈法进行研究。在研究过程中，笔者针对部分学院中负责就业工作的老师开展不少于30分钟的访谈，并向上海海洋大学少数民族大学生发放问卷共412份，以全面了解“一带一路”视域下的上海海洋大学少数民族大学生的职业愿景及生涯教育现状。

在对国家“一带一路”政策的了解程度方面，96.35%的受访学生表示了解，这说明上海海洋大学少数民族大学生对国家的战略性政策——尤其是和

自身利益相关的"一带一路"政策——较为关注，但是了解程度还不是很深入，因此学校需要继续加大"一带一路"政策的宣传力度。当被问及是否愿意去"一带一路"沿线国家及地区就业时，82.48%的受访学生表示愿意或可以考虑，17.52%的受访学生表示不愿意，这说明"一带一路"沿线国家及地区对少数民族学生具有一定的吸引力。针对愿意去"一带一路"沿线国家及地区就业的受访学生，当被问及如此选择的原因时，75.01%的人表示是支持国家政策，68.32%的人表示是具有语言、专业优势，54.26%的人表示是愿意尝试，但没有把握。针对不愿意及不确定是否去"一带一路"沿线国家及地区就业的受访学生，当被问及如此选择的原因时，"对发展方向不确定"和"没有就业渠道和就业信息源"是他们主要的考虑因素，占比分别为 85.64%和69.10%。访谈结果显示，大部分学生通过学校不能及时有效地获得"一带一路"沿线国家及地区的就业信息和就业指导。

同时，调查表明，虽然上海海洋大学面向少数民族大学生开展了一些职业生涯教育活动，但活动中关于"一带一路"的内容较少。可见，高校缺少对少数民族学生实际需求的了解，生涯教育活动缺乏针对性和有效性，从而满足不了"一带一路"背景下的少数民族大学生的职业生涯教育需求。

二、"一带一路"倡议下的上海海洋大学少数民族大学生之优势

（一）少数民族大学生在"一带一路"建设中具有跨境语言优势

不少"一带一路"沿线国家和地区的官方语言及通用语言与我国部分少数民族所使用的语言相同或相近，这使得我国的少数民族语言成为新的跨境语言。

（二）少数民族大学生在"一带一路"建设中具有地域文化优势

出生并成长在"一带一路"沿线的少数民族大学生具有天然的地域文化优势。同时，同源民族的生活习惯与文化习惯大多相同或者相近，这也为少数民族大学生进入毗邻国家就业奠定了良好的基础。

（三）上海海洋大学少数民族大学生在"一带一路"建设中具有海派人才优势

作为"丝绸之路经济带"的支撑城市、"21 世纪海上丝绸之路"的始源地

城市，上海的高校所培养出的少数民族大学生一方面能够保持并发扬其原有的优势，另一方面又具备了较高的专业素质、人文素养和国际视野，因此他们的综合竞争力会有很大程度的提高。

三、上海海洋大学少数民族大学生就业时所面临的问题

由于文化、社会历史等方面的原因，部分地区（如新疆、西藏、内蒙古等）的少数民族大学生在宗教信仰、文化心理、饮食习惯等诸多方面与汉族学生存在较大差异，他们在就业选择上也表现出明显不同。

（一）就业意向较为单一

上海海洋大学少数民族大学生由于受到传统就业观念的影响，因此选择公务员、事业单位等岗位的人员比例较高（70%以上），选择中小微企业的少数民族大学生比较少，还有一部分少数民族大学生对自己未来的就业没有明确的目标。就业意向的选择说明，大量少数民族大学生就业观念滞后，缺乏灵活性。同时，调研发现，上海海洋大学少数民族大学生的就业去向以各类型企业为主，公务员、事业单位和选调生所占的比例很少，这就浮现出了就业期望与就业实际不相符的问题。

（二）就业地域相对比较狭窄

上海海洋大学少数民族大学生的就业流向有着比较明显的区域性特征，他们主要是回到民族地区内的那些发展较好的城市或者生源地就业。以新疆籍少数民族学生为例，他们主要是回到民族地区内的那些发展较好的城市，如乌鲁木齐、阿克苏、喀什等，他们去新疆以外的地区就业的意愿比较低。在上海海洋大学2019届的毕业生中，只有28.6%的新疆籍少数民族毕业生在内地就业，其余的大部分人都回新疆就业或择业。

（三）就业过程中存在不公平现象

大部分企业对少数民族毕业生缺乏应有的认识和了解。部分少数民族毕业生走上工作岗位后的发展状况不理想，某些用人单位由此形成偏见，认为少数民族学生不能很好地胜任他们的工作。此外，一些用人单位顾虑到少数民族在饮食、生活习惯等方面具有特殊性，因此认为少数民族学生不好管理，招聘少数民族学生可能会增加管理成本，从而在招募过程中表现出比较

犹豫的态度。

(四) 少数民族大学生自身准备不足

大多数的少数民族大学生来自贫困的农村地区,那里经济落后、基础教育薄弱、家庭生活困难,因此很多少数民族大学生的成长环境与汉族学生有一些差距,这导致他们在心理层面上出现焦虑和不安,从而大大增加了他们学习和生活的压力。此外,民族文化之间的差异,使少数民族大学生群体适应大学生活的难度增大。即使经过四年在专业知识方面的系统化学习,很多少数民族大学生在学业方面仍存在不同程度的问题,而这些问题也导致他们在就业时自信心明显不足,就业硬实力不过关。

四、实践育人下的上海海洋大学少数民族大学生就业精准帮扶路径之建议

(一) 学生层面

1. 全方位提升自身综合素质

专业知识技能和语言(汉语和英语)能力是体现少数民族大学生就业实力的基础指标。在汉语学习方面,高校要积极鼓励少数民族大学生使用汉语与他人沟通交流,以增加他们使用汉语的频率,并且在日常生活中,少数民族大学生要多阅读汉语的书籍和杂志,以此加强双语能力的培养,为自己在就业竞争中占得先机。在英语学习方面,高校可以对少数民族大学生实施分层次、分批次教学,并为少数民族大学生安排有针对性的英语训练。在专业知识技能方面,各院系可组织优秀大学生对后进的少数民族大学生进行结对帮扶。此外,实践能力也是企业看重的一项就业指标。与汉族学生相比,少数民族大学生参与学生活动和社会实践的机会非常有限,究其原因还是他们心理层面的自我边缘化。大多数少数民族大学生对提高综合素质有强烈的意愿,但他们的整体综合实践能力薄弱。

针对以上情形,高校可以从以下几个方面进行突破:一是学生干部任用,即在学生干部队伍中吸纳一定数量的少数民族大学生,并着力培养少数民族学生干部,以使他们的组织、协调和沟通能力得到锻炼;二是参与学校管理,即少数民族学生干部应积极宣扬学校的各项政策,动员广大的少数民

族大学生参与学校的日常管理和丰富多彩的活动，尤其是勤工助学的工作；三是定期组织社会实践，即利用好学生组织，积极号召广大的少数民族大学生参与社会实践，以增进民族间的沟通与了解，使他们在提升实践能力的同时，增强自身对国家和社会的认同感。

2. 合理定位，转变就业观念

作为大学生就业策略与择业选择的思想基础，就业观念直接影响大学生的就业行为。面对激烈的就业形势和就业环境，高校应该引导少数民族大学生根据就业形势，转变就业观念，建立合理的就业期望。高校要引导少数民族大学生根据社会发展的需要，及时调整自己的就业意向，合理地调整就业地点和工作单位，不眼高手低，树立“先就业，再择业”的就业价值观。

（二）学校层面

1. 提高就业指导服务水平

高校的就业指导工作应该考虑到少数民族大学生的特点，分年级、分类别地进行针对性更强的就业指导。高校应从职业测评、生涯规划、就业技能、求职技巧等环节入手，根据个体的需求进行精准指导，以确保少数民族大学生寻找到合适的就业方向，并帮助他们规划出可行的具体方案。此外，高校可以整合用人单位信息库，提取有录用少数民族大学生需求的单位，并推荐适合该岗位的少数民族大学生前去实习。实习结束后，用人单位和少数民族大学生可根据双方意愿，正式签订就业协议。高校还应建立少数民族大学生就业信息库，以便及时更新、跟踪和关注少数民族大学生的就业状况。

2. 加强创业扶持力度

受成长环境的影响，少数民族大学生骨子里充满拼搏、闯荡的激情，他们对创业表现出极大兴趣。以创业带动就业，是近年来就业工作的重点和难点。因此，加强创业的扶持力度——特别是对少数民族大学生创业的帮扶力度——是做好少数民族大学生就业帮扶工作的重中之重。高校可以引导和组织少数民族大学生参加各类创新创业大赛，以及开展少数民族大学生创业项目大赛，并从中选择优秀项目进行培育帮扶。高校可以选聘校内外的创业导师，对有创业想法和创业意愿的少数民族大学生进行创业教育培训，并为其提供政策咨询、项目选择、计划培育、创业资金等方面的帮助，从而通过创业来实现少数民族大学生的就业。

参考文献

[1] 周谷平，阚阅.“一带一路”战略的人才支撑与教育路径[J].教育研究，2015(10).

[2] 徐刘宏.高校西部少数民族贫困生面对“一带一路”的机遇和挑战[J].教育教学论坛，2017(48).

[3] 盛磊.少数民族大学生就业现状调查及帮扶体系构建[J].科教文汇，2017.

[4] 胡春梅.少数民族毕业生就业创业中存在的问题浅析[J].民族高等教育研究，2016(5).

[5] 雷旭平，郑新蓉.少数民族毕业生就业创业现状调查[J].民族高等教育研究，2016(6).

[6] 王宝凤.新疆少数民族大学生就业困境分析及对策研究[D].石河子大学，2013.

[7] 高翔.促进大学毕业生就业的政策研究[D].中国海洋大学，2011.

[8] 冉红卫.内地高校新疆籍少数民族毕业生就业现状分析及对策探讨[J].高教论坛，2017(12).

[9] 赵晓芳.少数民族大学生就业问题的特殊性及对策建议[J].西北民族研究.2009(3).

[10] 胡振宇，金凌云.高校新疆少数民族大学生就业能力培养研究[J].学理论.2012(4).

[11] 雷旭平.新疆少数民族毕业生就业创业政策研究[D].内蒙古师范大学，2017.

[12] 徐玮嘉.新疆少数民族大学生就业遭遇与困境的研究[D].石河子大学，2016.

后疫情时代下的应用研究型本科高校实践育人模式探析
——以上海海洋大学为例

□ 党委宣传部/于　林

自新冠肺炎疫情发生以来，教育教学模式出现了新变化，从而引发了一场有关新育人模式的社会思考。习近平总书记强调，要重视实践育人，坚持教育同生产劳动和社会实践相结合，广泛开展各类社会实践。当前，高校已初步建立起了实践育人的运行机制，积累了实践育人的工作方法，拓展了实践育人的落实渠道，发挥了实践育人的价值功效。但是，实践育人依然是高校人才培养工作中的薄弱环节，存在形式化与功利化倾向明显、“实践”与“育人”的融合度不够、各渠道联动不足、育人效果不显著等问题。为此，各应用研究型本科高校必须加快补齐实践教育的短板，积极探索实践育人的新理念、新模式、新机制。

实践是马克思主义科学世界观和方法论的本质特征与理论核心，其是认识的来源，是认识发展的不竭动力，是检验认识正确与否的唯一标准。高校实践育人的内容主要包括实践教学、社会实践、志愿服务、军事训练、创新创业活动等。应用研究型本科高校如何让学生在各类实践活动中接触和了解社情与国情、锻炼能力及增长才干？如何使学生的思政教育更具生动性、实践性与操作性，以达到“润物无声”之效果？这些问题都有待我们进一步的讨论。

一、应用研究型本科高校实践育人工作的内涵

（一）实践育人是高校加强“立德树人”这一根本任务的需要

“立德树人”是党和国家培养人才的核心理念，高校只有抓住“理想信念基因，勤学报国情怀，先进文化传承，创先争优品质”四个育人版块，才能培养出德智体美劳全面发展的社会主义建设者与接班人。当前，疫情防控进入常态化，各高校在实践育人上也面临着新挑战，育人工作愈发棘手，但高校同时也迎来了一些新机遇。在实践育人方面，应用研究型本科高校要围绕“立德

树人"这一中心环节，加强学生思想政治建设，加强思想政治引领，铸魂育人、勇挑重担。

(二) 实践育人是高校进行人才培养体系建设的需要

开展实践育人是高校实现理论教育与实践教学相结合之目标的必要途径，是高校进行应用研究型人才培养的关键举措，是满足国家对高层次应用研究型人才之迫切需求的现实回应。实践教育具有动态性和开放性，其始终紧跟时代潮流、扎根中华大地，从而充满着源于实践、不断创新的生命活力。

(三) 实践育人是青年人成长成才的需要

习近平总书记在给北大援鄂医疗队青年党员的回信中指出，青年一代有理想、有本领、有担当，国家就有前途，民族就有希望。广大青年为打赢疫情防控阻击战贡献力量，让青春在党和人民最需要的地方绽放绚丽之花。参与社会实践，是青年人成长道路上的必修课，是实现个人理想与国家发展相结合之目标的有效路径，是适应时代发展的新需要。

二、当前应用研究型本科高校实践育人所面临的困境

首先，实践育人方式趋同化严重。当前，高校在实践育人工作中仍采用传统模式，育人的内容单一、形式单调，从而不能有效吸引新时代青年人的目光。实践育人工作目前仍未能实现与新技术、新手段的结合，存在断层脱轨的现象。其次，实践育人体系不健全。当前，各个环节的育人制度均不健全，实践育人工作存在育人主体缺失、实践育人资源挖掘不充分等问题。最后，存在思想认识不到位的问题。高校内部对实践育人的认识不足，存在缺口与漏洞，学生对实践育人的重要性与必要性也理解得不到位。

三、后疫情时代下的高校实践育人工作之探索

(一) 打通线上资源与线下实践融合之壁垒

疫情期间，线上的教育教学方式发生了深刻变化，其越来越受到家长与学生的认可。线上教育资源愈加丰富，教育形式愈加多样。为保证"停课不停教，停课不停学"，部分应用研究型本科高校在疫情期间将实践教学课"搬"到云端，依托虚拟仿真教学资源，打破时空限制，让学生在家也能进行实验操

作，取得了良好的反响。

首先，高校要坚持使显性教育与隐性教育相统一，深挖线上的相关课程和教学方式中所蕴含着的思想政治教育资源，落实“立德树人”这一根本任务，实现全员、全过程、全方位育人。其次，高校可以组织学生线上参观爱国主义基地，并且通过聆听在线国防教育大讲堂等实践手段，将线上的教学成果转化为线下的实践课程，从而实现线上资源与线下资源的统一。再次，高校可以使线下实践经验反哺于线上资源优化，对标特色应用研究型本科高校的教育教学方法，取其精华地实现线上资源利用率的最大化。最后，高校可以利用新媒体手段来创新实践育人载体，转变教育理念，从而实现线上与线下的融合，以适应培养高素质人才的新需求。

(二) 打造大中小幼一体化育人新格局

实践育人要坚持从人才的成长规律出发，针对不同年龄段学生的特点与需求，采取与之相适应的教育教学方式，因地因时制宜地开设实践课程，在幼儿园、小学、中学、大学等不同阶段培养学生对实践的认识与理解。高校应将劳动教育纳入人才培养的全过程，并使其贯穿大中小学各学段，做到与家庭和社会的劳动教育相匹配，与德育、智育、体育、美育相结合，从而实现全员、全过程、全方位的育人实效。

首先，高校要提高政治站位，加强思想认识，重视各阶段的实践教育之价值，满足学生多样化的实践需求，保证各类实践课程的时间与比例。其次，高校要重视目标导向与问题导向，有目的、有计划地组织学生参加日常的生活劳动、生产劳动和服务性劳动，并就实践育人中存在的问题及时进行梳理反馈，以做到查漏补缺。再次，高校要对大中小幼阶段的实践育人主体之区分度进行合理把握，有效实现各方协调育人。最后，高校要对各阶段的实践性教育之内容与形式进行创新，使其与学生的成长成才相适应，并且应就实践场所拓展、人才队伍建设、安全设施保障等事项进行完善。

(三) 筑牢家校、校企协同育人合作之基础

通过家校联动与校企合作，应用研究型本科高校能够获得家庭、企业与社会的资源，从而以共赢的力量强化实践育人动力。首先，高校应加强家校、校企的内在联动与协同，实现实践育人协作共享资源，以进一步提升实践育人的实效性，优化实践育人体系，进而形成可推广、可复制的模式。其次，高校应完善"企业导师＋校内导师＋教辅人员"制度，明确各方的育人职责与要求，建立一套合理成熟的育人管理机制，构建全方位的实践育人体系。最后，高校应落实开放办学的新方法，使企业、学校、家庭之间形成对等的实践育人关系，并且三方应合作制定实践育人方案，共同建设实践实训场地，一体推进教师队伍建设，从而让开放办学成为育人新常态。

（四）打开提升高校多元主体之认识的新局面

应用研究型本科高校应实现实践育人各模块的优化组合，将不同培养主体的资源合理地进行配置，以实现各个环节下的育人效果之妥善分配，推动内涵式发展。首先，应用研究型本科高校应加强顶层设计，统筹推进地出台相应的实践教育教学文件，从制度方面规范实践育人工作。其次，各二级单位应深挖不同的实践育人工作之特点，学生处、团委、教务处、武装部、各学院之间应通力合作，为培养实践型人才出谋划策，从而形成合力。最后，学生的内在动力是育人成效提升的关键，作为育人主体的学生应当加强理论学习与实践学习，形成正确的价值观。因此，不同主体之间需要进一步实现协同，各方主体不是简单地将内部动力与外部因素相加，而是打好组合拳，以追求实践育人效能之最大化。

实践育人不能仅局限于校园内的传统活动，而是应该"引进来"与"走出去"相结合，加强交流合作、拓宽实践领域，以助力学生的全面发展。青年既是祖国的未来和民族的希望，又是中国共产党的未来和希望。在经历了疫情大考之后，应用研究型本科高校在人才培养的过程中应更加注重全员、全过程、全方位育人，坚持"立德树人"这一根本任务，帮助学生扣好人生的第一粒纽扣，使他们个人的诉求与国家的发展相适应，与国家的需求相结合，从而为疫情防控和经济社会发展贡献应用研究型人才的青春力量。

参考文献

[1] 乔东亮，李新利，李雯.习近平新时代青年思想[J]，前线杂志，2018(5).

[2] 张华.马克思主义实践观的科学内涵与实践意义[J].理论学刊，2016(11).

[3] 胡家俊.加强高校实践育人的思考[J].安徽日报，2020.6.

[4] 习近平.习近平给北京大学援鄂医疗队全体"90后"党员的回信.

[5] 张润杰，齐成龙.实现全员全程全方位育人[J]，人民日报，2020.2.

◆科研育人◆

大力推进“三全育人”，打造“三融一制本研贯通”育人模式

□ 水产与生命学院/张俊玲　陈立婧　黄旭雄

一、案例介绍

习近平总书记在给全国涉农高校书记校长和专家代表的回信中强调，要聚焦“立德树人”这一根本任务，以“强农兴农”为己任。作为上海市唯一一所“双一流”涉农高校，上海海洋大学的水产学科于2014年入选上海市高峰学科建设行列，于2017年入围国家世界一流学科建设行列，并在教育部第四轮学科评估中获得A+评级。2019年，上海海洋大学水产与生命学院入选上海高校课程思政重点改革领航学院，水产种质与育种系党支部和水产营养与饲料系党支部分别于2018年和2019年入选教育部全国高校党建工作样板支部。在“双一流”和领航学院建设的双重契机下，上海海洋大学水产与生命学院秉承“勤朴忠实”的校训精神，坚持“以人为本，德育为先，能力为重，全面发展”的人才培养方针，充分发挥学院在学科建设和科学研究方面的优势。同时，上海海洋大学水产与生命学院不断加强顶层设计，凸显“在江河湖海、大江大河中培养与锻炼学生”的育人理念，并在此基础上探索与构建了“三融一制本研贯通”创新型人才培养模式，以着力推动科研育人和教书育人的统一，切实形成全员、全过程、全方位育人的长效机制，为培养符合新农科建设要求和现代水产养殖业发展需求的高素质人才，加快学校高水平本科教育建设提供了良好的示范。

二、主要理念与做法

(一) 强化顶层设计，优化人才培养方案，凸显“在江河湖海、大江大河中培养与锻炼学生”的育人理念

上海海洋大学水产与生命学院以素质教育为基础，以创新教育为核心，

以社会发展和产业需求为导向,以学科优势和行业特色为依托,不断强化顶层设计。在2018年启动的新一轮培养方案修订中,上海海洋大学水产与生命学院明确要求所有的课程大纲都必须包含课程思政目标与素材,以确保课程思政进大纲、进课程。同时,在2014年和2018年的两轮培养方案修订工作中,上海海洋大学水产与生命学院进一步强化实践教学要求,落实实践育人功能,学院设立了旨在加强实践创新能力的卓越班制度,引入了新生研讨课和个性化科研素养训练课,实施了个性化订单式培养,还构建了多层次的国际化合作教学模式。此外,上海海洋大学水产与生命学院加强了实践教学、创新实践、前沿讲座等教学环节,并促进创新创业活动融入第一课堂,以着力推动科研育人和教书育人的统一。

(二)构建高素质应用型师资队伍,支撑"三全育人"要求下的创新型人才培养

上海海洋大学水产与生命学院以全国高校党建工作样板支部党员教师为主体,组建水产动物遗传育种特色、水产动物医学和基础生物学课程群领航团队,形成一支政治思想过硬、专业素养高、兼具国际视野的课程思政领航教师队伍。同时,上海海洋大学水产与生命学院以课程思政工作室为统领,通过领航团队轮值教研活动,使教育者先受教育,以提升教师育德意识和育德能力。此外,上海海洋大学水产与生命学院还引导教师深潜课程思政教育教学改革,开展课程思政教学大纲、教学设计和教学技能大赛等评选活动,推动教师在教育教学方法上改革创新,并且选树一批示范课程、示范教师和团队、典型育人案例,以达到树标杆、推示范之效果,从而建机制、见成效地完成课程思政示范推广任务。

为实现"双一流"拔尖创新型人才培养,上海海洋大学水产与生命学院通过"引进来"和"走出去"相结合的双向举措加强师资队伍建设,如先后引进"国家杰青""国家优青"等高层次科研人才,并鼓励青年教师通过出国留学与进修、校企合作培养、国内访学等措施,开阔学术视野,提升教育教学水平。同时,上海海洋大学水产与生命学院还加强"双师型"教师队伍建设,如聘请海外师资、行业头雁等20余名著名国内外学者和著名企业家作为特聘或顾问教授,参与理论课前沿知识的教学和实践实训指导,助推创新型和国际化应用型人才的培养。

图 1　上海海洋大学水产与生命学院举行课程思政教学设计微课比赛

图 2　“基础生物学”课程群领航团队举行“普通动物学”课程及团队建设研讨会

（三）打造“三融一制本研贯通”科研实践育人模式，推动科研育人与教书育人相统一

“三融”即科研成果融入课堂教学、融入教材、融入实践三位一体的育人

机制;"一制"即在本科生中全面推行学术导师责任制,通过建立水产类和生物类卓越班、大学生进实验室项目、个性化科研素养训练课等形式,为每位本科生配备一位专业教师作为学术导师;"本研贯通"即以科研团队为单元,搭建金字塔式的本研一体教学团队,推动本科教育与研究生教育实现有效衔接。

1. 将科研成果融入课堂教学,丰富课堂教学内容,培养学生爱国主义精神和专业兴趣

课堂是人才培养的主渠道,一端连接着学生,一端连接着国家战略需求和产业发展。上海海洋大学水产与生命学院深挖"双一流"水产学科特色,提炼"情怀、坚守、创新、传承"的水产精神,以专业课教师为"主力军",以专业课教学为"主战场",以专业课堂为"主渠道",实现了思政教育和专业教育的深度融合。同时,上海海洋大学水产与生命学院让专家教授"将论文写在祖国的江河湖海上"的科研故事走进了本科生课堂,如陈良标教授总结了自己多年在"极地鱼类适应性进化机制"方面的研究成果,使其以专题前沿讲座的形式走进了水产类和生物类专业本科生的"分子生物学"课堂,从而引领带动了"一懂两爱"创新型水产人才的全员、全过程、全方位育人工作。此外,上海海洋大学水产与生命学院还利用现代信息技术,将科研成果融入虚拟仿真实验项目、在线课程等新形态教学,从而推动了传统课堂教学向以培养创新型人才为目标的"翻转课堂"新模式转变的改革。例如,王成辉教授主持的"河蟹池塘生态育苗虚拟仿真实验教学项目"入选 2018 年度国家虚拟仿真实验教学项目。

2. 将科研成果融入教材,使课程教学永葆前沿性和先进性

以水产种质与育种系为例,上海海洋大学水产与生命学院一直贯彻将科研成果及时融入教材的优良传统,继《组织与胚胎学》、《鱼类育种学》(第一版)和《池塘养鱼学》之后,学院又组织编写了《鱼类育种学》(第二版)、《水族动物育种学》等农业农村部"十三五"和"十二五"规划教材。以赵金良教授主编的《鱼类育种学》为例,上海海洋大学首次引进了吉富品系尼罗罗非鱼,在经多代选育后获得的新品种"新吉富罗非鱼"作为选择育种的典范被写入了教材的第三章,耐盐新品种"吉丽罗非鱼"被写入了教材的第四章,团头鲂"浦江 1 号"、杂交斑鳜、团头鲂四倍体、团头鲂与翘嘴鲌的杂交等研究成果也分

别被写入了教材的第一章、第六章和第七章。通过把这些最新的科研成果及时融入教学体系，教师能够向学生提供最新的学科知识，从而使课程的教学内容保持前沿性和先进性。

3. 将科研成果融入实践教学，提高大学生的创新能力

上海海洋大学水产与生命学院面向本科生开放科教平台和科研项目，建立卓越班制度与优秀学生进实验室制度，引入新生研讨课和“个性化科研素养训练课”，以科研团队为单元，建立“导师—研究生—高年级本科生—低年级本科生”的金字塔式本研一体化教学团队，并在本科生中全面推行本科生学术导师制。上海海洋大学水产与生命学院始终坚持寓教于研，学院根据学生的兴趣方向，以双向选择的方式鼓励学生进入教师科研团队，为学生提供参与科研的机会。例如，张俊玲教授负责的“基于鱼类发育与功能基因研究的本研一体化教学团队”获2018年校优秀教学团队，主持的“科研反哺教学促创新型人才培养”获2019年校教学成果特等奖；又如，白志毅教授结合自己在农业产业技术体系专项中的研究，带领本科生和研究生利用暑期开展“全国淡水珍珠发展产业调研”，并获2018年度“知行杯”上海市大学生社会实践项目大赛二等奖。通过多措并举，上海海洋大学水产与生命学院逐步形

图3 张俊玲教授主持的“科研反哺教学促创新型人才培养”获2019年校教学成果特等奖，本研一体教学团队获2018年校优秀教学团队

成了“大学生进实验室+学科竞赛+大学生创新活动+校内模拟实践实训+校外基地实习+养殖生产锻炼+海外交流与实习”等系列化、多层次、阶梯状的实践教学体系，实现了四年“主线贯通”，有效提升了大学生的创新能力。

三、特色与成效

上海海洋大学水产与生命学院充分发挥“双一流”水产学科优势，通过“三融一制本研贯通”机制，将“在江河湖海、大江大河中培养与锻炼学生”的育人理念全方位融入本科生的理论和实践教学之全过程，从而达成了“四个实现两个推动一个创新”的目标，即实现了科研和教学协同育人，实现了教师科研和教学双重职责的合一，实现了学生的个性化培养，实现了各类课程与思想政治理论课同向同行，推动了科研育人和教书育人的统一，推动了本科生教育和研究生教育的有效衔接，创新了高校拔尖创新型人才培养的模式。“四个实现两个推动一个创新”是新时代思政观引领下的以高水平科研来支撑和引领高质量人才培养的一种积极探索与实践。

在上海海洋大学水产与生命学院的努力下，学生的“知农爱农”意识明显增强，创新能力得到明显提升，人才培养取得明显成效。近年来，上海海洋大学的本科生在国家、上海市、学校三个层级的大学生创新创业活动中立项200多个，参与学生达上千人，学生的动手实践能力和创新能力得到了提高。此外，上海海洋大学的学生积极参加“挑战杯”全国大学生课外学术科技作品竞赛、全国大学生生命科学联赛等比赛，并获奖100多项。在疫情防控期间，上海海洋大学不仅涌现出一批勇敢奔赴疫情防控第一线的青年学子，而且学校的本科毕业生质量也得到了用人单位和学生家长的一致好评，其中更是不乏如2020届水产养殖学专业毕业生刘甜甜一样积极投身于传承和发扬一流学科之使命，努力将自己在学校所获得的知识与本领真正运用于实践之中，争做“知农爱农”新青年的优秀学生。

优秀工作案例

◆管理育人◆

落实立德树人，推进管理育人
——加强管理队伍育人意识和育人能力建设网络培训案例

□ 党委教师工作部、人事处/李毅超

管理育人重在育德，其是一种以科学规范的管理来引导或促进受教育者形成符合社会要求之品德的实践活动。在管理育人的过程中，参与管理实践活动的管理者扮演着教育者的角色，他们是施教活动的主体，因此其育人意识和育人能力的强弱，直接影响着管理育人工作的实效性。

一、案例介绍与工作理念

为深入学习贯彻习近平总书记关于教育的重要论述和全国教育大会精神，以及进一步贯彻落实教育部等八部门《关于加快构建高校思想政治工作体系的意见》(教思政〔2020〕1 号)与相关文件的要求，上海海洋大学管理育人中心围绕提升学校管理队伍的育人意识和育人能力之目标，开展了“落实立德树人，推进管理育人”专题网络培训。

(一) 培训形式

为在适应高校疫情防控工作要求的同时，有效运用各类教育教学资源，以方便管理队伍运用“碎片化时间”随时随地开展学习，运用远程网络实施教学成为了本次培训的主要形式。上海海洋大学管理育人中心委托国家教育行政学院负责本次培训。国家教育行政学院依托中国教育干部网络学院(www.enaea.edu.cn)平台，以线上形式远程组织实施本次培训，并且开辟了电脑端和手机端两个学习端口，以方便参训教职工随时随地进行学习，这也是对疫情防控工作的积极响应。

(二) 培训对象

此次网络培训是上海海洋大学管理育人中心围绕提升管理队伍的育人

意识和育人能力之目标所开展的试点培训，其主要面向机关、直属部门的管理队伍，共有 62 人参训。本次培训的对象大多具有 2 年及以上的岗位工作经验，既包括一般管理人员，又包括部分管理干部，具有用工方式多元、年龄分布集中、管理经验较为丰富等特点。本次培训的对象皆由机关和直属部门各单位遴选产生。

(三) 培训内容

本次培训以强化科学管理对道德涵育的保障功能为主题，针对培育育人意识、改进工作作风、注重人性化管理等内容，设置了思政理论、公文写作和社交礼仪三个模块，精心挑选开设了涵盖习近平总书记讲话精神解读、党的制度优势分析、教育管理新格局构建、政务关系与公文处理、公文规范用语、教师形象设计与公共礼仪等内容的共 50 课时累计 2 250 分钟的课程。本次培训的授课教师皆为各领域内的专家，他们具有深厚的理论基础和丰富的工作经验。

(四) 培训构成

本次培训的课程包括必修和选修两个部分，参训教师需完成 15 个学时的必修课，并撰写培训小结。在考核合格后，国家教育行政学院向参训教师颁发结业证书。参训教师也可以根据自身的兴趣及工作需要，自学其他相关课程，但自学部分的课时不计入总成绩。本次培训还设置了教学反思环节，即在培训完成后，国家教育行政学院会针对学习效果、组织形式、改进建议等，对参训学员进行在线调研，为完善后续培训提供依据。同时，为了保证培训能够顺利完成，国家教育行政学院将定期向部门反馈培训进展，并将本次培训成绩录入教职工培训系统。未能按时完成培训的参训人员将不能结业，并会被通报给部门。

二、举措与特色

管理育人工作是高校育人工作的重要组成部分，是通过构建现代大学治理体系，以充分发掘各管理部门及管理岗位所蕴含的思政内涵。高校应注重人性化管理，关心关爱师生，以落实管理育人工作。作为高校管理育人工作的重要实施主体，管理队伍的育人意识和育人能力之培育与提升，既是高校管理育人工作的重要内容，又是学校管理育人工作有效开展的关键。因此，围绕提升管理队伍的育人意识和育人能力之目标开展系列培训，确有其必要性。

(一) 夯实理论根基，强化思想引领

本次培训中的思想政治理论学习课程占比40%。通过组织参训教师系统学习习近平新时代中国特色社会主义思想、党的制度优势、构建教育管理新格局等内容，本次培训能够帮助参训教师准确理解和把握社会主义核心价值观的深刻内涵，坚定四个意识、增强四个自信、做到两个维护，进而增强参训教师在管理过程中育人的主动性和系统性。本次培训的主讲人包括黄相怀（中共中央党校[国家行政学院]国家高端智库学术委员会秘书长）、许耀桐（中共中央党校[国家行政学院]原科研部主任、教授）等专家。

(二) 提升管理能力，增强育人本领

为进一步提升管理队伍的日常工作能力和管理工作水平，本次培训将提升管理队伍日常管理实效作为重要内容，并有针对性地设置了公文写作类课程与社交礼仪类课程，两类课程的占比均为30%。其中，公文写作类课程主要围绕日常管理工作中使用频率较高，易出现用语不规范情况的文种等内容展开，主讲人包括邓传淮（教育部政策法规司司长）、李克实（中国人事科学研究院副院长[正司级]）等专家。社交礼仪类课程主要围绕日常管理工作中的接待礼仪、会务礼仪、服饰礼仪、用餐礼仪等内容展开，主讲人包括胡申生（著名社会学家、上海大学教授）、金正昆（中国人民大学国际关系学院教授）等专家。

(三) 夯实管理基础，营造育人氛围

通过开展管理育人相关培训，上海海洋大学从思想认识、管理能力等方面提升学校管理队伍的工作能力，为推进管理育人工作夯实队伍基础。同时，上海海洋大学针对管理育人工作试点开展培训，这一方面是对管理育人工作开展方式的一种探索，另一方面也是在全校范围内营造寓育人于科学管理之中的工作氛围，从而引导管理人员主动将日常管理工作与立德树人挂钩，串点成线、连线成面，最终有效发挥科学管理对道德涵育的保障功能。

(四) 促进管理信息化，助力“教育云”建设

上海海洋大学结合当前网络思想政治教育的研究和发展，探索思想政治教育工作与信息技术的进一步融合。对于管理队伍而言，本次培训亦属思想政治教育活动,是管理队伍先受教的一个过程。运用网络来开展管理队伍的育人意识和育人能力培训,可以在方便管理队伍参与学习实践活动的同时,一定程度上增强管理队伍运用信息网络实施管理过程的意识,这主要表现在信息搜集与线上实施管理两个方面。随着当前上海市"一网通办"工作的推广和完善,上海海洋大学管理工作的信息化进程正逐步加快,此次培训对于学校管理队伍运用信息化手段开展管理工作而言便是一次有效的引导和促进。运用网络资源提升管理队伍的育人意识和育人能力,也是上海海洋大学"教育云"建设的一次尝试和探索。

三、经验与思考

作为高校"三全育人"综合改革实施方案的重要内容,管理育人是高校使思想政治教育贯穿课内课外、校内校外以及整个管理服务体系的重要举措,是高校汇合"中圈主阵地",调动教学、科研、管理、后勤服务等所有环节参与育人,推动三大课堂联动育人的重要举措。作为推进育人工作实效的又一工作领域,管理育人要求广大教育工作者从理论与实践两个维度不断进行广泛探索和系统研究,逐步形成较为完善的理论体系及工作方法。本次专题网络培训是以加强管理队伍的育人意识和育人能力为目标的,其是上海海洋大学管理育人中心对推进学校管理育人工作的一次探索和实践。事实上,在整个执行过程中,本次培训也存在诸如课程内容单一、课时安排较少、实践环节欠缺等不足。

上海海洋大学管理育人中心将紧紧围绕"立德树人"这一根本任务,坚持问题导向,通过不断探索和实践,持续提高管理队伍的育人意识和育人能力,逐步强化科学管理对道德涵育的保障功能。同时,上海海洋大学管理育人中心也将引导管理队伍进一步探索挖掘本部门、本岗位所蕴含的思政内涵,不断改进工作作风,更加注重人性化管理,以文明高效的管理工作和激情昂扬的精神面貌,为广大师生提供优质的管理服务。在充分发挥管理工作育人效用的同时,上海海洋大学管理育人中心还将为学校落实"立德树人"这一根本任务,推进满足"双一流"要求的高水平特色大学之建设提供助力。

创建优良学风，助力学生学业发展

——上海海洋大学爱恩学院围绕中外合作办学特色探索实践育人新机制

□ 爱恩学院/杨妍艳　兰　璐

作为上海海洋大学爱恩学院学风建设的特色平台，学业促进工作室始终坚持从学生学业发展的实际需求出发，有效连接专业教育资源，积极发挥朋辈引领力量，促进学生知识、能力和综合素质协调发展，服务学院人才培养目标。

一、背景与理念

上海海洋大学爱恩学院围绕"立德树人"这一根本目标，以"三圈三全十育人"为工作指导，立足于中外合作办学特点，于 2017 年 10 月成立了学业促进工作室。工作室由学工搭台、教师指导、学生自主管理，旨在促进优良学风建设，探索协同育人新机制，服务学院人才培养目标。

学业促进工作室通过调查学生常见的学业问题或困惑，汇集校内外的支持资源，依托一对一结对帮扶、朋辈辅导、讲座报告、团体辅导等多种学业支持形式，打造共享式、交流式和互动体验式的学习共同体，充分发挥朋辈和师生的示范引领作用，积极建设优良学风。经过两年的实践探索，学业促进工作室的品牌项目"学霸微讲堂"于 2019 年获得上海海洋大学"文明窗口"荣誉称号；同时，学业促进工作室成员在实践中不断总结，其中的大学生创新创业项目"以学风引领为目标的朋辈教育平台搭建探究——以爱恩学院学业促进工作室为例"获市级立项，并同步参与 2020 年全国"互联网 + "大赛。

二、举措与特色

（一）平台架构

学业促进工作室由学生自主管理。根据上海海洋大学爱恩学院的专业特点，学业促进工作室创设了主席团、信管学习部、市营学习部、小英部、传媒部、志愿服务部等分支机构，旨在分工合作、共同分享。

图1 学业促进工作室成员受聘仪式及集体合照

信管学习部和市营学习部主要负责向同学们分享课程中的学习方法，为同学们答疑解惑，寻找并采访优秀的同学来扩展更多的学习、工作及生活方面的经验分享活动等。小英部主要负责与外教老师进行沟通，对接学术英语学习方面的规划，并积极开展英语短视频大赛，带领同学们学习英文外刊文章，复盘学术英语课堂上的学习重点。传媒部主要负责工作室活动的宣传和工作室微信公众号的运营，下设文案排版组和视频剪辑组。志愿服务部主要负责吸纳校内优秀学生加入工作室并分享自身经验，以建立和充盈优秀学生库(具有PS等方面专长的学生)与优秀志愿者库(如相关活动的志愿者)。

(二) 工作内容

学业促进工作室在学期的不同阶段，对学业困难的学生群体开展具有针对性的特色学业指导活动。通过吸引各年级的“学霸”，连接校友资源，组建优秀学生库，学业促进工作室着力打造“学霸微讲堂”、学伴计划、小导师计划、答疑坊等特色品牌活动，从而充分发挥朋辈互助、以优促学的先锋引领作用。具体而言，学业促进工作室的工作内容大体包括以下几项：

（1）分享交流会：主要是朋辈群体、校友、教师等分享个人在某方面的成功经验和心得体会，包括专业课经验分享（涉及市营和信管两个专业，包括中方课程 C 语言程序设计，以及 BFA103、BEA111 等多门澳方课程）、考研保研经验分享、留学游学经验分享、退伍学生经验分享、科创创业经验分享等，分享交流会的开展方式包括线上进行（如通过腾讯会议）和线下进行（如在指定教室内）。

（2）培训讲座类活动：针对学生的学业、竞赛和实践等，邀请经验丰富的老师进行知识和经验传授，内容涉及暑期社会实践、大学生英语竞赛、P 赛、ACCA 考试等。

（3）承办竞赛类活动：由学业促进工作室牵头主办或承办学校及学院的活动，包括主题征文比赛、简历大赛、英语视频大赛、宣讲会、招聘会志愿服务等。

（4）茶叙团建类活动：结合学业促进工作室及其各部门的实际情况，定期或不定期地开展主题读书会、朗诵会、茶叙会、团体辅导等活动。

（5）开展一对一结对帮扶，不定期地开展个性化学习辅导。

图 2　学业促进工作室分阶段、分层次地开展专业课程分享答疑活动

（三）工作方法

学业促进工作室根据学期进度、学期重点和对学生的学业需求进行调研的结果来制定本学期的项目计划，设计每月活动排片表，邀请专业课教师、朋辈群体、资深校友等通过线上与线下的多种方式来落实活动，以确保周周有活动。

学业促进工作室相关工作的具体实施过程如下：学业促进工作室→（需求调研）针对学业问题的多样化支持服务→线上线下共享式学习、专业课教师指导交流、朋辈辅导合作学习、一对一结对学业帮扶、专家及校友分享会、主办学业相关活动及竞赛→学业活动排片表（周周有活动）→对活动进行线上与线下的宣传动员→学业促进，良好学风营造。

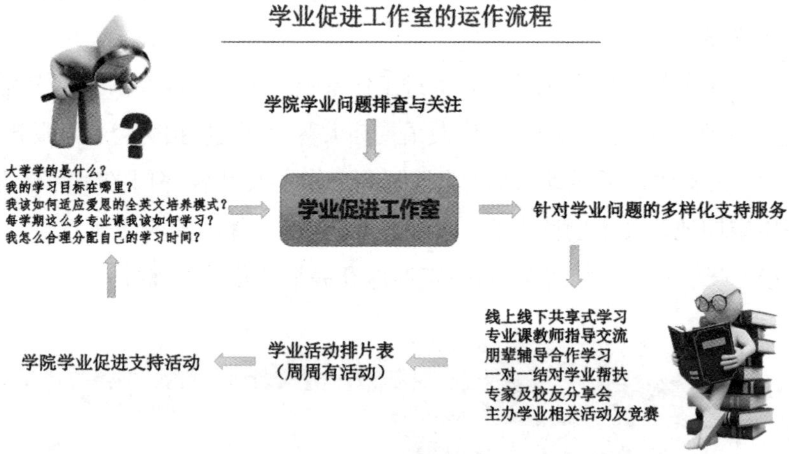

图 3　学业促进工作室运作流程图

三、经验与思考

（一）建立灵活且有张力的平台管理机制，打造优秀的朋辈人才队伍

上海海洋大学爱恩学院的学业促进工作室可持续性发展的基础是不断吸收具有朋辈榜样品质的工作成员。在学习互助的过程中，朋辈分享人毫无保留地分享自己学到的知识和想到的解题思路，从而让困惑不解的同学豁然开朗，让参与活动的学生充分受益。朋辈分享人能够在保持自身成绩名列前茅的同时，为身边的同学答疑解难，分享学习资源，并且在分享的过程中巩固知识、锻炼演讲能力和强化逻辑思维能力。小组学习可以为朋辈成员提供一

起学习的机会，从而增强成员的凝聚力，促进成员共同学习。通过学业促进工作室平台的努力与付出，上海海洋大学爱恩学院的学生在学业方面都有了不同程度的收获和进步。上海海洋大学爱恩学院的课程通过率实现了稳步提升，学风建设进一步加强，因此学业促进工作室项目得到了学院师生的一致好评。

（二）构建全程化、全面化、信息化的学业指导体系，以实效促学风

上海海洋大学爱恩学院的学业促进工作室以学业困难的学生群体为对象，在学期的不同阶段开展特色学业指导项目：针对不太适合大课堂集中辅导的同学开设“三人行”辅导；针对难度普遍比较大的课程开设“大神”答疑；针对期中比较容易松懈的现象敲响警“中”；针对期末复习要点开设“期末直通车”。同时，学业促进工作室针对不同年级的学生提供个性化的学习指导，如向升学深造学生分享保研、考研、出国申请经验，为即将毕业的大四学生提供职业规划与职业指导，从而使他们深入认识自己的专业前景、发展方向、发展意愿和发展潜力。通过参与讲座、面对面交谈等活动，学生能够在明确自身发展意愿的基础上，主动规划各阶段的学习目标，并在未来深造计划、就业计划甚至职业发展计划的激励下，提高学习主动性，从而促进学风建设。

（三）拓展平台内容，实现线上线下全覆盖，以创新增特色

在线下，上海海洋大学爱恩学院的学业促进工作室依托优秀朋辈资源，积极开展学业分享、学科竞赛、授课老师专访等活动，重点打造“学霸微讲堂”、学伴计划等品牌项目；在线上，上海海洋大学爱恩学院的学业促进工作室通过“爱恩学业促进工作室”公众号推送思想引领、助学等方面的文章，围绕“爱与感恩”精神传承、学习资源分享、英文时刊精读等内容，打造包括“爱印记”“爱分享”“爱英采”“爱阅读”等在内的“爱”系列内容，全面搭建了学生自助互助、师生有效沟通和学院学风引领的平台。据不完全统计，学业促进工作室年度累计开展分享交流会 30 余场、培训讲座类活动 10 余场、承办竞赛类活动 10 余场、茶叙团建类活动 10 余场、一对一结对帮扶 60 人次。此外，学业促进工作室不定期地开展个性化学习辅导，“爱恩学业促进工作室”公众号平均每周推送 3 篇有关思想引领和助学的文章，并开展授课老师专访，公众号的总浏览量达 20 000 多人次。

图4 “爱恩学业促进工作室”公众号定期推送专业课程分享会、考研考证、学科竞赛、校友论坛等相关内容，学生可以及时了解有关学业的最新动态

坚持把握“三个着力”，持续培育优良学风

□ 研究生院/何爱华

上海海洋大学高度重视科学道德与学风建设工作，按照“全覆盖、制度化、重实效”的目标要求，着力完善学术规范和学术道德教育机制，着力打造宣讲队伍，着力构建工作平台，在优化学术环境、弘扬科学道德、丰富宣讲活动的内涵之基础上，积极营造风清气正的育人环境和求真务实的学术氛围，在培育研究生的优良学风方面取得了明显成效。

一、案例介绍

（一）着力构建学术规范工作机制，切实开展学术道德教育

第一，守住底线，强化学位论文原创性检查。上海海洋大学制定了《上海海洋大学研究生学位论文原创性检查规定》，将中国知网的“学位论文学术不端行为检测系统”作为研究生学位论文原创性检查的监控手段。为进一步杜绝学位论文撰写过程中的弄虚作假、抄袭剽窃等行为，上海海洋大学于2018年在原有的原创性检查之基础上，增设研究生学位论文终稿原创性检查环节，对所有的硕士学位论文与博士学位论文实行两次原创性检查。在学位论文评阅前，上海海洋大学对学位论文开展初次原创性检查，只有通过初次原创性检查，学位论文才可以参加评阅；在正式答辩后，上海海洋大学对学位论文进行终稿原创性检查，只有通过终稿原创性检查，学生才能获得学位。

第二，坚持高线，评选优秀学位论文。上海海洋大学制定了《上海海洋大学研究生优秀学位论文评选办法》，重点强调学位论文研究工作的成果和创新性，激励研究生的创新精神，促进高层次创造型人才脱颖而出。上海海洋大学设立了研究生教育奖励基金，学校会向获得校级优秀学位论文的研究生颁发荣誉证书，并给予其奖励。同时，上海海洋大学会向优秀学位论文的指导教师颁发荣誉证书，并给予其表彰与鼓励，这将成为该教师参加招生名额分配、优秀导师评选等评奖评优活动时的重要参考依据。

第三，筑牢防线，强化目标责任制考核。上海海洋大学将科学道德与学

风建设宣讲教育、学术诚信、考风考纪等纳入各学院年度学生工作目标责任制的考核指标，做到科学道德与学风建设挂钩各学院年终考评，从而形成长效化的学术道德建设机制。同时，上海海洋大学将导师加强研究生学术规范教育列为年底目标责任考核制度中的特色指标，以鼓励导师在研究生的培养过程中发挥重要作用。

（二）着力拓展宣讲队伍，开展科学道德与学风建设宣讲

第一，上海海洋大学的校院领导为研究生上好科学道德和学风建设宣讲第一课。上海海洋大学的校院领导通过主题报告、研究生规章制度解读等方式，为研究生新生上好第一课，如上海海洋大学党委书记吴嘉敏为研究生新生上开学后的第一堂思政课，上海海洋大学校长程裕东为研究生新生开展入学教育。

图 1 上海海洋大学党委书记吴嘉敏为研究生新生上思政第一课

第二，专家队伍开展常态宣讲。上海海洋大学的校院领导率先带头，包括崔维成、潘迎捷、李伟明在内的多名造诣深厚、品德高尚的知名专家教授加入专家宣讲团，围绕着科学精神、科学道德、科研规范等主要内容，进行不同层面的宣讲教育活动，为学校的宣讲教育提供了有力的保障。

第三，导师成为研究生学术行为的榜样。作为研究生培养过程中的第一责任人，导师对研究生负有进行学术道德和学术规范教育的责任。上海海洋大学坚持举办新聘导师培训会,并增加师德师风、教书育人、学术规范等内容,以督促导师对研究生进行立德树人引导、科研方法指导和学术规范教导,从而营造风清气正的学术氛围。上海海洋大学建立了学术道德考评机制,强化了导师考核,将学风表现纳入教师考评体系,以做到及时发现并制止违反学术道德的行为。上海海洋大学积极贯彻落实上级全面加强师德师风建设工作的精神和要求,健全师德建设长效机制,完善师德规范。上海海洋大学在培训班上举行师德师风承诺书签订仪式,以进一步增强师德师风建设工作的仪式感和责任感。

(三) 着力打造"海川"学术文化节品牌,优化工作平台

上海海洋大学研究生"海川"学术文化节始办于 1999 年,之后于每年春夏季举行,迄今已成功举办了二十届。"海川"取义于"海纳百川,有容乃大",旨在培养学生开拓创新、奋发向上、勇闯天涯的精神。一直以来,"海川"学术文化节都是上海海洋大学校园文化建设的核心内容,其在研究生的学术活动中融入了思想政治教育的内容,促进了研究生的学术科研能力和思想道德素质的同步提高。

图 2 上海海洋大学第二十届"海川"学术文化节开幕

第一,搭建主题活动平台,融入"立德树人"的时代主旋律。"海川"学术文化节紧紧围绕"中国梦"、社会主义核心价值观等时代主旋律,培育校园文化品牌，其每年从国家时事、学校大事等热点问题中选定一个主题来努力营造经济社会发展新常态下全面提高大学生创新创业素质和健康成长成才的良好文化氛围。2019年，“海川”学术文化节以“研而优术·学以养德”为主题，坚持立德树人，坚持积极营造严谨求实的学术氛围，坚持为研究生的成长成才服务，从而激起了研究生的共鸣。“海川”学术文化节有助于激励广大青年学生响应时代号召，担负起完成中国特色社会主义伟大事业的光荣职责。

第二，搭建学术科研平台，培养研究生严谨求实的科学精神。上海海洋大学开设了“海川讲坛”，邀请汪品先、桂建芳、孙宝国、潘德炉等院士，以及各个领域的知名专家和教授，向学生们阐述学术研究之道，帮助学生们拓宽科研思路。同时，上海海洋大学还积极举办学术论文报告会，以展示研究生的学术水平，校研究生学术论文报告会已举办二十一届。上海海洋大学学术论文报告会分为初赛和决赛，各学院承办论文报告会的初赛，报名对象覆盖全体研究生，而校级决赛的候选人则由学院在初赛的基础上进行推荐。上海海洋大学的学术论文报告会每年都收到论文近500篇，经过各学院的初赛之后，10%的论文进入校级决赛，部分参赛论文能够发表在核心期刊上。

第三，搭建大众校园活动平台，满足丰富多彩的素质教育需求。上海海洋大学通过实践活动对优秀文化进行传承和弘扬，主要包括：开展“水产知识进社区”活动，号召学生融入社会、服务社会、秉承社会担当精神；开展“海大人看海大·海大人看临港”活动，使学校的文化符号和文化传统更好地得到展示；举办研究生阳光体育节、研究生心理趣味运动会、辩论赛、海洋知识竞赛等活动，以提升学生综合素质，促进学生的身心健康；举办创新创业系列赛事及经验分享交流会，以鼓励学生开展科技创新活动，激发学生兴趣，培养学生的实践创新能力，从而营造科学、繁荣的创新创业氛围。

第四，举办多样化的主题活动，让遵守科学道德成为论文撰写的第一准绳。上海海洋大学每年都组织研究生参加全国科学道德和学风建设宣讲报告，并结合学校实际开展丰富多彩的活动。例如，开展“科学道德和学风建设主题教育活动”，以及从学术讲坛、学风建设、素质拓展、风采展示等方面开展一系列活动，从而进一步加强科学道德和学风建设，在全校范围内营造诚实守信、追求真理、崇尚创新、鼓励探索、永攀高峰的良好科研氛围。

图3　上海海洋大学研究生开展水产知识进社区活动

二、举措与特色

（一）大师引导和学生自觉提高相结合

在科学道德和学风建设的措施方面，上海海洋大学既有汪品先、桂建芳、孙宝国、潘德炉等院士的谆谆告诫，校院领导的悉心教育，各个领域的知名专家和教授所阐述的学术研究之道与科研思路，又有研究生的自我教育、自我管理、自我服务和自我监督。上海海洋大学的研究生们在论文报告会上指点江山，充分展现了自身的学术水平，营造了浓厚的校园学术氛围。

（二）学术活动和思想政治教育内容同步进行

上海海洋大学积极开展科学道德和学风建设主题教育活动，坚持思想政治教育与学风建设相结合，教育和治理相协同。上海海洋大学既致力于在论文撰写方面强化教育引导、制度规范、监督约束和查处警示，又不懈地举办学术讲坛、学风建设、素质拓展、风采展示等一系列活动，从而做到立德树人、以文化人、以文育人，促进了研究生的学术科研能力和思想道德素质的同步提高。

（三）示范引领与警示教育共同推进

上海海洋大学大力选树和宣传科研诚信典范榜样，发挥典型人物的示范引领作用。借助线上和线下的联动，上海海洋大学挖掘典型，发挥榜样示范作用。通过校园网、微信、易班等平台，上海海洋大学设立“榜样示范”专栏，推送典型事迹，发扬优秀学生的示范引导作用。同时，上海海洋大学利用微信平台推送学术不端案例，发挥反面典型的警示教育作用。

三、经验与思考

科学道德与学风建设的推进强化了师生间的学术交流，营造了良好的学术氛围。自1999年至今，上海海洋大学连续举办了二十届研究生学术论文报告会，论文报告会孕育了一批高质量的学术论文，如2019年有33名博士研究生、394名硕士研究生参加论文报告会，其中发表于SCI的文章80篇，发表于中文核心期刊的文章220篇。同时，在立志科研的同时，上海海洋大学的研究生使科技成果服务于社会，促进了经济发展，从而得到社会各界的广泛好评，新华网、中国大学生在线、中国教育资讯网、《中国渔业报》等媒体对此进行了报道。

上海海洋大学全体师生进一步端正科研态度，抵制学术不端行为，形成了良好的科研和学习风气。例如，上海海洋大学利用中国知网的“学位论文学术不端行为检测系统”，对申请答辩的研究生的学位论文进行原创性检查。重复率超过20％的硕士学位论文和重复率超过15％的博士学位论文会被要求重新修改，第二次修改后仍然超过上述重复率的学位论文，其作者的学位申请不予受理。重复率超过40％的硕士学位论文和重复率超过35％的博士学位论文，其作者的学位申请不予受理。自2014年以来，上海海洋大学的学位论文原创性检测通过率均在95％以上。

建立长效机制是确保科学道德与学风建设取得实效的重要保障，因此上海海洋大学将进一步深耕科研育人，健全监督和约束机制，加强宣传教育，强化导师的责任意识，提高科学道德和学风建设教育的针对性与有效性，助力学子成长成才，为打造世界一流学科建设高校服务。

◆文化育人◆

润物无声，以制度和文化构筑“实验室安全”之盾

——上海海洋大学实验室安全文化体系探索

□ 实验室与设备管理处/宗海青

教育是民族振兴、社会进步的重要基石，是功在当代、利在千秋的德政工程。在全国教育大会上，习近平总书记站在新时代坚持和发展中国特色社会主义的战略高度，深刻回答了“培养什么人、怎样培养人、为谁培养人”这一根本问题。

历经百年风雨，上海海洋大学始终秉持“勤朴忠实”之校训，坚守“渔界所至，海权所在也”之创校初心，牢记“始终坚持把论文写在世界的大洋大海和祖国的江河湖泊上”之办学传统，牢牢把握“立德树人”这一根本任务，致力于贯彻落实“三圈三全十育人”之理念。

一、背景与理念

实验室不仅是“做实验”的“场所”，而且是育人的主要阵地。创建一流大学，必须以一流的现代化实验室为支撑；建设现代化实验室，必须以健全的安全体系为保障。

2018 年 11 月 11 日，南京中医药大学翰林学院实验室爆燃，致多名师生受伤；2018 年 12 月 26 日，北京交通大学环境工程实验室发生爆炸，致 3 名学生死亡；2019 年 2 月 27 日，南京工业大学一实验室发生火灾，所幸无人员伤亡；2019 年 8 月 15 日，上海市某高校科创中心气凝胶实验室学生在操作实验时，氨气瓶阀门意外断裂造成气体泄漏，所幸无人员伤亡……

近年来，我国高校实验室安全事故频发，一度成为网上热点，国家对高校实验室的安全日益重视，实验室安全管理面临巨大挑战。“安全无小事，人命大于天”，我们不能心存侥幸，更不能寄希望于万幸。

二、举措与特色

实验室的安全隐患来源于人的不安全行为、物的不安全状态、环境的不安全因素以及管理的缺陷。据美国杜邦公司统计，86%—96%的安全事故是由人的不安全行为造成的。如何规范师生的安全行为，强化师生的安全意识？这成为我们“育人”的思考方向。

（一）管理育人

当前，高校实验室普遍存在物品堆积、类别不明、标识不清、环境“脏乱差”等问题。古语有云：“一屋不扫，何以扫天下。”海恩法则提到，每一起严重事故的背后，必然有 29 次轻微事故和 300 起未遂先兆，以及 1 000 起事故隐患。高校实验室环境的杂乱无章，让隐患埋没于堆积的物品之下，难以被人们察觉。

2019 年初，上海海洋大学开始推广实验室“6S”标准化建设理念，并在海洋科学学院试行。“6S”标准化建设理念旨在规范师生的实验室行为，营造整洁、敞亮的实验室环境，贯彻“德、智、体、美、劳，五育并举”的品德教育、审美教育和劳动教育之理念。

所谓“6S”，是指整理（SEIRI）、整顿（SEITON）、清扫（SEISO）、清洁（SEIKETSU）、素养（SHITSUKE）和安全（SAFETY）。“6S”标准化建设理

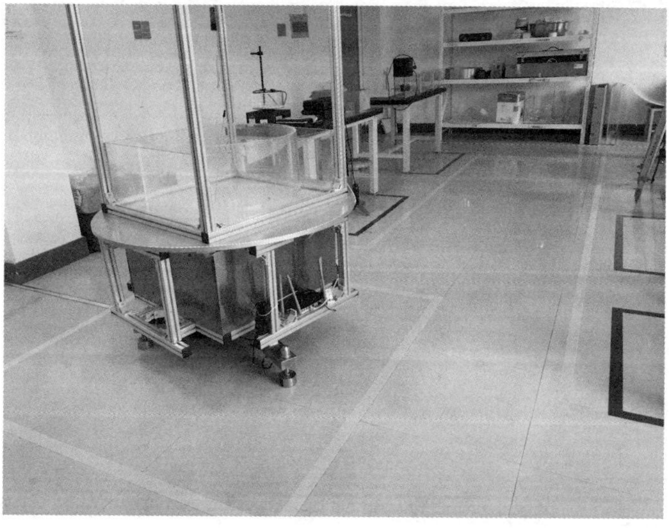

图 1 上海海洋大学海洋科学学院试点实验室“6S”标准化建设成果——区域明朗，井然有序

念要求全员参与，动起手来，将实验室内杂乱的物品区分开（整理），把没用的物品清理出实验室，有用的物品按使用周期分门别类放置在储物柜、物品架和台面上，并划区、标识（整顿）。同时，“6S”标准化建设理念要求师生打扫积灰与污渍，擦拭仪器设备（清扫），维持整理、整顿、清扫这三步的成果，保持环境整洁，形成制度（清洁），从而做到“习惯成自然”，实现从被动接受到主动维持的意识提升（素养），最终达致实验室的安全及和谐。

上海海洋大学海洋科学学院在实验室“6S”标准化试点建设过程中取得良好成果，实验室环境得到彻底改善，环境整洁、区域明朗、物品有序，师生均自觉维持优质的实验室环境，从而有助于培养出理论知识扎实、实践能力突出、个人素养优秀的高素质人才。

（二）文化育人

实验室安全文化是实现实验室安全管理的灵魂。当下，高校实验室一方面有严格的实验室安全管理制度，另一方面却面对着师生对制度熟视无睹，违章现象屡见不鲜的窘境，由此我们不难看出，实验室安全文化的缺失是关键所在。如果说制度的约束对实验室安全工作的影响是外在的、冰冷的、立竿见影的、被动的，那么实验室安全文化的作用则是内在的、温和的、潜移默化的、主动的，其具有其他约束所无法比拟的优越性。实验室安全文化所具有的凝聚、规范、辐射等功能，对实验室安全管理会产生巨大的推动作用。

自 2018 年 3 月以来，上海海洋大学坚持开展以实验室安全文化周/文化月为载体的实验室安全主题文化建设。按照教育部“全员、全面、全程”的要求，上海海洋大学不断创新宣传教育形式，宣讲普及安全常识，强化师生安全意识，提高师生安全技能，做到安全教育的“入脑入心”，从而达到“教育一个学生，带动一个家庭，影响整个社会”的目的。

上海海洋大学不仅举办了实验室安全专家讲坛、实验室安全典型事故图文展、实验室安全事故应急演练、实验室安全自查自纠等常规活动，而且开展了实验室标准标识个性化设计比赛、实验室安全知识有奖问答、实验室安全隐患随手拍等互动活动，以及实验室“6S”标准化管理推广、实验室安全应急预案汇编发布等实验室安全规范普及活动，从而全方位、多层次、宽领域地宣传与推广了实验室安全文化。

实验室安全文化主题活动至今已举办三届，受益人次多达 5 000 余人，师生的实验室安全意识逐步提高，安全技能渐趋扎实，实验素养进一步提升，浓郁的实验室安全文化氛围时刻潜移默化地影响着莘莘学子，并不断积攒、沉淀，从而成为实验室安全管理的基础。

图 2 第二届实验室安全文化月——实验室安全知识问答活动现场

文化之贵，贵在传承，贵在积淀，更贵在创造与耕耘，而优秀的实验室安全文化正是实验室可持续发展的源泉。

(三) 实践育人

制度的落实与执行，关键在于监督和监管。只有确保了监督和监管的有效性，我们才能保障规章制度得到落实。

2018 年 3 月，上海海洋大学建立了以在校研一学生为主体的实验室安全督导小组，以贯彻教育部实验室安全检查“全过程、全要素、全覆盖”之要求，弥补常规实验室安全检查周期长、覆盖面小的不足，从而极大地提升了学校在实验室安全隐患排查及整改方面的能力。

实验室安全督导小组实行“$1+2\times7$”模式，即一名总组长，七个小组，每组两人，在一周七天里，确保每天都有一个小组对全校实验室不定时、不定点地进行抽查。在寒假期间，上海海洋大学招聘春节不回家的研究生兼职负责假期实验室安全巡查工作，频率为每周1—2次，以保障寒假期间的实验室安全。上海海洋大学运用信息化手段，实现现场检查，后台实时跟踪，及时反馈问题，对重大安全隐患能做到即知即改，从而构建起“检查—响应—反馈—复检—通报”的完整闭环体系。

“纸上得来终觉浅，绝知此事要躬行。”督导成员在经过培训与考核后，取得了上海市安全生产协会颁发的“危险化学品从业人员安全培训合格证书”。同时，经过了一年时间的实验室一线现场的检查历练，督导成员从理论到实践得到了全方位提升，他们在毕业后的就业过程中有着更大的就业竞争力，也有着更广阔的就业空间。

此外，督导成员的规范操作与安全行为习惯带动和影响着周围的学生，并以点带面地辐射至全校师生，从而逐步实现了教育部“全员、全面、全程”的宣传、培训和教育之要求。在此过程中，学生与学生的交流更直接也更亲近。

三、经验与思考

教育既是国之大计，又是党之大计。习近平总书记在全国教育大会上强调，要培养德智体美劳全面发展的社会主义建设者和接班人。好的教育，不仅要追求分数和升学率，而且要关注完整的灵魂和坚定的价值追求；好的教育，不仅着眼于知识和技能堆叠的厚度，而且注重体质与意志的品质和涵养的高度。

实验室安全工作是永远走在路上的工作，每一位管理人员都将安全“扛在肩上，放在心上，抓在手上”，坚守着安全的底线。建章立制、理念推广、宣传教育、监督监管，我们做了很多，但还要做得更多。一方面，上海海洋大学将引入实验室安全评估机制，从专业角度出发，更具针对性地发现实验室的不足，从而为进一步梳理并制定实验室安全管理的实施细则提供支撑，也为接下来的监督监管工作指明方向；另一方面，上海海洋大学将持续贯彻教育部“全员、全面、全程”的宣传、培训和教育之要求，紧扣《高等学校实验室安全检查项目表》的指标，通过形式多样的宣传与教育手段，落实管理人员、实验技术人员、导师、学生等主体的教育培训工作，营造良好的文化育人氛围。

普及海洋科学，探究蓝色奥秘

——上海海洋大学档案馆（校史馆、博物馆）文博育人案例

□ 档案馆（校史馆、博物馆）/刘晓丹　王伟江　宁　波

“三全育人”是指全员育人、全过程育人、全方位育人，上海海洋大学档案馆（校史馆、博物馆）近年来聚焦学风建设，以文博育人践行“三全育人”目标，探索特色鲜明、成效显著、覆盖面广、影响深远、可持续性强的文博育人模式。

一、背景与理念

上海海洋大学的档案馆、校史馆与博物馆于2018年实现三馆合一，合署办公。上海海洋大学博物馆是依托鱼类学、水生生物学等学科而建的特色展馆，下辖鲸馆、水生生物科技馆、校史馆和三史馆，其前身为著名鱼类学家朱元鼎于1952年所建的鱼类标本室。2002年，1 036平方米的“上海水产大学鲸馆”建成并对外开放；2005年，“上海水产大学鲸馆”被上海市科教党委命名为“上海水产大学中国鱼文化博物馆”；2008年，经上海市文物管理委员会批准，“上海水产大学中国鱼文化博物馆”更名为“上海海洋大学博物馆”，其是专门收集、研究和展示海洋生物及其文化的博物馆。

上海海洋大学博物馆以“普及海洋科学，探究蓝色奥秘”为己任，致力于社会教育事业，服务地方，树立科普窗口形象，发挥文博育人作用，激发不同层次人群的科学兴趣，培养海洋科学人才。

二、举措与特色

（一）打造品牌展览，存续海洋记忆

上海海洋大学档案馆（校史馆、博物馆）充分发挥高校资源优势，积极提倡资源共享，牵头搭建海洋高校“视觉档案·逐梦海洋”主题展平台，弘扬海洋精神，倡导优良学风，促进“蓝色革命”。

一年一度的“视觉档案·逐梦海洋”主题展是为迎接6月8日“世界海洋

日”和6月9日“国际档案日”，自2016年3月起由上海海洋大学档案馆发起并承办的，各涉海高校纷纷响应。“视觉档案·逐梦海洋”主题展旨在展示海洋高校的人文底蕴和精神风采，“以展促学，以展育人，以展兴海”，利用富有历史积淀的权威档案文献资源，发挥高校历史文化资源“存史、育人、资教”之功能，探索档案“立德树人，涵养学风”的新作用、新途径和新方法，唱响海洋主旋律，传承创新大学文化，继承弘扬大学精神。

自2016年6月第一届“视觉档案·逐梦海洋”主题展开展以来，至2020年6月，该展已连续举办5届，名称分别为“海洋高校校园青春印记摄影展”“海洋高校摄影艺术图片展”“涉海高校与改革开放四十周年主题展”“上海海洋大学70年建筑影像展（1949—2019）”和“海洋高校见证小康路主题展”，参展高校包括大连海事大学、大连海洋大学、上海海事大学、上海海洋大学、广东海洋大学、中国海洋大学、台北海洋技术学院、台湾海洋大学、宁波大学、河海大学、哈尔滨工程大学、高雄海洋科技大学、浙江海洋大学、集美大学、澎湖科技大学等15所高校。已举办的5届主题展，彰显了海洋高校学子好学上进、追求卓越的青春风采，弘扬了涉海高校围绕海洋探索与开发、海洋强国建设和海洋人才培育乘风破浪、勇立潮头、兴海图强、追求卓越的精神，追忆了海洋高等教育自强不息、追求卓越的发展历程，呈现了海洋高校精准扶贫、科教扶贫的成果。“视觉档案·逐梦海洋”主题展以点带面，反映了中国海洋事业所取得的巨大成就。在改革开放40周年、上海解放70周年、新中国成立70周年、脱贫攻坚决战决胜之年等关键的时间节点上，海大人都献上了珍贵的档案记忆。

（二）讲好海洋故事，助力科普事业

上海海洋大学博物馆立足地方、服务地方，面向不同年龄、不同层次的人群，以国际博物馆日、上海科技周、世界海洋日、全国科普日等为契机，积极普及海洋知识，举办丰富多彩的活动，如科普系列讲座、专题展览、科普课程、海洋文化体验等。此外，上海海洋大学博物馆还积极开展跨区、跨校的合作与共享，具体成果包括：与杨浦区少年宫合作，举办“印象·影响”百年大学双体验夏令营活动；与多所中小学合作，探索学生探究课程与博物馆结合新模式；与大学科技园、南通中学等主体合作，开展“海洋之旅”研学活动；与上海中学东校、浦东新区建平临港小学、浦东新区逸夫小学等校合作，开展“科普进校园”活动；与仙霞高中和上海师范大学附属中学合作，开展高中生生涯实训活动，等等。上海海洋大学博物馆以科学的讲解和优良的体验，提升全民的科技素养，激发大众的海洋探究兴趣，强化各群体的海洋环境保护意识。上海海洋大学博物馆致力于培养海洋综合人才，并不断提升自身的社会服务能力和社会影响力。

图1 2019年5月18日的"国际博物馆日"讲座，主题为"行走在地球两端的极客探险之旅"

（三）指导学生社团，培养卓越人才

1. 文博志愿者社团

经过多年建设和精心栽培，上海海洋大学档案馆（校史馆、博物馆）锻造了一支优秀的文博志愿服务队伍，即"文博志愿服务社"。文博志愿服务社的成员全部是在校大学生，他们热爱文博事业，在博物馆的日常免费开放日、国际博物馆日、上海科技周、世界海洋日、国际档案日、全国科普日等多个重要节日及活动中扮演关键角色，得到充分锻炼。

文博志愿服务社的团队建设成绩斐然，大学生讲解员蔡耀铃与陆诗怡先后在2018年及2019年的第五届和第六届上海市科普讲解大赛的决赛中，与数千名专业选手同台竞技，并取得了入围奖的优异成绩。此外，大学生志愿者易宥佑在第七届上海市科普讲解大赛的杨浦区初赛中被授予"杨浦区优秀科普大使"称号。

2. 头脑奥林匹克（OM）社团

上海海洋大学的OM社团挂靠于上海海洋大学档案馆（校史馆、博物

图 2 大学生志愿者陆诗怡参加第六届上海市科普讲解大赛决赛

图 3 研究生志愿者庞天抒在水生生物科技馆进行讲解

馆）。成立 5 年以来，上海海洋大学的 OM 社团在指导教师的悉心指导和学校的关心支持下，于 2017—2019 年连续 3 年获得世界头脑奥林匹克决赛银奖,并于2020年首次获得线上世界头脑奥林匹克决赛金奖,从而创造了上海高校代表队连续4年斩获世界银奖以上称号的记录。在一次次活动和竞赛中,上海海洋大学OM社团的社员们学会了创造、合作与尊重,深刻领悟了创新和团结协作的力量。在与国内外强队同台竞技的过程中,上海海洋大学OM社团的社员们珍惜机会、遵守纪律、交流学习,致力于维护学校和国家的荣誉。无论是汇集了所有队员奇思妙想的剧本设计,社员们废寝忘食、挑灯夜战创作出的演绎文本和精美道具,还是成员们分工协作、完美配合所呈现出的表演效果,都充分展现了海大学子精诚合作、勇于挑战、集思创新、追求卓越的精神。

图4 上海海洋大学OM社团代表队荣获第39届世界头脑奥林匹克决赛银奖

(四)贯彻育人思想,拓展育人途径

上海海洋大学档案馆(校史馆、博物馆)定期开展文博育人教育思想大讨论,组织专题研讨会,举办以"'双一流'建设与文博育人""'世界一流'学科建设与高校博物馆发展"等为主题的专家讲座,并与中国航海博物馆、上海中医药博物馆、上海交通大学校史研究室、华东政法大学、上海财经大学等单位开展合作交流。

上海海洋大学博物馆开设了通识课程“博物馆与人类文明”，该课程讲述了博物馆及其所蕴含的丰富内容和相关社会文化，探寻了博物馆的发展及其与社会、公众的互动关系，旨在培养学生对社会文化现象的理解能力、跨文化国际沟通能力，以及传承并创新中华传统文化的能力。“博物馆与人类文明”课程还会举办以“博物馆与海洋文明”“博物馆与文物鉴赏”“世界博物馆导览”“博物馆中的中医药文化传播与交流”“博物馆中的文明对话”等为主题的讲座，并且将组织师生赴中国航海博物馆进行研学活动，从而极大地提升了学生的文博视野及对世界不同文化与文明的理解。

上海海洋大学博物馆审时度势，打造了文博新媒体平台。为适应时代发展、拓宽宣传渠道、扩大文博育人受众范围，上海海洋大学博物馆的微信公众号于 2018 年 5 月正式上线，2019 年的阅读量达到 12 996 人次。上海海洋大学博物馆的微信公众号陆续策划并推出的《情牵校史，用“心”解说》《我们的十年》《南极，你真的了解吗？》《看遍海大早春花事》《朝海路雕塑知多少？》《建筑 · 桥光阴的故事》《博物馆奇妙夜|最炫“庆生”方式，海大博物馆大声说出爱》《故事遍布世界，人们走进博物馆》等精品推文均广受好评，其中多篇被海大官微转载。

新冠肺炎疫情期间，上海海洋大学博物馆更是充分运用新媒体平台，在线科普防疫知识，并联合杨浦区文旅局、上海市水产学会、上海市渔业经济研究会等多家单位，以直播形式举办了多场线上的科普讲座和展览，反响热烈。

三、经验与思考

高校的博物馆是育人的文化殿堂，是学风建设的心灵家园。作为“杨浦区爱国主义教育基地”和“上海市科普教育基地”，上海海洋大学博物馆近年来多次被评为“上海市优秀科普教育基地”，并于 2014 年获“全国水产科普教育示范基地”称号。2019 年 9 月，上海海洋大学博物馆挂牌“浦东新区市民终身学习体验基地”，并于同年成为“上海市学生社会实践推荐基地”。

在“三全育人”的实践中，上海海洋大学档案馆（校史馆、博物馆）付出了如下努力：一是围绕“立德树人”这一根本任务，以理想信念教育为核心，以社会主义核心价值观为引领，以深化学风建设为己任，始终坚持以文化人、以文育人，弘扬爱国奋斗精神；二是以丰富的馆藏为立足点，依托学校和各级平台，讲好藏品故事，突出特色，普及海洋知识，探究蓝色奥秘，培育具有家国情怀的海洋事业弄潮儿；三是开拓创新，紧跟时代步伐，不断进取，与观众共同成长，让文博育人更加生动；四是与时代同频共振，致力于"触景生情"，启迪创造性思维和思想，点燃利国惠民的星星之火。

2020 年，上海海洋大学档案馆（校史馆、博物馆）获得中国科协学风建设资助。以获得资助为契机，上海海洋大学档案馆（校史馆、博物馆）将聚焦优良学风构建和科学精神传承，进一步贯彻落实"普及海洋知识，探究蓝色奥秘"这一宗旨，以"三全育人"为根本，挖掘藏品故事，拓展文博育人的方式与内容，提高内涵提炼、活动策划和主旨推广能力，将海洋特色做大、做深、做活，为培养具有海洋意识和海洋视野的卓越人才不懈奋斗！

传播海洋精神，推进立德树人
——上海海洋大学海洋科学学院“海洋讲坛”

□ 海洋科学学院/江卫平　刘丙宝

一、案例介绍

图 1　“海洋讲坛”吸引了众多师生前来聆听

上海海洋大学海洋科学学院党委积极响应国家“加快建设海洋强国”的号召，深入挖掘学院教师在国际渔业履约、大洋渔业资源、深渊科学技术、海洋遥感监测等方面探索的成果和故事，传播他们搏浪天涯的海洋精神，推进“三全育人”工作，彰显立德树人的效果。上海海洋大学海洋科学学院邀请在海洋科学、渔业、深渊、测绘等领域做出突出贡献的教师，以讲座或报告的形式，面向学院教职工和学生进行思想引领与学术交流。

二、举措与特色

（一）发挥海洋学科优势，传播海洋强国精神

十九大报告在海洋强国方面强调，要坚持陆海统筹，加快建设海洋强国。

图 2　2017 年 9 月 19 日，上海海洋大学海洋科学学院党委书记江卫平为大家呈献了“海洋讲坛”的第一期“建设海洋强国是实现中华民族伟大复兴的必由路”

上海海洋大学海洋科学学院党委借助一流水产学科的优势，发挥海洋科学特色，通过“双带头人”的宣讲，进一步阐释了发展海洋事业与维护国家主权之间的利害关系，讲清了建设海洋强国与提升综合国力和维护国家形象之间的重大利益关切，从而使学院师生们进一步明确了加快建设海洋强国的重大使命。

(二) 发扬科学研究精神，强化师生思想引领

自 2017 年 6 月以来，“海洋讲坛”已经举办了 43 期，其内涵丰富，并注重学科专业交流与思想引领育人工作，涉及“建设海洋强国是实现中华民族伟大复兴梦的必由路”“关注气候变化，建设美丽中国”“深挖卫星遥感应用技术，蓄力海洋强国战略支撑”“做好秋刀鱼研究，也能维护国家海洋权益”“做好旗鱼研究，培养一流学生”等主题。“海洋讲坛”深入阐释了科学家怎么做研究，以及如何克服重重困难而获得事业成功，从而用科学家们为科学而奉献一生的精神来鼓舞和激励年轻的教工与党员。

(三) 发挥海洋育人特色，扎实推进立德树人

“海洋讲坛”从海洋育人的角度出发，向上海海洋大学海洋科学学院的师生介绍了相关学科的前沿技术，以及学院教工们为争取国家的海洋权益而付出的努力。“海洋讲坛”覆盖了“‘十三五’国家渔业产业和渔业科学发展规划学习与思考”“如何做好课程思政，把育人贯彻到教育教学全过程”等专题，并且派遣了优秀学生到国际渔业组织中去挂职锻炼，以掌握最新的情况，从而号召教工们携手努力，为实现中国海洋强国梦而努力培养好学生，不断探索水产学科的前沿技术和争取海洋发展的核心权益。

三、经验与成效

（一）知识传授中强化了思想引领

时政讲解提升了上海海洋大学海洋科学学院的师生对国家和社会的关

图 3 2017—2020 年，“海洋论坛”中的部分专家之风采

注度。朱清澄教授在"海洋讲坛"中说道:"最近一段时期,大到国家、社会,小到学校、团队,好消息不断传来,'淞航号'建成交付,动水槽顺利完工,这些好消息无不令人欢欣鼓舞。作为基层的教学研究人员和一名普通的党员,我倍感责任重大,而大时代要有大担当,我没有理由不珍惜机遇,珍惜自己的岗位,积极学习习近平新时代中国特色社会主义思想、继续做好秋刀鱼的研究,为祖国的振兴、学校的发展贡献自己的力量,做到不愧对这个时代。"马建教授以"关注气候变化,建设美丽中国"为题的报告,让上海海洋大学海洋科学学院的教师党员们对"绿水青山就是金山银山"的理念有了更多认识,从而激励着教师党员们在基层扎实工作,为建设好美丽中国奉献力量。

(二) 成就宣讲中彰显了道路自信

在第一期的"海洋讲坛"中,江卫平书记以"建设海洋强国是实现中华民族伟大复兴梦的必由路"为题,全面介绍了世界海洋强国的崛起、中国迈向海洋的辉煌历史和曲折历程、全球海洋管理的现状,以及我国发展海洋经济所面临的机遇与挑战,从资源、世界和历史的角度,深入剖析了党的十八大提出的"建设海洋强国"的战略意义,介绍了十八大以来在以习近平同志为核心的党中央的领导下,我国在海洋事业方面取得的突出成就,从而使在座的老师们更多地了解到我们发展海洋事业的迫切心态和战略意义。周应祺教授从"一流水产学科的建设"出发,谈了自己对"大学精神"的理解,即"博学众长,独立思考,锲而不舍",并以此鼓励广大师生为上海海洋大学建设一流水产学科做出自己的贡献。

(三) 讨论学习中提升了海洋意识

典型模范塑造引领了上海海洋大学海洋科学学院的师生向模范看齐。上海海洋大学原校长乐美龙教授从优秀共产党员的角度讲解了自己的人生信条,即"对待自己,严于律己,勤俭朴实;对待同志,真诚相见,和睦相处;对待工作,务实笃行,好学求新;对待科学,坚毅严谨,一丝不苟"。乐美龙教授尊重科学、坚持做合格党员的人格魅力,严于律己、不断进取的科研精神,不仅彰显了一位学者的追求,而且激励着上海海洋大学海洋科学学院的教师们在人生道路中"上下而求索"。

探索认知海洋是开发利用海洋与保护海洋的先决条件。人类对海洋的探索永无止境,只有全面、准确、深刻地了解海洋,掌握海洋的运动规律,才能为建设海洋强国提供坚实的科学依据。“海洋讲坛”将立德树人和传播知识结合了起来，创新了第二课堂的育人方法，不断助推“三全育人”工作取得实效。“海洋讲坛”获评为2018年上海海洋大学基层党建特色项目。接下来，上海海洋大学海洋科学学院将结合一流学科建设，在习近平总书记给全国涉农高校书记校长和专家代表的回信所体现的精神之指导下，坚持“为党育人，为国育才”的使命和初心，继续办好“海洋讲坛”，讲好海洋故事，传播好海洋精神，扎实推进学校的“三全育人”工作。

品百年海大风韵，读海大沧桑巨变

——上海海洋大学思想政治工作典型案例

□ 团委/张亚琼　李玉铭　刘星安　何　杉　白　雪

一、背景与理念

近年来，上海海洋大学认真贯彻落实党的教育方针，坚持立德树人，积极培养师生的社会主义核心价值观，不断加强和改进党建，在推进思想政治工作方面进行了许多新的探索，取得了重要进展。为更好地贯彻落实中央 31 号文件的精神和上海的要求，深刻把握精神实质，将“立德树人”这一重大责任牢牢地“记在心里，扛在肩上”，上海海洋大学在“勤朴忠实”这一校训提出一百年之际(2014 年)，组织开展品读海大活动，潜移默化地使社会主义核心价值观教育与校训、校史结合起来，旨在深入挖掘“勤朴忠实”的精神内涵和育人功能，拓宽思政育人渠道，教育引导广大师生正确地认识世界和中国的发展大势，传承与发扬海大人逐梦海洋的坚毅品质及富国强国的高尚情怀。上海海洋大学不断提高学生的思想水平、政治觉悟、道德品质和文化素养，持

图 1　学生志愿者带领新生品读海大

续深化思政教育。上海海洋大学结合校史与校训的育人功能来深挖育人资源，深化校史育人的丰富内涵，以将校史与校训的精神融入人才培养的育人过程，从而努力实现全员育人、全过程育人、全方位育人的目标。

二、举措与特色

（一）品读百年校训，践行社会主义核心价值观

校训是一所学校对其文化传统与文化精神的理性总结和抽象概括，是大学精神最典型的体现方式。一方面，校训生动地传达了一所学校的教育理念和办学风格；另一方面，校训根植于民族文化的沃土，从丰厚的传统文化中吸取了养料。上海海洋大学的校训"勤朴忠实"来源于1914年2月首任校长张镠向学生提出的"五事"之希望，即"勤勉""造成诚朴之校风""戒浮嚣""勿空谈国事"和"当自食其力"。品读海大活动以校训"勤朴忠实"的照壁为起点，通过讲历史、讲故事、践行动、筑梦想的形式，带领新生感受百年海大的厚重历史文化底蕴。

图2　教师志愿者带领新生品读海大

（二）品读"七道门"，强化富强责任

上海海洋大学校园中轴道700米长的朝海路宛如一道百年历史文化长

廊,昭示着大国海洋百年发展历史的苦难辉煌,其主体是展现着学校变迁史的"七道门",校训照壁上铿锵有力、庄严质朴的四个大字——"勤朴忠实"是故事的起点。"七道门"中的每一道门都代表着海大发展史上的一次更址或更名,而每一次更址或更名又都与国情息息相关,因此穿越"七道门"的过程就是阅览我国百年风雨路的过程。2017 年,品读海大活动在继续以朝海路为中轴线的同时,增加品读校史馆、三史馆和水生生物馆的环节,通过深入剖析每一个"故事"背后所蕴含的"国之大事",帮助新进师生能够将上海海洋大学的百年风雨路与海洋大国的苦难辉煌结合起来,以引导海大师生进一步关心海洋、认识海洋、经略海洋,为维护我国的海洋权益和全面实施海洋战略发愤图强。

(三) 师生同参与,校训精神内化于心、外显于行

自 2014 年以来,品读海大活动累计招募志愿者 1 000 余人,覆盖新生 23 000 余人,累计讲解 700 余场,服务 600 小时。上海海洋大学的学子积极参加志愿服务,努力践行社会主义核心价值观。在上海海洋大学的志愿者中,有满腹经纶的教授,有学识渊博的三海学者,有满头白发的退休教师,还有各学院、各年级的"学霸"、科创达人、志愿者精英、学生骨干等,其中有 10 余名同学凭借自己在海大的经历和感悟,已连续两年甚至三年参与了品读志愿活动。师生志愿者们从自己所扮演的角色出发,讲述着海大的点点滴滴,其中既有老师从敬业角度叙说的海大情,又有学生从荣校角度分享的海大爱。品读海大活动能够使广大师生更深入地了解中国的近现代史和国际格局变化,以形成立体化的历史发展架构,并且可以让学生们了解那些在专业书上读不到的知识和故事,从而成为真正知根知底的"家里人"。品读海大活动引领着师生传承海大文化、培养海大情怀,使他们将校训"勤朴忠实"的精神内化于心、外显于行。

(四) 推动品读海大进课程,强化校史校训立德树人

上海海洋大学全面推进品读海大进课程,以问题为导向,紧紧围绕学校的办学特色和人才培养目标进行积极探索,不断整合多方资源,强化理论和实践教学。上海海洋大学紧紧围绕校史、校歌、校训等资源,精选品读海大的授课内容,从课堂教授到课外讲授,逐渐形成"课堂教授 + 课外实践"的授课模式。通过"课堂教授 + 课外实践"的立体结构,上海海洋大学实现了"全覆盖”“不断线”，以接续“渔界所至，海权所在”的创校使命，开创践行“从海洋走向世界，从海洋走向未来”的未来发展使命。上海海洋大学不断创新人才培养机制，推动内涵发展，深入挖掘校史、校训、校情等育人资源，拓宽思政育人渠道。上海海洋大学通过课堂讲授与课外实践相结合的方式来帮助学生理解与掌握学校的历史，引导学生正确地认识学校的发展历程，从而增强学生对学校的历史和文化之认同感与归属感，推动学生培育和践行社会主义核心价值观，使大学生贯彻勤学、修德、明辨、笃实之精神。

三、经验与思考

品读海大活动聚焦“一个风向标、两个同心圆和三条育人路”，加强学生爱国荣校教育，强化社会主义核心价值观和理想信念教育，促进校院两级联动与各部门之间的协同合作，使思想政治教育内容贯穿入学教育全过程，实现全员育人、全过程育人、全方位育人，努力为新生上好“入学第一课”。同时，由于校园文化讲解活动是通过讲解员的“讲”与新进师生的“听”相结合的方式开展的，因此“一对多”便成为了该活动的特性，这也就使得该活动可以达到“由点及面”的辐射效果。校园文化讲解活动可以在短时间内实现校园文化在新生群体中的广泛传播，这在一定程度上满足了当前各高校的新生群体迫切想要了解在校文化的现实需求，为教师开展思想政治教育开辟了第二课堂。品读海大文化讲解活动很好地挖掘了校园文化的思想政治教育价值，使讲解校园文化成为思想政治教育的有效载体。尤其是作为志愿者讲解员的专业课老师走下了讲台，从专业的角度传达自己对校园文化的理解，从而赋予了品读海大文化讲解活动专业特色，这在一定程度上拉近了学生与教师的距离，并且为教师开展针对新生的思想政治教育提供了课堂以外的第二个平台。品读海大活动帮助新生消除了在新环境中的陌生感，使他们对海大这所百年老校有了一份亲切感。同时，上海海洋大学的历史与中国共产党党史一脉相承，为学校发展做出伟大贡献的历史人物无不兼有强大的爱国精神和奉献精神，学生通过对历史人物的了解，能够不断加深对中华传统文化的认知，从而在未来的人生道路上“不忘初心，砥砺前行”。

品读海大活动自开展以来，覆盖了 23 000 余名学生，其在思想层面上不断创新，持续打造形式丰富、立意高远、思想性强的品牌活动，真正让文化自信成为每一位海大学子内心深处更基础、更广泛、更深厚的理念认同。品读海大活动使得新进师生在学习校园文化的过程中培育社会主义核心价值观，具有较强的可复制性与可推广性。品史，传承海大"魂"；观今，培育海大"情"。品读海大活动为一代又一代的海大人扎下学校精神的根，植入了社会主义核心价值观的魂。

品读海大活动重在"品"与"读"，其强调"内化于心"，即以朝海路校史景观大道为依托，带领广大学子诵读海大百年蓝色乐章，并从中品味"勤朴忠实"的精神内涵。自筹措伊始，品读海大文化讲解活动便以"传承海大校训精神，激发海大师生爱校荣校的自豪感"为宗旨。重温百年，放眼现今，品读海大活动被赋予了新使命，其通过讲解与聆听相结合的方式，不断强化师生的爱国荣校意识，持续培育师生浓厚的海大之情。

图3　上海海洋大学在迎新季开展"品读海大"活动，以加强对学生的爱国荣校教育

“三全育人”视域下的中外合作办学中的学生爱国主义教育路径研究

□ 爱恩学院/周　辉

爱国主义是中华民族的精神核心，是全国各族人民的民族心、民族魂。习近平总书记指出，要坚持全员、全过程、全方位育人，在广大青少年中开展深入、持久、生动的爱国主义教育，让爱国主义精神牢牢扎根。中外合作办学是我国高等教育在国际化进程中探索出的新模式，其旨在培养具有国际视野、通晓国际规则、参与国际事务和竞争的人才。随着中国日益走进世界舞台的中央，越来越多的中国学生通过中外合作办学走出国门，为了能使他们怀有中国心、拥有中国魂，加强和探索中外合作办学中的学生爱国主义教育及其实践路径具有十分重要的现实意义。

一、新时代下的学生爱国主义教育之必要性

（一）坚持立德树人，扎根中国大地办大学之需要

作为中国教育事业的重要组成部分，中外合作办学的根本目的是培养中国特色社会主义事业的建设者和接班人。因此，高校必须坚持党对中外合作办学的全面领导，坚持立德树人，扎根中国大学的办学需要。加强爱国主义教育，有利于学生培育与践行社会主义核心价值观，实现爱国和爱党、爱社会主义的高度统一。大学生应持续提升四个意识，坚定四个自信，做到两个维护，努力将自己的前途和命运与国家、民族的发展紧密联系起来，让爱国主义的伟大旗帜始终在心中飘扬。

（二）胸怀中国和世界，提升国家国际形象之需要

构建人类命运共同体是新时代坚持和发展中国特色社会主义的基本方略，新时代的中国将始终做世界和平的建设者、全球发展的贡献者、国际秩序的维护者。加强爱国主义教育，有利于学生在保有民族情怀的基础上，秉承开放的理念，正确把握世界和中国的发展大势，充分理解中国特色和国际比较，系统建构国家视野和世界眼光，全面树立深度参与全球治理的志向。在

中外合作办学中，出国继续深造的学生所占的比例较高，因此加强爱国主义教育有利于引导出国的学生在异国他乡讲好中国故事，传播好中国声音，塑造好中国形象，做爱国主义的坚守者和传播者，从而推动中国国际形象的持续提升。

（三）厚植爱国情怀，确保学生健康成长之需要

中外合作办学主要采用“双资源”“双理念”的培养模式，学生接受中外教育资源和多种文化的熏陶，处于价值多元碰撞的前沿。加强爱国主义教育，有利于学生在中外文化的激烈碰撞中明辨是非，做到“破历史虚无主义，立历史唯物主义；除崇洋媚外现象，育爱国赤子之情；去精致利己主义，树使命担当精神”。高校应用深厚的爱国情怀感召学生，从而使他们在学习国外的先进科学技术与文化知识的同时，“不忘初心，牢记使命”，将小我置于大我之中，把爱国情、强国志、报国行融入实现中华民族伟大复兴的具体行动。

二、中外合作办学中的学生爱国主义教育所面临之挑战

（一）爱国主义教育未能深入人心

随着以互联网为代表的信息技术的发展，学生从被动消费知识变为主动选择知识甚至创造知识，传统的以教师为中心的单向式的爱国主义教育模式从根本上受到挑战。作为爱国主义教育的主渠道，思政课程的改革进程缓慢，授课方式较为陈旧，理论性与实践性存在一定程度的脱节。当前的思政课程忽略了对现实生活的指引和挖掘，缺少与国际相接轨的内容，从而难以让学生产生共鸣，因此出现应付、逃课、无法将理论应用于实践等问题，教育效果大打折扣。受应试教育的影响，高校依然主要以卷面考查的结果来衡量学生的学习水平，学生们为了应付考试而被动接受、死记硬背，因此他们的爱国主义认知、情感和行为在方向与水平上的发展是不平衡、不协调的。

（二）学生的价值取向呈现日渐多元化之趋势

在中外合作办学中，学生的家庭经济条件大多比较优越，他们往往见多识广、兴趣广泛、思想活跃，从而比较容易接受不同的文化和价值观，并且对爱国主义的理解也更加多元，因此这些学生在爱国主义认知和文化认同方面会产生一定的偏差。由于中外合作办学中的学生在日常生活中频繁接触西方文化，因此他们判断问题及辩证思考问题的能力还不够强，从而极易受到

西方强势文化的熏染。中外合作办学中的学生维护人类整体利益的意识较强，而民族国家意识和爱国主义情感较弱。就中外合作办学而言，学生在学习过程中会面临更多的考核，加上语言壁垒所造成的困难，他们的学习压力大大增加，从而在性格、心理、道德观形成等方面可能出现不同程度的问题，如性格孤僻或者自傲，心理承受能力和抗挫折能力较差，对于中华民族传统文化缺乏兴趣等。

（三）合力协同育人格局亟待进一步提升

目前，我国高校中的爱国主义一体化育人队伍尚未形成，专业教师、管理人员和服务人员的育人责任意识较为淡薄，不同群体对育人职责的边界和不同育人工作之间的相互关系认识不清，并且缺乏沟通协作，从而出现低效重复、推诿缺位等现象。同时，当前爱国主义教育的开展缺乏延续性，顶层设计的整体性有待进一步优化。从学生的入学、培养到毕业，各个阶段的爱国主义教育衔接得不够紧密，缺乏系统性与针对性，适应不同阶段、不同环节的学生之特点的爱国主义教育活动缺位。此外，爱国主义教育目前尚未形成全方位的合力，第一课堂、第二课堂和第三课堂的有效联动不够，存在相互脱节的现象，容易出现盲区和断点，从而影响爱国主义教育的实效。

三、"三全育人"视域下的中外合作办学中的学生爱国主义教育之实践路径

中共中央、国务院发布的《关于加强和改进新形势下高校思想政治工作的意见》提出了"全员全过程全方位育人"的"三全育人"理念，其充分反映了党和国家对立德树人的高度重视，以及对育人规律的深度认识。高校应立足新时代，结合中外合作办学的实际，落实"三全育人"理念，沿用好办法、改进老办法、探索新办法，多维度、系统性地设计中外合作办学中的学生爱国主义教育路径，努力将学生培养成为"胸怀祖国、放眼世界"的社会主义事业的合格建设者和接班人。

（一）注重思政课程与课程思政相结合

首先，创新改进思政课程。高校应在紧扣时代和学生的特点，聚焦爱国人物故事之基础上，巧妙设计情节结构，将爱国主义教育与国际公民教育结

合起来，以增强爱国主义教育的"新味"和"劲道"，不断提升亲和力，让学生清晰地理解中国共产党为什么"能"，马克思主义为什么"行"，中国特色社会主义为什么"好"，社会主义祖国为什么值得"爱"，从而牢固树立国家意识，增进爱国感情，强化爱国认同。其次，全面推进课程思政。高校应加强专业课程的价值引领作用，进一步打造专业课程"知识传授、能力提升、价值引领"三位一体的功能。在案例选取和育人理念方面，高校应将专业理论知识与爱国主义情怀和人类命运共同体意识结合起来，培养扎根本土、面向全球的 Glocal 型人才。最后，优化课程设计和考评方式。高校要让学生成为思政课程和课程思政中的爱国主义教育内容之主角，并且以"移形换位"之方式，让学生成为最活跃的参与者和表达者。同时，高校应了解学生的真情实感和真切体验，适当增加柔性考核的比重，以提升课程实效。

(二) 注重显性教育和隐形教育相结合

一方面，强化显性教育。第一，高校应认真开展党史、新中国史、改革开放史和社会主义发展史的学习与教育，学史明志、知史明道、品史明智，通过学习来深刻体会红色政权的来之不易，新中国的来之不易，中国特色社会主义的来之不易；第二，高校应深入挖掘重大纪念日和历史事件所蕴含的爱国主义教育资源，通过仪式教育来积极唱响爱国主义主旋律，立志听党话、跟党走；第三，高校应充分发挥传统节日和现代节日的涵育功能，引导学生感悟中华优秀传统文化、革命文化和社会主义先进文化，以增进学生的家国情怀，激发学生的爱国主义热情和集体主义精神。另一方面，创新隐性教育。第一，每位老师都不能仅满足于做好知识传授工作和服务管理工作，而是要立志成为塑造学生品格、品行、品位的"大先生"，因此老师们既要有高尚的师德，又要有仁爱之心；第二，独特的校史校训与优良的校风学风，能够在潜移默化中给学生以爱国荣校的精神力量；第三，想成为国家栋梁，学生既应读万卷书，又要行万里路，他们必须通过社会实践、志愿服务、参观学习等活动来涵养家国情怀、树立远大抱负、丰富爱国主义文化的体验，这样爱国主义教育就能取得"不言之教胜于教"的效果。

(三) 注重校园媒体和自媒体相结合

一方面，提升校园媒体的公信力。第一，高校应时刻关注社会热点，及时发布权威观点，并且要注重信息的严肃性、真实性和完整性，从而做到站稳政治立场、传递正向能量;第二,高校应坚持内容为王,努力使爱国主义话语既有温度,又有深度,并且要注重选题视角的生活化、生动化与故事化,以实现艺术性转化,让爱国主义话语更接地气;第三,高校应通过一个个具体的故事,将爱国主义由抽象化为具体,以展现党和人民的光辉形象,从而润物细无声地深化学生的爱国主义情感认同。另一方面,鼓励支持引导好自媒体。学生是自媒体的主力军,他们善于利用数字新媒体技术,并借助各种视听符号,以“萌”化、可视化、戏谑化的形式表达自己的爱国主义情感,从而形成了独特的爱国主义话语体系。对此,高校应通过评优表彰给予鼓励,通过转载转发表示支持,通过培训展示予以引导,努力将学生培养成为新时代下的爱国主义教育之积极参与者和贡献者。

(四) 注重日常教育与专题培训相结合

一方面,做强党校与团校的培训。第一,高校应优化课程设置,将爱国主义融入培训课程、“三会一课”和“主题党团日”,以强化学生党员和学生骨干的理论基础与理想信念;第二,高校应依托有关宣讲、实践、挂职等事项的平台,在明理、共情、弘文、力行上下功夫,以体现关键少数的先进性,发挥先锋模范和榜样的示范作用。另一方面,做实出国学生的教育工作。高校应进一步夯实学生出国前的爱国主义教育,通过增加留学生学成归来、报效祖国的案例和现身说法之方式,多元灵活地向出国的学生展现中国情怀。同时,高校应增设跨文化交际课程,以帮助学生掌握不同民族的文化符号,以及不同交际情景下的语言规则、交际方式和法律法规之差异。此外,高校应强化学生留学期间的爱国主义教育,保持与学生的定期联系,大力宣传国家对归国的优秀留学生在创业与就业方面的扶持政策,以提升出国学生的国家认同感和报效祖国的决心。

◆服务育人◆

创建公寓“六 T”文化品牌，打造服务育人阵地

□ 后勤与基建管理处/孔德星　吕　敏

一、背景与理念

学生公寓是学生在校期间的生活与学习之主要场所，是校园的公共服务、公共管理和公共安全之基本载体，更是高校的思想政治教育工作之重要育人阵地。学生公寓管理体制机制创新是高校立德树人的全局性大事，是服务育人的重要举措。2015 年 6 月，上海市学校后勤协会编制了《上海高校学生公寓“六 T”实务现场管理实施标准》；同年 10 月，上海市高校后勤协会在全市高校中首次开展“六 T”实务现场管理达标公寓创建活动。回顾六年来的创建工作，上海海洋大学始终以学生为中心，坚持协同推进，逐步形成自身特色，取得了良好的成效。

所谓“六 T”，是指天天安全保障、天天人性服务、天天规范管理、天天行为育人、天天检查评估、天天反馈提高。自上海市高校后勤协会于 2015 年启动学生公寓“六 T”管理达标创建以来，上海海洋大学一直高度重视这项工作。聚焦“立德树人”这一根本任务，结合学生公寓书院式围合的特点，上海海洋大学每年积极申报“六 T”管理达标创建，学工部、研工部、后勤与基建管理处、保卫处、学生处等部门多方联动、形成合力、扎实推进，不断提高与固化学生公寓管理的标准化和系统化。上海海洋大学后勤与基建管理处按照“精细化管理、人性化服务”的管理理念和“管理制度化、服务人性化、育人常态化”的管理思路，与相关职能部门通力合作，以评促建，丰富了高校后勤的文化内涵，做到了学生参与、学生受益，将学生公寓的服务与管理理念转为无形的教育，初步形成了具有上海海洋大学特点和特色的“六 T”管理达标创建经验与做法，实现了服务育人的目标。

二、举措与特色

在校党委的集中统一领导下，上海海洋大学于校级层面上成立了上海海洋大学学生公寓“六 T”创建领导小组，分管校领导任领导小组组长，成员包括党委宣传部、学生工作部(处)、后勤与基建管理处、保卫处、现代教育与技术中心等职能部门的负责人。领导小组和工作小组的成立有力地保障了创建工作的顺利开展。上海海洋大学的学工部、研工部、后勤与基建管理处、保卫处等部门围绕着“为了每一个学生的发展”之办学理念，不断创新学生公寓管理“联动协同”工作机制，并在实践中积极探索赋予“联动协同”平台对事关学生利益的重大决策之建议权，以明确部门的条块职责，其中较有代表性的举措包括：辅导员参与文明寝室评选、学院学生工作办公室设置在小区围墙内、形成“五位一体”工作格局、组织学生参与对物业考核等。在创建工作的开展过程中，上海海洋大学有如下具体做法：

第一，“五位一体”协力推进。上海海洋大学成立了由党委和行政分管领导牵头的领导小组，下设专项工作组，由后服中心负责人担任组长，后服中心、学工部、研工部、武保处相关负责人担任副组长，宿管部负责人担任秘书，宿管部经理助理和主管为成员，层层递进、齐心协力地推进“六 T”建设。

第二，动员学生参与创建，形成人人参与、人人受益的良好氛围。学生既是学生公寓管理服务的对象，又是学生公寓管理工作的参与者、实施者和见证者，因此调动学生参与“六 T”创建工作的积极性，能起到事半功倍的效果。

第三，召开“六 T”创建学生动员会。上海海洋大学发动大学生社区党员示范团参与创建工作，提倡大学生自律队加强自我约束、自我管理。在老师的指导下，大学生自律队定期出版《社区之窗》，并配合“六 T”创建工作出版了《社区之窗》的迎评创建专刊，其分别聚焦动员、实施、宣传和冲刺 4 个主题。同时，上海海洋大学组织各学生公寓的楼层长开展所在小区和楼栋的环境布置工作，集中指导学生自行设计方案、自己动手施工。在自行设计的方案被认可后，学生自主采购所需物品并进行施工，整个过程体现了学生的主人翁意识，锻炼了学生的动手能力。生活在自己动手美化过的公寓中，学生的身心更加愉悦，这反过来又更加强化了学生的主人翁精神，从而实现了育人于服务的目的。

三、经验与思考

以"六T"创建为契机,上海海洋大学在上海市高校后勤协会公寓专业委员会专家组的指导下,在校领导的领导下,在职能部门的支持与配合下,发动学院,带动学生及学生组织参与"六T"创建工作,使创建小区的面貌焕然一新,员工士气进一步高涨,社区文化日益丰富,内涵建设逐步深化,服务管理更加规范,基本实现了创建方案中的各项目标,即学生公寓"人员+环境+系统"的全面提高。

首先,小区环境焕然一新。由于上海海洋大学学生公寓的使用已超过10年,再加上学校地处临港,空气中盐分大,对公寓的破坏力较强,因此,原本的小区环境较为破败。经过此次创建,第二小区和第八小区的海洋特色鲜明的门厅装饰、超大电子显示屏、大学生综合服务电子平台、保洁用品有名有家等都获得较大改善,小区环境得到显著美化。

其次,公寓管理文化建设不断提升。除常规的物业管理内容外,上海海洋大学后勤与基建管理处承担着全校15 000余名本科生、研究生和留学生的社区文化建设工作。通过此次创建,上海海洋大学在各楼栋及其门厅处布置了富有深刻教育意义的标语、字画等,精美的设计和丰富的内容所蕴含的文化力量能够激发学生的学习热情,从而实现管理育人、服务育人的根本目标。

再次,公寓管理标准化流程和系统性支撑网络更加清晰。服务是无止境的,服务对象是定期轮换的,但学生公寓的服务与管理工作就是要让不断变化的服务对象感受标准化的服务内容,因此相关部门应该对看似千头万绪的服务内容进行归纳概括,将"天天安全保障"视为学生公寓管理工作的基础,将"天天人性服务"视为学生公寓管理工作的外延,将"天天规范管理"视为学生公寓管理工作的标准,将"天天行为育人"视为学生公寓管理工作的内涵,将"天天检查评估"视为学生公寓管理工作的手段,将"天天反馈提高"视为学生公寓管理工作的目标。

最后,育人成效显著提高。经过此次创建,学生参与社区组织的各类活动之积极性显著提高,学生寝室内的卫生、安全等方面的不良现象明显减少,学生配合与支持社区管理工作的主动性大大增加。

自2015年的首次创建以来,上海海洋大学先后共有13个楼栋被评为

“六 T”五星示范楼，16 个楼栋被评为四星达标楼。上海海洋大学学生公寓的“六 T”创建工作以“立德树人”这一根本任务为目标，在加强学生公寓软硬件建设的同时，不断提升学生公寓管理工作的规范化、标准化和专业化水平，充分发挥了学生公寓的服务育人之重要作用。

以梦为马，不负韶华

——“海燕”基层项目就业指引—培育工作室

□ 食品学院/邓高燕

2020年，中国的高校毕业生人数高达874万。目前，大学生就业问题是世界性难题，促进高校毕业生就业创业，既是民生，也是国计。教育部与上海市教委发布的文件明确提出，高校要拓宽就业领域，着力促进高校毕业生多渠道就业，而其中的首要指示就是“引导毕业生到基层就业”。作为老牌百年农林类高校，上海海洋大学入围全国“一流学科”建设高校，其特色专业契合民生发展的需要。对于上海海洋大学而言，引导大学生去基层就业是时代之唤、形势之需和学校之责。

一、案例介绍与工作理念

“海燕”基层项目就业指引—培育工作室（以下简称“海燕”工作室）成立于2017年，由一支思政素养优良、业务能力显著、职业生涯教育水平高超的教师团队精心打造。海燕在暴风雨来临时仍会高傲地飞翔，并且不屈服地同风浪与乌云搏击，从而展现出直面困难、永不退缩的精神，而“海燕”工作室就是希望能培养出一批勇于承担社会之责、顽强拼搏的上海海洋大学的“海燕”，让他们奔赴祖国大江南北的基层战线建功立业。经申报创建、公开评审等环节，“海燕”工作室于2018年荣获“上海海洋大学毕业生就业创业工作孵化基地”立项，并于2019年10月荣获“2020—2021年上海高校学生职业（生涯）发展教育培养工作室”立项（全市共20家）。

二、举措与特色

“海燕”工作室围绕“土壤整理”“种子筛选”“幼苗培育”“基地种植”和“开花结果”五步法开展建设工作。

（一）土壤整理

任何花朵或树木想要更好地生长，都必须要有一片沃土，因此基层就业项目的开展也必须从“土壤整理”入手。

1. 一口径

在高校中，基层就业项目往往由不同的部门分管，如大学生西部志愿者由校团委分管，选调生、“三支一扶”等基层就业项目由就业办分管，应征入伍由保卫处分管，等等。因此，现有的各项基层就业项目需要实现资源整合，以做到一口径地下发。“海燕”工作室将整合当下所有的基层就业项目，借助线上与线下的平台，做到一口径地发布。

2. 指南针

据调查，上海市的高校目前还没有一本完整、详细的以基层就业项目指引为内容的手册，因此“海燕”工作室着手撰写了 2019 年的《大学生基层就业项目指引手册》，以帮助学生一体化地了解基层项目就业。同时，2020 年的手册也正在撰写过程中。

3. 案例库

建立基层项目就业案例库，不仅是在读学生前往基层项目就业之路上的指明灯，而且是高校开展就业工作过程中的后视镜。让身边的人给学生讲解基层就业的故事，可以有效地提升学生对基层项目就业工作的了解与向往。“海燕”工作室目前已联系到近三年在基层工作的优秀校友，并邀请他们撰写多篇基层就业案例，为学生提供指引。

4. 服务队

基层就业项目有时效性与政策性，因此“海燕”工作室将建设一支以学生为主体的基层就业项目工作团队——“海燕”服务队，其主要任务是收集全国各省市发布的基层就业项目岗位内容、应聘需求等信息，以充分发挥新媒体平台的作用，让学生了解到最新的基层项目就业方向和市场，指引学生积极投身于项目的申报，从而做到助人自助。尤其可喜的是，在“海燕”服务队中，3 名 2016 级的毕业生都积极申报并入围了校级 2020 年西部计划，这也显示了“海燕”工作室的同学们助人自助的效果。

5. 新媒体平台

“海燕”工作室早在 2017 年就开始使用微信公众号“海燕生涯指导工作室”，并将其作为就业信息发布的平台。“海燕生涯指导工作室”已经运营两年有余，粉丝近千人，文章的年阅读量过万，其可以成为“海燕”工作室发布基层就业项目的网络阵地。同时，“海燕”工作室也结合学生的喜好，开拓抖音、B站等媒体平台，以多渠道、多方位地引导毕业生。

(二) 种子筛选

中国青年政治学院的石国亮曾提出，引导大学生前往基层就业所面临的首要问题就是弄清楚“谁去”，而笔者同样也认为，并不是每一位大学生都想去或者适合去基层就业，过去的工作是广撒网，而现在我们可以探索什么样的学生想去或者适合去基层就业，这就是我们的“种子人选”。要找到这一批“种子人选”，我们有两种方法：一是让学生自己来表态，以明确其想做这一颗“种子”；二是我们主动去发现这一颗“种子”。具体而言，我们采用了如下举措：

1. 课程建设

“海燕”工作室将基层就业项目融入大学生必修课——职业发展与就业指导的教学课程之中(此项内容荣获了“2020年上海海洋大学教学改革重点研究课题”)，旨在从低年级的学生入手，做好生涯的指引，而不是简单地对就业进行指导，从而让一批有志、有心、有准备的“种子人选”被选拔进来。

表1　笔者所参与的职业发展与就业指导课程中的相关章节所对应的课堂融入内容

章　节	融入内容
职业生涯规划意识启蒙	鲁迅弃医从文、张謇创建海大等爱国人士案例
自我认知	钱学森的人生五次选择
职业认知	社会主义核心价值观
环境探索	习近平的七年知青岁月
职业决策	全国优秀驻村书记的感人事迹
大学生就业政策与制度	大学生基层就业项目，如“三支一扶”、选调生、西部计划等
创业启蒙	上海海洋大学优秀毕业生农村基层创业案例学习，如海洋学院毕业生农村基层养殖小龙虾案例等

2. 政策指引

通过形势政策分析，“海燕”工作室组织了针对大学生的基层就业项目大宣讲，以积极鼓励和引导大学生前往基层就业，从而让“种子”入库。截至目前，“海燕”工作室已经单独或联合其他部门开展了多次基层就业大宣讲，如“海燕”工作室于2020年7月赴崇明区陈家镇开展线上的“三支一扶”政策宣讲，该活动吸引了1 100余名学生前来观看。

3. 党员先行

高校党支部拥有最优秀的一批大学生，他们拥有坚定的共产主义信仰和崇高的理想，并且学习成绩优异、综合能力突出，如果高校能将这一批优秀的大学生吸引到基层就业的项目中，那么我国的基层事业发展就有了坚实的人才保障。“海燕”工作室积极联合党支部开展党员学生理想信念教育，推动党员毕业生投身于基层就业项目。

图 1　上海海洋大学师生赴崇明开展“三支一扶”宣讲活动

4. 志愿服务

各大高校都有一批热心的志愿者，习近平总书记称赞这些志愿者是为社会做出贡献的前行者和引领者。同样，高校中的志愿者也是基层项目就业的“种子人选”，因此“海燕”工作室也积极地将这一批志愿者纳入“海燕”服务队中。

（三）幼苗培育

在确定了这一批“种子人选”之后，最为重要和关键的环节就是“幼苗培育”。在“幼苗培育”环节，重点工作是就业价值观的培养与就业能力的提升。

1. 就业价值观的培养

习近平总书记在给南开师生的寄语中说：“只有把小我融入大我，才会有海一样的胸怀，山一样的崇高。”响应党和国家的号召，前往基层就业，正是把“小我融入大我”，从而使自己的人生同国家和人民的利益结合在一起，其是实现自己理想和目标的最好选择。针对成功入库的“种子人选”，“海燕”工作室将定期开展团体辅导,并让"种子人选"们相互交流,以培育正确的就业价值观和明确自身的生涯规划。

2. 朋辈指引

依托基层项目就业案例库,"海燕"工作室让身边的人给学生讲解基层就业的故事,以帮助学生深入了解基层就业的工作内容和感受,从而进一步激发学生前往基层就业的热情。

3. 就业能力的提升

近些年,上海市报考"三支一扶"基层项目就业的学生必须和报考事业单位的学生同时参加笔试。根据调研,"学业成绩排序基本与选择基层就业的意愿呈负相关的趋势,越是成绩相对靠后的学生越倾向于选择去基层就业"。以上结论无疑说明,报考基层项目就业的学生在笔试的时候遇到了一些困难,甚至有些学生因为有笔试而放弃报考基层项目就业。因此,针对"种子人选","海燕"工作室积极整合其他教师资源,开展了多次以就业能力提升为主题的指导,旨在提高学生的录取率。

4. 政策帮扶

学生前往基层项目就业是响应党和国家号召的先进之举,因此高校及其下属学院应当在现有的政策上加大帮扶的力度,如将先进个人、先进社会工作积极分子等荣誉称号优先给予前往基层项目就业的学生。在此方面,"海燕"工作室就会给予前往基层项目就业的学生一定的经济方面的帮扶。

(四) 基地种植

"纸上得来终觉浅,绝知此事要躬行。"每一颗优秀的"幼苗"都必须被种植到基地之中,才能更好地生长。

1. 暑期社会实践

研究表明,大学生基层适应性差的最主要原因,是部分大学生缺乏基层生活经验,难以适应基层的物质生活和文化生活,因此积极引导大学生开展与基层就业相关的暑期社会实践活动势在必行。"海燕"工作室于 2020 年 8 月就带领学生前往云南开展了暑期社会实践项目,该项目也成功入围了"上海海洋大学 2020 年校级暑期社会实践项目"的立项。

2. 实地考察

调研表明,很多大学生并不了解基层项目就业的工作内容和相关待遇,因

图 2 上海海洋大学师生赴云南迪庆州开展暑期社会实践活动

此实地考察是帮助他们直观地了解基层项目就业的窗口。“海燕”工作室于2019年3月便带领毕业生前往崇明区陈家镇就基层项目就业进行考察和座谈，并于2020年7月前往西藏实地调研上海海洋大学的毕业生在边疆就业的情况。之后，“海燕”工作室将走访更多的基地，以帮助毕业生全面了解基层的人文环境、地理环境和工作环境，从而做到知己知彼。

图 3 上海海洋大学“海燕”工作室成员赴西藏开展针对基层项目工作的调研活动

（五）开花结果

毕业季，学生们背上行囊，朝着心中所属，一往无前。当未来的道路是学生自己所选的那一条时，那么他们付出的努力定将是百分百的，而这一份努力必定会开花结果。此时，我们也将收获这一批“果实”。

三、经验与思考

2020 年，在经济下行和新冠肺炎疫情暴发的背景下，为做好 2020 届高校毕业生的就业工作，上海海洋大学“海燕”工作室遵循习近平总书记在给中国石油大学（北京）克拉玛依校区毕业生的回信中的精神，通过五步法来推进基层就业项目，鼓励高校毕业生志存高远、脚踏实地，指引他们将个人的理想追求融入党和国家的事业之中。上海海洋大学“海燕”工作室旨在培养出一批批去祖国基层建功立业的“海燕”，并且激励他们“以梦为马，不负韶华”。

经世济民，战“疫”有我：“云端”就业促圆梦

——上海海洋大学经济管理学院就业指导窗口事迹案例

□ 经济管理学院/赵玲蓉

一、案例介绍与工作理念

作为学生工作办公室面向全体学生的服务平台，上海海洋大学经济管理学院就业指导窗口每年担负着学院近 700 名本科生与研究生的就业指导工作，以及全院近 2 700 名学生的职业规划和生涯教育工作。2020 年年初，一场突如其来的新冠肺炎疫情打乱了整个毕业生春季招聘的节奏，也影响了上海海洋大学经济管理学院面向学生开展的职业生涯发展教育。同时，受新冠肺炎疫情之影响，经济下行的压力不断增加，就业形势面临空前挑战。上海海洋大学经济管理学院就业指导工作窗口及时调整思路，转变工作方式，积极开展职业生涯教育和就业推进工作。

大学四年是人生的重要发展阶段，大学生不仅要完成大学的学习任务，而且要从价值观、态度、知识等方面为未来进入社会做好充分准备，因此大学四年被称为“关键的四年”。从大一的适应到大二完成转折，再到大三和大四的职业准备与步入职场，各年级都有自身的特征，大学的每一年都有不同的发展任务：大一是最为关键的一年，新生面临环境、生活等方面的挑战；大二学生经历了大一的适应后，开始重新审视人生和社会，他们从对校园的关注转变为对广大世界的探索；大三是学生制定职业规划的关键一年，学生开始面临着毕业的选择；大四学生将根据自己的职业规划做出相应的决定，开始自己的读研生涯或工作。上海海洋大学经济管理学院开展就业指导工作的理念为：大一是适应及探索——自我认知和职业启蒙教育；大二是目标初探——综合能力提升和职业认知教育；大三是聚焦与调整——制定规划和提升具体能力；大四是实现与展望——就业能力提升。

二、举措与特色

（一）上海海洋大学经济管理学院的领导重视、关心与支持就业工作

在领导的关心下，上海海洋大学经济管理学院于2008年成立了经济管理学院职业生涯规划工作室，其于2016年更名为“经管经才生涯工作室”。经管经才生涯工作室为全院学生提供就业岗位和举办招聘会，并积极为学生开拓更多的就业机会。2020年，上海海洋大学经济管理学院成立经“心”就业工作室，其为全院学生提供了系统性的职业生涯教育，构建了从学生进校到离校的全过程跟踪教育体系，并在活动内容和经费上花费了更多精力。上海海洋大学经济管理学院的书记与院长发动学院教师全员参与就业，院领导和系主任一起走访用人单位，大力开拓就业市场，积极争取优质的社会资源，并在学院各个年级有针对性地开展内容丰富、形式多样的职业发展指导活动。上海海洋大学经济管理学院的就业工作由原来仅仅提供事务性服务的单一化工作转变为多元化工作，并且逐渐衍生出了就业渠道扩展工作和职业生涯规划工作。目前，上海海洋大学经济管理学院的就业工作基本是事务性工作、就业渠道工作和职业生涯规划工作这三个部分的平均比重分别为20％—40％，就业工作已经成为学院的重点工作之一。

（二）积极开拓就业市场，精准推送就业信息

在疫情的影响下，线下的招聘活动暂停；同时，受经济下滑的影响，就业市场面临严峻挑战。在此背景下，上海海洋大学经济管理学院充分动员各方力量，开拓就业市场。

（1）发布《经济管理学院诚挚邀请广大校友助力2020届毕业生就业工作的公开信》，发挥校友资源在高校就业中的作用，诚邀广大校友助力上海海洋大学经济管理学院的就业工作。

（2）发布《经济管理学院致广大用人单位的一封信》，诚邀用人单位面向上海海洋大学经济管理学院招揽英才，为2020届毕业生提供更多的就业机会和岗位。

（3）成立上海海洋大学经济管理学院的就业工作领导小组，优化完善毕业生就业工作联动机制、就业信息管理制度和就业激励制度，动员全院教职工积极推荐就业岗位。

（三）深化职业生涯指导系统化教育

上海海洋大学经济管理学院坚持以人为本，逐步完善分层化、个性化的职业生涯发展教育体系，借助学校提供的课程教育、专题讲座、网络学堂等资源来指导学生，并开展丰富多彩的线上云端生涯指导教育。

1. 开展线上就业专题微沙龙系列活动

自 2020 年 3 月起，上海海洋大学经济管理学院每月组织 3 至 4 场线上微沙龙，活动主题包括“学长眼中的职业生涯”“HR 眼中的面试”“经管学院各专业毕业生发展方向解析”“学长学姐说”“落户政策解读”“‘三支一扶’经验分享”等，这些主题契合了学生的需求，并贯穿学生的职业生涯发展之全过程。

2. 开展线上简历修改服务

上海海洋大学经济管理学院组织了丰富的简历培训和考核活动（如简历初识、HR 30 问等），并成立了由学生组成的学院简历小专家团队，为同学们开展简历修改服务。自疫情暴发以来，上海海洋大学经济管理学院的简历小专家团队转变了修改方式，他们从线下转移到了线上，为同学们提供线上简历修改服务，具体形式有邮箱修改或语音一对一修改。通过与同学们的沟通，简历小专家团队帮助他们完善简历，以获取更多的面试机会。同时，简历小专家团队有针对性地向大四学生发送简历修改邀约，以期帮助毕业生完善简历。

3. 开展校园导师计划

上海海洋大学经济管理学院根据学生的个性化需求，开展校园导师计划，以充分发挥学院任课老师、就业指导员、毕业班辅导员、校友等的作用，为学生开展“一对一”咨询服务。上海海洋大学经济管理学院已建立了职业导师团（由学院就业指导老师组成）、专业导师团（由学院专业任课老师组成）和校友导师团（由在不同行业工作的学院毕业生组成），学生可以提前预约相应导师，以获取导师的联系方式，从而获得个性化的“一对一”咨询服务。

4. 利用线上平台开展就业工作

上海海洋大学经济管理学院建立了“海大经管就业指导”公众号，其每日向学生推荐应届生招聘岗位和实习生招聘岗位，并开展线上生涯指导。同时，“海大经管就业指导”公众号设计了职业认知和职说栏目，职业认知包括岗位认知和自我认知，职说栏目包括校友访谈和“show”出精彩，后者旨在展示校友和应届毕业生的风采。

（四）多元化的就业指导、帮扶和援助

1. 分级、分类、分人开展就业指导

在就业促进和援助方面，上海海洋大学经济管理学院始终坚持“结对子”的策略。具体而言，每个班级划分成若干个小组，每组 7 至 8 人，设小组长一名，制定“周周报”制度，这种在毕业班中施行的网格化管理，能够使信息发布得更加畅通、迅速和快捷。通过班会、谈话、座谈等形式，毕业班辅导员能够深入了解每个毕业生的状况与需求，从而最快最好地实现毕业生与用人单位之间的对接。班委、党员等优势群体与双困群体结成的对子，能够实现同伴教育。在就业工作中，辅导员会根据学生所提出的不同层级的问题，采取相应的途径和方法来提供教育与服务。例如，初级的理念普及、认识自己、职业决策等方面的问题，可以通过北森测评、一苇网等工具得到解决；中级的行动促发、人生困惑等方面的问题，可以通过小组座谈、班会、团体辅导等方式得到解决；而高级的困惑与迷思，则只有通过个性化辅导和同伴教育才能得到解决。

2. “一对一”开展就业帮扶

在疫情期间，上海海洋大学经济管理学院结合当前的就业形势，成立了由院班子、系主任、就业指导员、辅导员、学生秘书、科研秘书等组成的就业工作领导小组，并且细化了针对毕业生的学业与就业的“一对一”指导帮扶政策，以及针对教师参与就业的激励政策。同时，毕业班辅导员以特殊群体在求职就业中遇到的困难和壁垒为着眼点，并结合这些学生的心理特点、经济情况、学业情况和家庭情况，有针对性地开展帮困育人工作。通过生涯咨询、工作坊等丰富多彩的互动方式，上海海洋大学经济管理学院帮助学生完成简历、寻找求职目标。针对那些四五月份还没有找到工作的外地学生，辅导员会多次谈话、多次推荐，从而让学生心中有自信，奋斗有目标。

三、经验与思考

在党委的领导下，上海海洋大学经济管理学院的就业指导工作紧紧围绕着学院的中心任务，不忘教育初心，牢记育人使命。上海海洋大学经济管理学院本着“心中有学生，做事有热情，工作有成效”的理念，用心指导学生就业，始终为学生的成长成才服务。大学生的就业指导和生涯教育工作既是一项系统性的工作，又是一项细致而艰难的工作，路漫漫其修远兮，就业指导和生涯教育，我们一直在路上。

图 1 辅导员在为学生发放材料

构建五级联动工作机制，协同助推学生更好就业
——“三全育人”理念下的上海海洋大学海洋文化与法律学院提升就业服务之新举措

□ 海洋文化与法律学院/赵国庆

党的十九大报告明确提出，就业是最大的民生。同时，“六稳”工作与“六保”任务也将就业摆在首位。对于高校而言，高质量的就业是评价其教育质量和服务质量的重要指标。近年来，上海海洋大学高度重视毕业生的就业工作，特别是在2020年新冠肺炎疫情发生后，上海海洋大学坚持“重研判、强服务、拓渠道”的理念，扎实推进就业创业工作。在学校相关部门的指导下，以及在《关于做好疫情防控期间毕业生就业工作的细化方案》的指引下，上海海洋大学海洋文化与法律学院积极响应号召，在院领导的带领下快速行动，以“三全育人”理念为基础，结合学院特点，创新构建五级联动工作机制，协同为毕业生就业助力。

一、背景与理念

教育部强调，促进高校毕业生就业创业，既是民生，也是国计，事关广大群众切身利益，事关社会和谐稳定，事关社会主义现代化建设，事关高等教育健康发展。由此可见，大学生就业关乎大学生个人、家庭及社会的发展，其是高校育人工作的重要一环。

新冠肺炎疫情的暴发为高校就业工作带来极大挑战，习近平总书记在给中国石油大学(北京)克拉玛依校区毕业生的回信中指出，各级党委、政府和社会各界要切实做好毕业生就业工作，采取有效措施，克服新冠肺炎疫情带来的不利影响，热情支持高校毕业生在各自工作岗位上为党和人民建功立业。到中国一汽集团研发总院实验室了解情况时，习近平总书记也强调，受疫情影响，今年高校毕业生、农民工等群体面临就业困难。各级党委和政府十分关心大学生就业，并将其作为重大民生工作任务，积极创造条件确保高校毕业生就业。同时，广大高校毕业生也要改变择业观与就业观，找准自己

的定位，踏踏实实地投入工作中，以实现自己的人生理想。

“三全育人”符合中共中央、国务院在《关于加强和改进新形势下高校思想政治工作的意见》中提出的坚持全员、全过程、全方位育人的要求，其本质是推动实现协同育人，即应当在高校内部建立起包括各级领导和承担不同任务的多名教师的育人支持系统。在疫情暴发的背景下，学生不能正常返校，高校此时更应当使包括就业工作在内的育人工作突破传统的时空界限。因此，上海海洋大学海洋文化与法律学院全面贯彻“三全育人”的工作理念，转变工作方式，发挥合力，真正为毕业生实现更高质量的就业提供充分支持。

二、举措与特色

在实际工作中，上海海洋大学海洋文化与法律学院通过了解就业市场的需求和学生的特点，提出了全员参与、动态跟踪的工作理念，制定了《海洋文化与法律学院应对新冠疫情2020届毕业生就业工作方案》(以下简称《工作方案》)，以及尤其是指明要建立“学院领导—系部主任—辅导员—课程导师—论文指导教师”的五级工作体系，健全全员参与的就业工作联动机制，从而协同促进毕业生实现更高质量的就业。

在《工作方案》中，为发挥全体教师的合力，上海海洋大学海洋文化与法律学院结合不同教师的工作内容和特点，对不同的教师主体制定不同的要求，以真正发挥育人成效。

学院领导需经常召开党政联席会，专门研讨就业工作，及时研判就业形势，同时对学院就业困难学生也应给予重点关注；系部主任对本系部专业的培养方向、专业学习情况和就业去向更为熟悉，且具有更多的社会资源，所以其应当和系部老师一同搜集符合学生专业特点的招聘信息，并利用个人社会资源建立本专业的用人单位信息库或者实习就业基地；辅导员首先要及时排摸毕业生的就业动态，并积极发布招聘信息，而且作为思想政治教育工作者，辅导员应该对学生的就业意识和就业观念进行一定的引导，同时辅导员还需要跟踪做好就业服务，如在学生由于疫情无法正常返校办理就业流程时，给予其指导和帮助；课程导师和学生们相处四年，对学生们的学习、工作等各个方面的情况应该是非常熟悉的，所以他们应该给予学生精准的信息推送和指导；论文指导教师是学生就业的第一责任人，其需要经常性地与学生们沟通就业情况，以关心他们的就业进展，从而在适当的时候给予他们一对一指导，并且论文指导教师应更为细致地对特别关注的学生进行引导。

《工作方案》界定了五级责任主体的具体工作内容，以做到分工明确、职责明晰，从而为每位教师提供了指引。

（一）学院领导

（1）学院领导应落实主体责任，将毕业生就业工作摆在重要位置，并确保“机构、人员、经费、场地”的到位。学院党政联席会每月应至少组织一次专题研究，学院分管工作负责人应每周通报就业情况进展，并在出现重大变化之时迅速通报。

（2）学院领导应密切跟踪就业形势的变化，客观评估疫情对就业形势的影响。学院领导应根据最新形势及党和国家的最新就业政策，有针对性地做出研判分析与把握行业动向，从而依据行业需求和学生意向来制定相应的应对措施。

（3）学院领导每人负责联系 5 名就业困难学生，以了解学生的思想状态和就业情况，并为他们提供就业信息与就业指导。

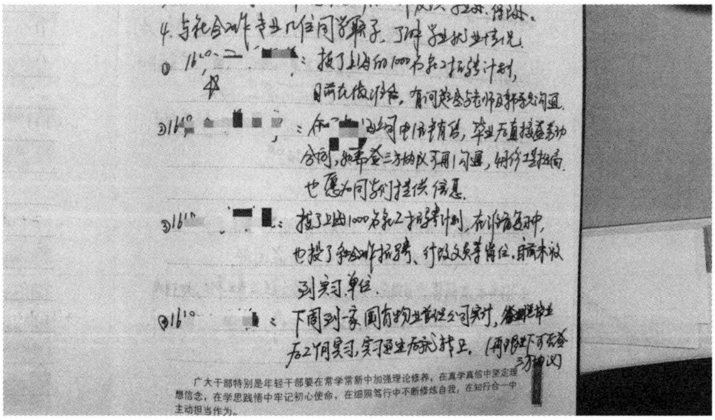

图 1　学院领导联系就业困难学生

（二）系部主任

（1）系部主任应组织本系部老师获取与专业相关的、符合学院学生特点的岗位招聘信息，并将其报送学院就业工作联系人，或者有针对性地推荐给合适的学生。

（2）系部主任应主动对接行业和单位，并广泛收集用人单位的招聘需求，从而在行业领域内建立并积极维护学院的用人单位资源信息库。

(3) 系部主任应主动联系用人单位进行毕业生推介。同时，系部主任要积极发挥实习基地、共建单位等主体的作用，向用人单位推介合适的毕业生。

(4) 系部主任应全面掌握本系部学生的学业与就业状态，并督促系部教师关心学生的学业成长和就业进展。

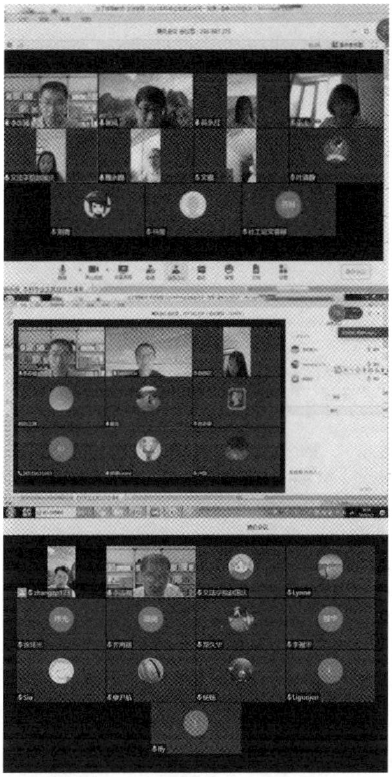

图 2 学院领导、系部主任、任课老师和毕业班辅导员召开就业推进会

(三) 辅导员

(1) 辅导员应整体全面地对学生的就业动态进行排摸，以把握毕业生的求职动向，从而及时更新就业状态，准确制定分类指导计划。此外，辅导员要建立信息联动机制，以及时将就业动态向各系部及全院教职工进行通报。

(2) 在每年的 7 月 31 日前，辅导员要为每位就业待定毕业生推送不少于 2 次招聘会或 3 个相关岗位信息。针对在求职中遇到困难的同学，辅导员应进行群体辅导或一对一线上沟通，以依据其需求给予建议和指导。

(3) 辅导员应引导和鼓励毕业生到基层就业项目就业，以激发学生将个人理想与社会奉献结合在一起的意识，从而使学生积极参加"三支一扶"、大学生村官、西部志愿者、专招工作、特岗教师等基层就业项目。同时，辅导员应做好征兵政策的宣传普及，以切实推进大学生的应征入伍工作。

(4) 辅导员应对特殊群体学生加强指导，并主动开展"一对一"就业帮扶活动，包括送政策、送指导、送技能、送岗位、送温暖等。

(5) 辅导员应提供好各项就业创业服务。辅导员要结合互联网的特点和疫情防控的要求，提供全链条的线上就业事务办理服务，推进网上签约；针对不能到校办理流程的学生，辅导员应提供便利服务。同时，辅导员应缓解毕业生在就业过程中的心理压力，如通过心理热线对学生进行疏导与帮扶。此外，辅导员还要提供与就业相关的资助服务。

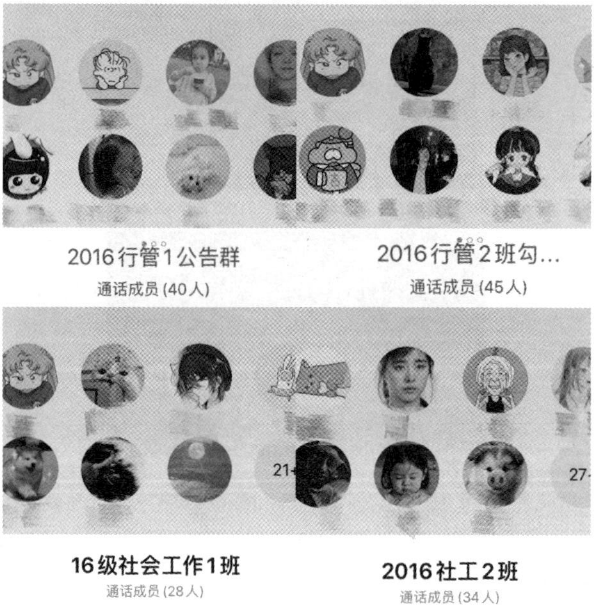

图3　辅导员召开线上云班会

(四) 课程导师

(1) 课程导师应至少每两周联系一次学生，以及时给予其相关指导，并有针对性地将招聘信息提供给有需求的学生。

(2) 针对参加研究生复试的学生和出国的学生，课程导师应提供复试指南、出国学校选择等专业性的指导；针对求职的学生，课程导师应给予其就业方面的指导。

（五）论文指导教师

（1）研究生导师要为学生的就业提供信息咨询和岗位推荐，并且其应引导学生树立正确的就业观和择业观，以确保其所带的研究生能够顺利地毕业与就业。

（2）本科论文指导老师应至少每两周联系一次学生，以及时关心他们的学业与就业之进展。针对家庭经济困难、身体残疾、零就业家庭、少数民族和疫情重点地区的毕业生群体，本科论文指导教师应加强联系并填写“上海海洋大学困难毕业生就业帮扶师生联系登记表”。

（3）每年7月1日前，每位研究生导师和本科论文指导老师应收集3条用人单位岗位招聘信息，并将其提供给学院就业工作联系人，或者有针对性地推荐给合适的学生。

三、经验与思考

自《工作方案》实施以来，上海海洋大学海洋文化与法律学院形成了全员推动就业的工作氛围，教师之间、教师与学生之间的沟通与联系比以往更加密切。截至目前，选择进一步深造以及与国企、社会工作机构等单位签订劳动合同从事专业相关工作的学生人数也有所增加，就业质量有了显著提升，这得益于五级联动工作机制的运行。五级联动工作机制对上海海洋大学海洋文化与法律学院产生了如下影响：一是增强了全院上下的“三全育人”意识，老师们认识到他们在毕业生的就业工作与德育工作中都有可以发挥自身所长、彰显个人能力之处，由此凝聚了全员育人的共识；二是拓展了育人资源，承担不同职能的教师整合了诸多校园资源或社会资源，从而为学生接触更多的资源和机会提供了现实可能；三是实现了线上与线下相结合的全方位覆盖，学院在前后期利用学生在校或返校的机会，与学生进行线下一对一交流或就业指导，而在中期则通过线上的班会、培训辅导会、经验交流分享会等提供就业指导，以使就业指导工作贯穿求职全过程。

在“三全育人”的背景下，学生的就业工作应当顺势而为。在接下来的教育工作中，上海海洋大学海洋文化与法律学院将始终坚持“立德树人”这一根本任务，充分贯彻先进、科学的育人理念，真正发挥全员、全过程、全方位育人的积极作用，持续助力学生就业，从而全面提升就业质量和育人质量。

注：《海洋文化与法律学院应对新冠疫情2020届毕业生就业工作方案》已在学院官网公布，参见 https://wfxy.shou.edu.cn/2020/0508/c12014a269366/page.htm。

图4 上海海洋大学海洋文化与法律学院会同其他相关学院走访企业

图5 上海海洋大学海洋文化与法律学院召开就业工作专题推进会

“一心三化”工作法
——“星星知我心”研究生生涯发展工作室纪实

□ 食品学院/陈　星

一、案例简介

“星星知我心”研究生生涯发展工作室成立于2015年，并于2018年被市教委立项为市级工作室。“星星知我心”研究生生涯发展工作室一直关心、关注研究生的生涯教育，其围绕研究生生涯教育进行了长期研究，取得了丰富的研究成果，创立了“一心三化”工作法。所谓“一心”，即一对一的谈心谈话，通过促膝长谈来知悉学生的需求与冷暖。同时，“星星知我心”研究生生涯发展工作室将心理咨询和生涯教练的技术运用到谈心谈话中，以提高谈话效果，从而让学生在轻松和欢乐的气氛中道出自己的真实想法与现实问题，进而使工作室能够有针对性地进行指导。所谓“三化”，即专业化、精准化、社会化。“星星知我心”研究生生涯发展工作室的负责人陈星和其他成员都是专职思政辅导员兼思政教师，专业领域涉及生涯教育、资助工作、心理教育等方面，他们在工作中充分发挥第一课堂和第二课堂的育人功能，通过撰写研究生生涯教育大纲和开设研究生生涯教育课程，使“学涯”和“职涯”相结合，从而实现了研究生生涯教育的专业化。“星星知我心”研究生生涯发展工作室以团体辅导和个体咨询为依托，将“生涯指导”和“心理咨询”结合在一起，从而实现了生涯教育的精准化。同时，“星星知我心”研究生生涯发展工作室引入了企业赛事、社会实践、企业导师带教等模式，促成了“理论”和“技能”之结合，从而实现了生涯教育的社会化。“一心三化”工作法全面提升了研究生的求职能力和职业素养，有效凝聚了团队力量，充分实现了校内外资源的有效聚合，其有成效、可复制、可推广。

二、举措与特色

(一) 思想引领——促膝长谈，润物细无声

陈星围绕“立德树人”这一根本任务，深化“三圈三全十育人”理念，在工

作中引导青年学子培育和践行社会主义核心价值观。陈星同志坚守着爱与责任，真心付出，用行动助力学生成长成才。

所谓“一心”，即一对一的谈心谈话，通过促膝长谈来知悉学生的需求与冷暖。经过多年的实践积累和研究总结，陈星归纳出了上海海洋大学研究生的很多共性和特点：研究生都是成年人，有问题往往放在心里，不愿意吐露；研究生大多来自内地农村，专业基础薄弱，就业期望高，择业时往往感到迷茫，心理压力大；学生与家长、学生与学生、学生与导师之间的矛盾与问题日益增多。鉴于以上的研究和总结，一对一的谈心谈话是最好的工作方式，只有让学生知晓老师、信赖老师，进而愿意和老师交心交流，老师才能更快地帮助学生打开心扉、化解困惑、树立信心、设定目标、规划人生。谈心谈话是一项既耗费精力，又需要扎实的专业知识的工作。每个工作日的中午都是陈星最忙碌但也最快乐的时候，她按照谈话日期表，如约与每一位研究生进行一对一的谈心谈话。陈星像知心姐姐一样，倾听学生的心声，体味学生的快乐，排解学生的困惑，探讨学生的生涯规划。陈星运用心理咨询和生涯教练的技术来提高谈话效果，从而让学生在轻松和欢乐的气氛中道出自己的真实想法与现实问题，进而有针对性地对学生进行指导。在陈星从事这项工作的 9 年中，上述谈话进行了近万次，育人效果显著。

(二) 以人为本——专业生涯指导，春风化雨暖心田

1. 夯实基本功，做职业化、专业化的辅导员

陈星一直担任研究生的辅导员，她多年来始终聚焦研究生的生涯发展与就业指导工作，努力将“学涯”和“职涯”结合在一起，相伴学生共同成长。陈星先后通过了“国家二级心理咨询师”“上海市中级职业咨询师”“全球职业规划师”和“就业胜任力教练”的培训及考核，因此具备了扎实的专业理论基础。陈星充分利用自身优势，已累计主讲了近 400 个学时的“职业发展与就业指导”课程，惠及学生千余人。陈星坚信，“只有用了真心，才能赢得学生的信赖，从而做学生健康生活的知心人；只有具有‘一壶水’的能力，才能获得学生的尊重，从而做学生成长成才的引路人”。

2. 谈出人生，悟出未来，做学生就业之旅中的引路人

针对研三的学生和进入毕业班的同学，陈星会与他们进行就业指导方面

的谈心谈话，以了解学生的就业意向、需求与困惑，并指导他们制作简历，从而提高学生的就业能力和竞争力。陈星将学生划分为直接就业、创业、继续深造、考公务员事业单位、基层项目就业、学业困难毕业生、就业困难毕业等多种维度和多个类别，以便定向推送就业信息。陈星对学生开展一对一的个性化辅导，帮助每一位学生修改求职简历和自荐信，并向学生传授网申经验和面试技巧。此外，陈星还会带学生参加各大招聘会，并向用人单位竭力推荐自己的学生，以帮助每一位学生成功就业。陈星带了 8 届毕业班，她指导学生求职超过万次，定向推荐学生就业超过千次。

(三) 改革创新——精准生涯指导，教育显成效

2015 年，陈星创立了“星星知我心”研究生生涯发展工作室，该工作室于 2018 年被市教委立项为市级工作室。自获得立项以来，“星星知我心”研究生生涯发展工作室与上海海洋大学日常的就业工作相协同，创新性地开展特色生涯教育工作，并建立了“专业化、精准化、社会化”的研究生生涯教育体系，该体系包括如下三个方面：(1)谈心谈话和职业咨询相结合，以促进生涯教育的专业化；(2)全员讲座和个体辅导相结合，以推进生涯教育的精准化；(3)校内辅导和校外实践相结合，以提升生涯教育的社会化。“星星知我心”研究生生涯发展工作室的具体工作内容包括：(1)食品专业研究生生涯发展教育大纲的编撰，内容涉及职业生涯教育、食品行业介绍和实践类课程三个部分，其依据食品行业的特色与不同工作岗位的要求，将专业知识融入就业指导课程中；(2)生涯课程、行业讲座和企业实践，工作室在 2018—2019 年共举办了 12 次与专业认知和生涯指导相关的实践活动，并且通过“带出去 + 引进来”的方式，将生涯讲座、行业和岗位讲座、企业实践等结合在一起；(3)职业咨询，工作室在 2018—2019 年共完成了 56 名研究生的职业咨询；(4)优秀校友访谈和案例撰写，工作室通过实地走访优秀校友，将他们的事迹写出来，以期利用榜样的力量来感染学生，从而起到带动作用；(5)建立并更新三个数据库（企业数据库、校友数据库、实习基地数据库），以维护社会关系，为学生搭建通往社会的桥梁；(6)指导生涯类赛事，工作室参与指导生涯教育活动 28 次，惠及学生 800 余人，为学生的创新创业活动助力。

(四) 社会融合——全方位育人，就业指导建新功

“我们要主动走出校门开拓资源”，这是陈星经常说的一句话。陈星所在的上海海洋大学食品学院的主打学科是食品科学，因此与食品企业联络就成了她工作的重要内容之一。光明乳业是华东地区最大的乳品企业，其在招聘会上是很多学生心仪的就业单位。陈星主动联系光明乳业研究院，上门对接校企合作。去的次数多了，光明乳业感受到上海海洋大学的诚意，于是同意成为学校的职业生涯校外实践基地，以开展全方位合作，双方于 2018 年挂牌并签订合作协议。近两年来，实践基地共接待了上海海洋大学 4 批共 198 名研究生的参观实践，2 批共 10 名本科生的毕业实习(7 周)，以及 2 名青年教师的挂职锻炼。2018 年，光明乳业在上海海洋大学召开专场招聘会。在与企业对接的过程中，陈星也积极将“三全育人”的理念传递给企业的负责人，通过把学生“带出去”和将企业“引进来”，不断引入企业赛事、社会实践、企业导师带教等模式，以促成“理论”和“技能”之结合，从而实现了生涯教育的社会化，进而提升了学生的就业能力，推动了学生的行业就业，全面提高了就业质量。

三、经验与思考

“星星知我心”研究生生涯发展工作室通过谈心谈话和生涯辅导相结合、线上宣传和线下指导相结合、个性辅导和团体辅导相结合、学校育人和社会育人相结合的方式，进一步总结出适用性强、可复制、可推广的研究生生涯教育新模式，该模式具有如下实际效益：

(1) 弥补了当前研究生生涯教育的缺失。前期的调研和访谈表明，在当前社会中，研究生的生涯教育几乎是空白。高校默认研究生通过前期的本科学习，已经掌握了丰富的生涯发展知识和技能，但本科的生涯教育实际上参差不齐。考研的学生往往忽视自己的生涯探索，从而导致研究生的生涯探索基础薄弱，知识和技能都很缺失。因此，“一心三化”工作法聚焦整个研究生群体，全面进行生涯教育的探索和指导，以满足目标群体的需求，可谓收效颇丰。

(2) 签约率的提升。2017 年，上海海洋大学食品学院研究生的签约率为 77.36%；2018 年，上海海洋大学食品学院研究生的签约率为 92.64%；2019

年，上海海洋大学食品学院研究生的签约率为92.09%。可见，在“星星知我心”研究生生涯发展工作室获得市级工作室立项后的两年中，上海海洋大学食品学院研究生的签约率都在90%以上，这个数字在上海市各高校的研究生签约率中也是遥遥领先的。

（3）研究生就业质量的提升。上海海洋大学连续三年对毕业研究生的就业满意度进行调研，调研结果显示，研究生的就业满意度在逐年上升，研究生的薪资水平也在提高，研究生对口专业就业的比例亦在提升。在2019年的就业满意度调研中，上海海洋大学食品学院研究生的对口专业就业率达到79%，这对食品行业的人才培养起到推动作用。

（4）生涯育人成效显著。各项生涯活动（讲课、实践、指导、访谈等）都融入了生涯发展理论和思政教育，从而实现了人的终身发展与思想进步之结合。在生涯教育中，学生不仅强化了就业能力，而且提升了社会应对能力、职业忠诚度、工作快乐指数、人生幸福指数等各方面的素养与品质。

“星星知我心”研究生生涯发展工作室聚焦研究生的生涯发展，致力于研究生的生涯育人，对研究生的人才培养起到重要的促进作用。

图1 “星星知我心”研究生生涯发展工作室获上海市教委授牌

图 2　上海海洋大学—光明乳业集团实践基地挂牌仪式

◆实践育人◆

“以知为行，以行促知”的学科特色实践育人模式

——以上海海洋大学食品学院为例

□ 食品学院/刘　源

上海海洋大学食品学院的前身为吴淞水产学校水产制造科，其创立于1912年，于1952年被命名为“水产加工系”，于1986年被更名为“食品科学技术系”，并于1993年发展成为食品学院。上海海洋大学食品学院担负着培养食品加工、食品安全、制冷与空调等行业高级技术方面的教学、科研和管理人才之任务。作为具有学科特色的学院，上海海洋大学食品学院除了要培养具有食品方面专业知识的人才以外，还要从学生入校时开始，通过多种育人模式，潜移默化地培育学生关心民生的情怀，使他们立志将所学的知识投入到为民服务的实践之中。

一、构建理念

在新时代下，全员、全过程、全方位的育人体系正在逐渐走向完善。作为其中重要一环的实践育人是上海海洋大学食品学院不断探索的内容，而提升学院实践育人效果必须从顶层设计抓起，健全实践育人各个模块的内容，从而整合出一套结合学院特色的实践育人平台，并围绕着“立德树人”这一根本任务开展育人工作。上海海洋大学食品学院通过推动课程实践教学、社会实践、创新创业教育、志愿服务等实践模块的探索，建立了一部分品牌实践项目，逐步形成一套系统化的实践育人机制。

二、举措与特色

（一）打造德才兼备的课程实践平台

为了充分发挥第二课堂的育人作用，并践行理论联系实际的优良作风，

上海海洋大学食品学院通过组织学生进入企业参观、实习等方式来培养学生的专业水平，如与上海食品研究所共建教育部"本科教学工程"大学生校外实践教育基地、与光明乳业研究院共建职业生涯校外实践基地、与上海旺旺食品集团有限公司签订专业学位实践基地共建协议、与上海市质检院食品化学品质量检验所共建本硕实践基地等。通过实践去了解企业的实际生产，有利于学生在毕业后更快地投入到行业生产中去，并且有助于学生提前进入社会，以了解企事业单位的运转方式，从而更好、更早地形成从业意识和确定从业方向。此外，学生在实践中能够发现一些问题，并结合自身的研究内容提出解决方案和措施，这有利于促进企业和行业的进步，从而起到相互促进的作用。

图 1 上海海洋大学食品学院与上海旺旺食品集团有限公司签订专业学位实践基地共建协议

上海海洋大学食品学院通过组织学生在课程实践中了解国情、社情、民意，以树立崇高的奋斗目标。同时，上海海洋大学食品学院还经常组织学生参观校外红色学习基地或邀请校外专家进校园开展育人工作，如组织师生参观中共二大会址、张闻天故居、陈望道旧居等红色地标，邀请上海音乐学院学生处副处长张卓老师开展红色音乐分享，等等。上海海洋大学食品学院带领学生重温历史，回顾中国共产党带领中华民族从积贫积弱走向富强的发展历程，帮助学生树立远大理想，使学生"不忘初心，砥砺奋斗"，成长为德才兼备的社会主义合格建设者和接班人。

（二）构建关注民生的社会实践平台

上海海洋大学食品学院的学科特色体现为关注食品营养与安全这类民生问题，学院鼓励学生结合专业特色，走进社区、走进企业、走进工厂，开展实践调研，了解人民群众关于食品的相关诉求，了解食品行业的发展现状和需要解决的问题，从而树立“为民生服务”的理念。

多年来，上海海洋大学食品学院的师生开展了关于生鲜物流、奶源生产、保藏保鲜等各类与食物安全与营养相关的实践课题，并且学院成立了“食品质量安全风险评估”“水产品低温物流关键技术研发与设备创新”“水产品加工及综合利用”等团队，带领学生深入企业和一线群众开展实践调研，使他们了解当下食品行业的食品安全、食品营养标准的制定与实施细节，关注国情、社情、民情，从而专注于为民生进步的科研方向。

图 2 上海海洋大学食品学院暑期社会实践团队在扬州市参观华兴乳业奶源基地

2018 年 6 月，中国之声的《央广夜新闻》报道我院陈舜胜教授参与上海市消保委召开的“消费听证会”，讨论《生食三文鱼》团体标准，在线观看人数超 53.2 万人次，新华社、央广网、上海电视台、上海电台、《新民晚报》、《新闻晨报》、《文汇报》等 30 家中央及地方媒体在其传统媒体端和新媒体端对会议予以报道。作为新媒体的代表之一，澎湃新闻相关报道的阅读量超756万次(其中，网站点击量217 643次，APP客户端点击量230 718次，官方微博微信阅读量711万次)。受陈舜胜教授的影响，更多同学加入到了“水产品加工及贮藏工程学科的现状与发展”“中国水产食品加工业的发展”“中国食品冷藏链的现状与发展趋势”“生食金枪鱼标准(SC/T3117)”“冷库设计规范(GB50072)”等课题的实践研究中，开展了如生鲜“‘最后一公里’冷链护航——服务长三角经济带冷链物流体系现状调研及对策研究”“健康中国，乳业先行——基于长三角地区25个城镇的常温奶消费现状调研及前景分析”“聚焦精准扶贫——基于贵州凯本镇水产养殖脱贫现状的调查”等暑期社会实践的调研工作，并在上海市“知行杯”暑期社会实践大赛中多次获得荣誉。

(三) 营造培养创新创业的实践环境

上海海洋大学食品学院通过多种方式培养学生们的创新创业意识，并鼓励营造“全员创新”“全员创业”的科创氛围。从新生入校起，上海海洋大学食品学院便通过入学教育、主题团日活动、新老生交流、科研赛事宣讲等方式，向新生科普学院的相关优秀科创项目，并以此来开启对他们的科创启蒙教育。同时，在课程建设上，上海海洋大学食品学院培养学生的发明创造精神，通过软件实践课程、专利分享等，鼓励学生自主研发相关软件程序和发明专利。

上海海洋大学食品学院成立了“英才创造”社团和学生会科创部，通过自我管理、自我服务这一契机，使学生在活动中产生科创兴趣、展开科学研究、参与创业实践。同时，上海海洋大学食品学院通过上海海洋大学骆肇荛大学生科技创新基金、上海高校学生创造发明“科技创业杯”、“汇创青春”、上海市大学生文艺创新设计大赛、“创青春”全国大学生创业大赛、李锦记杯学生创新大赛、“互联网+”大学生创新创业大赛等科研项目及赛事，鼓励学生“以赛促学、以赛促用”，学生们也借此机会体验到了科创过程中的乐趣，并取得了成就，如上海海洋大学食品学院学生曾获第四届中国“互联网+”大学生创新创业大赛上海赛区铜奖、李锦记杯学生创新大赛最佳挑战奖、第三届杜邦营养与健康两岸学生创新竞赛二等奖、第十四届陈嘉庚青少年发明奖(上海)、“挑战杯”全国大学生课外科技作品竞赛累计创新金奖等荣誉。

(四) 提供传承志愿精神的实践平台

上海海洋大学食品安全与营养宣讲团的雏形诞生于上个世纪90年代。

20年来，上海海洋大学食品学院的师生积极承接和参与大型活动、食品监管工作及市民科普任务，向市民普及食品营养与健康知识，提供食品安全与检测服务，并且积极响应“健康中国战略”的号召，致力于提升市民的食品安全与食品营养意识。上海海洋大学食品安全与营养宣讲团由教师带队、学生组队，形成了一支拥有优良传统的培养梯队。上海海洋大学食品安全与营养宣讲团以食品安全和食物营养的教育及科普为主题，从三个方面开展工作：一是承接国家和地区的重要活动与重点工作，如进博会、世博会、市食药监的舆情监测工作等；二是坚持向一线群众科普食品安全与营养方面的知识，如食品科学商店、食品营养与安全进社区、暑期社会实践等志愿服务活动；三是服务食品行业，助力行业发展，如组建教授博士科普服务团，为全国数千个大中小企业提供技术服务和科普教育，产生了显著的社会效益。

图3 第十八届食品科技文化节在学校、杨浦和崇明举办

上海海洋大学食品学院组织学生参与的建设科普网站、制作科普手册、媒体专访、食品科学商店、食品营养与安全进社区、科技三下乡、暑期社会实践、食品科技文化节、食品专家进校园等一系列科普宣传教育活动，惠及数百万群众。在提供志愿服务的实践过程中，学生们不仅了解到一线人民群众切

实的民生需求，而且培养了踏实学习以提升自身能力的习惯，并感受到了实现人生价值时的荣耀感。以连续举办了十八年的食品科技文化节为例，其于2019年分别在学校、浦东、杨浦、崇明举办了5场，学生们现场为群众解读食品安全疑问和食品营养方案，惠及群众达万人。同时，相关志愿服务活动也得到了《文汇报》、《新闻晨报》、《新闻晚报》、大学生联盟网、东方广播等媒体的关注，获得多项荣誉。

三、经验与思考

经过多年探索，上海海洋大学食品学院的学子们在多项实践活动中不仅巩固和发挥了所学到的专业知识，而且接受了思想上的洗礼，个人的精神生活得到了充实。一方面，上海海洋大学食品学院通过社会实践来培养学生的家国情怀，使他们在用脚步丈量祖国大地时，感悟历史、珍惜现在；另一方面，上海海洋大学食品学院通过志愿服务来激发学生的责任担当意识，使他们走进基层去关心人民群众柴米油盐的饮食生活和健康环境，从而树立改善民生的伟大理想。同时，上海海洋大学食品学院鼓励学生在实践过程中培养兴趣，并通过树典立标、社团活动、班级动员等多种方式渲染科研氛围，以引导学生笃学敏行、明德修身。

在新时代下，上海海洋大学食品学院将继续以培养担当民族复兴大任的时代新人为着眼点，切实增强立德树人、实践育人的使命感与责任感，围绕食品安全、食物营养等学科特色，持续传承实践育人项目，打通专业知识和人生情怀之间的次元壁，了解专业价值、人生理想、社会责任的深刻含义，从而引导学生在获得知识的过程中躬身实践，在行动中树立人生奋斗方向，在向前奔跑的道路上秉承“知行合一”的态度，学真知、悟真谛，以此来练就过硬的真本领。

以立德树人为根本，以强农兴农为己任

——围绕办学特色和人才培养目标探索实践育人

□ 党委宣传部/屈琳琳

作为一所办学特色鲜明、学科优势突出的百年高等学府，上海海洋大学秉承“把论文写在世界的大洋大海、祖国的江河湖泊上”的办学传统，紧紧围绕办学特色和人才培养目标，始终牢记“为党育人，为国育才”的使命和初心，明确自身的应用研究型大学之定位，结合“从海洋走向世界，从海洋走向未来”的新时代历史使命，不断加强实践育人，并通过实践来探索育人新途径。

一、背景与理念

习近平总书记在给全国涉农高校书记校长和专家代表的回信中强调，要聚焦“立德树人”这一根本任务，以强农兴农为己任。作为上海市唯一一所“双一流”涉农高校，上海海洋大学创校 100 多年来始终接续“渔界所至，海权所在”的创校使命，始终践行“勤朴忠实”的校训精神，始终坚持“把论文写在世界的大海大洋和祖国的江河湖泊上”的办学传统，遵循规律，不断落实深化格局转型和质量提高的双重任务，不断实践服务国家战略和地方发展的双重使命。上海海洋大学围绕“水域生物资源可持续开发与利用和地球环境与生态保护”的学科建设主线，秉承“育人为本、内涵为重、质量为先”的指导思想，将建设世界一流特色大学作为奋斗目标，胸怀世界、根植中华、情系民生，坚持科研育人、实践育人、创业育人，培养了一大批“一懂两爱”（懂农业、爱农村、爱农民）的应用研究型人才。

二、举措与特色

（一）明确观念，深化教学改革

在肩负“双一流”高校建设责任的背景下，上海海洋大学以支撑创新驱动发展战略、服务经济社会发展为导向，始终坚持教学与生产劳动相结合，不断深化本科教育教学改革。上海海洋大学强化专业特色，充分发挥长期扎根一线的行业领军专家教授在教育教学改革中的主体作用，支持学院在充分论证或试点的基础上，基于学校的人才培养总目标来确立符合各专业特点的人才培养目标，并以此为牵引，构建课程体系，制定人才培养方案，形成特色，打造亮点。上海海洋大学进一步强化了实践教学要求，以落实实践育人功能，推进校企协同育人。从一年级的认知体验，到四年级的毕业设计（论文），上海海洋大学始终确保实践教学四年“一条线”“不断线”。同时，上海海洋大学设立了旨在加强实践创新能力的短学期制度，并且加强了实践教学、创新实践、前沿讲座、师生互动、研究型学习等教学环节，以促进创新创业活动融入第一课堂。在上海海洋大学 2018 版的培养方案中，文科实践学时（学分）占比 20%以上，理工科实践学时（学分）占比 25%以上。上海海洋大学近 3 个学年（2015—2016 学年、2016—2017 学年、2017—2018 学年）共开设了实验课程 1 323 门（2 590 门次），实习课程 549 门（925 门次），参与学生 40 856 人次，授课教师 1 823 人次。上海海洋大学每学年含综合性、设计性项目的实验课程的门数在总开设课程门数中的占比在 70%以上，其中的项目数在实验总项目数中的占比在 50%以上。上海海洋大学充分运用象山、滨海和大洋山这三个校内实习基地，并签约了 109 个校外基地。2017 年，上海海洋大学新建总面积达 11 656 平方米的水生生物、工程、远洋渔业、食品科学与工程等 4 个实训基地，并且搭建了我国第一艘远洋渔业资源调查船“淞航”号实践平台。

图 1 我国首艘远洋渔业资源调查船“淞航”号

自2007年起，上海海洋大学实施大学生创新活动计划，并于2012年加入国家级大学生创新创业训练计划。2016—2018年，上海海洋大学共立项国家、上海市和学校三级创新创业训练计划项目984个，资助经费达477.8万元，参与学生4 188人次，参与教师1 116人次。

（二）帮扶现代渔业新发展，足迹遍布祖国的江河湖泊

上海海洋大学利用学科优势，组建了“渔业科技教授博士服务团”、社情考察团等团队，并鼓励师生打造“行走的课堂”。多年来，上海海洋大学的师生多次深入西部和革命老区，在新疆、西藏、贵州等地开展精准扶贫服务，取得了一系列令人瞩目的成绩。

图2　上海海洋大学“教授博士团”赴当涂县黄池镇福光村服务指导河蟹生态养殖技术

在西藏，上海海洋大学助力日喀则地区的“亚东鲑产业基地”建设，实施精准扶贫。短短4年时间，上海海洋大学在亚东建成了1个繁育基地、3个鱼种培育基地和1个成鱼养殖产业园，使亚东成为西藏近年来唯一一个成功脱贫摘帽的县。在新疆，上海海洋大学通过“池塘养鱼万亩千斤示范、推广”、特种鱼类种质资源研究与开发、建设封闭式循环水鱼类繁育系统等工作，促进了新疆渔业产业结构的优化升级。在贵州，上海海洋大学的“基于全程配合饲料和营养调控的高品质河蟹生态养殖技术体系”在平塘县、遵义和铜仁地区已推广6 000多亩；2016年，稻渔综合种养新工艺在遵义推广30 000余亩，农民亩增利润2 000余元。在云南，2018年至今的不到两年时间内，上海海洋大学已帮助养殖户实现了产值的大幅增长，从而完成了脱贫目标。

图3 王成辉教授与科研团队在亚东鲑鱼繁育基地

（三）对接行业需求，把论文写在世界的大洋大海上

为适应现代远洋渔业的产业发展需求，补上我国远洋渔业专业人才匮乏这块短板，上海海洋大学对接行业需求，以多方协同的办学方式和定制人才的培养模式，走出了一条人才培养的新路。

2010 年，上海海洋大学开始筹建远洋渔业学院，并正式对外招生；2012 年，上海海洋大学与中国水产总公司、上海水产集团有限公司和中国远洋渔业协会合作，正式成立理事会领导下的远洋渔业学院，从而开始了远洋渔业艰苦专业人才培养方案的具体实践。

经过了 6 年的教学实践，远洋渔业艰苦专业人才培养方案很好地解决了行业需求与培养目标脱节、学生实践能力不足、海上实践基地缺乏、企业对人才需求过于多样化等制约人才培养的教学问题，实现了办学模式、培养模式和培养方案的创新。远洋渔业艰苦专业人才培养方案训练出的人才具备国际化程度高、实践能力强、专业知识全面的特点，并拥有献身远洋渔业事业的家国情怀。上海海洋大学至今已累计培养了 4 173 名国际化、复合型的远洋渔业专业人才，其中有 782 人担任国家渔业观察员，3 391 人为远洋渔业企业的一线管理和经营人员，他们的足迹遍及了全球四大洋和 40 多个国家与地区。上海海洋大学的核心教学团队获评"2008 年度国家级教学团队"和

“2017 年度首批全国高校黄大年式教师团队”。

图 4 首批全国黄大年式教学团队——上海海洋大学远洋渔业履约团队

远洋渔业艰苦专业人才培养方案为国内首创，其已在国内产生了重大影响，并吸引着国内其他高校的学生纷纷加入上海海洋大学远洋渔业学院。上海海洋大学远洋渔业学院已成为一个全国性的远洋渔业专业人才培养共享平台，而且远洋渔业艰苦专业人才培养方案也可以为其他艰苦专业的人才培养提供借鉴。上海海洋大学远洋渔业实践基地被评为“首届全国农业专业学位研究生实践教育示范基地”。定制式的人才培养模式不仅得到教育部、农业部的高度肯定，而且在天津大学、台湾海洋大学等高校得到推广。

三、经验与思考

上海海洋大学的实践育人工作有如下特点：一是学校始终定位明确，并充分利用特色学科优势，向海而兴，砥砺前行，充分展示百年老校“把论文写在世界的大洋大海、祖国的江河湖泊上”的办学传统，着力实施以应用研究为导向的人才培养；二是学校始终坚持将教书育人与服务社会紧密结合在一起，以国家的战略需要为基础，以国际前沿问题为指引，开展相应的师生实践，从而培养出大批实用性人才；三是学校在实践育人的道路上始终坚持创新的精神，从上世纪 90 年代在远洋渔业实践基础上形成的国家级教学成果奖，到如今政产学研一体化推进的远洋渔业学院，学校的实践育人始终在开拓创新中前行。

接下来，上海海洋大学将结合一流学科建设，在习近平总书记给全国涉农高校书记校长和专家代表的回信中的精神之指导下，坚持“为党育人，为国育才”的使命和初心，在不断加强新农科建设的前提下，持续推进卓越农林人才培养计划，打造遍及国内外的“行走的课堂”。同时，上海海洋大学将充分发挥“淞航”号的培养载体作用，进一步牢固树立“把论文写在世界的大洋大海、祖国的江河湖泊上”的理念，研究出更多的科技成果，培育出更多知农爱农的新型人才。

“外语＋海洋”国际化人才培养
——上海海洋大学外国语学院“三全育人”特色案例

□ 外国语学院/邹磊磊

“海洋特色”既是上海海洋大学双一流专业的灵魂，又是将学校建设成具有国际影响力的高水平特色大学的工作之抓手，其契合新时代国家发展的方向。国家“海洋强国”战略明确了“海洋”在政治、经济、文化发展中的重要地位，“一带一路”倡议凸显了“海洋”的纽带作用，人类“海洋”命运共同体体现了中国智慧。中国参与全球海洋治理的紧迫性日益凸显，对“海洋特色”国际化人才的需求呈上升趋势。作为国内重要的双一流涉海高校，上海海洋大学肩负着培养“海洋特色”国际化人才的重任。在这种形势下，上海海洋大学外国语学院依托“三全育人”理念，发挥外语教育特色，联合学校的海洋特色学科，积极探索“外语＋海洋”国际化人才培养的道路。

一、背景与理念

来自上海海洋大学外国语学院的邹磊磊老师拥有英语语言双硕士和海洋环境保护博士的跨专业背景，他不仅在海洋特色外语学科建设和创新性研究方面成绩斐然，而且屡受国家外交部、农业农村部等主体的委托，承担国际谈判、中国政府渔业报告撰写等重任。凭借着超然的英语沟通能力和良好的海洋专业素养，邹磊磊老师受邀担任经合组织渔业政策分析师一职，他在参与渔业政策项目的同时，协调该组织与中国农业农村部之间的国际合作。同时，邹磊磊老师担任粮农组织渔业高级顾问，参与区域性渔业管理协商和谈判。邹磊磊老师领衔的“国别与区域”研究团队在上海海洋大学外国语学院的一级学科硕士点申报中成了制胜的奇兵，其主持的高水平特色大学建设项目“国际渔业经济与管理舆情中心”成为外国语学院与其他学院开展协作的平台。为了不拘一格“育”人才，邹磊磊老师带领团队创新性地提出“外语＋海洋”人才培养的目标，并借助“国别与区域”学科方向以及“国际渔业经济与管理舆情中心”研究平台，率先在上海海洋大学开展“外语＋海洋”国际化人才培养的探索与实践，着力实现外语学科与海洋特色学科的交叉和融合。

在国际秩序重新调整的新时代，发出中国声音对于新时代大国外交、“一带一路”倡议的落实、“人类命运共同体”等中国智慧的传播而言都有着至关重要的作用。在这种大形势下，高校承担着培养思想道德素养过硬、具有国际视野和专业素养人才的重任——“外语 + 海洋”国际化人才培养目标正符合时代的选择。2018 年，《关于加强和改进新形势下高校思想政治工作的意见》提出了“三全育人”理念，强调以德树人，把理想信念教育作为核心。国际化人才可以在新形势下承担起传播中国智慧、发出中国声音的重任，“外语 + 海洋”国际化人才有能力参与全球海洋资源治理、国家海洋权益维护等实践工作。“外语 + 海洋”国际化人才培养是上海海洋大学外国语学院实践“三全育人”的创新之举。

二、举措与特色

（一）与国际组织的“亲密接触”

“走出去”是邹磊磊老师团队开展国际化人才培养的第一步。借助与相关国际组织的良好工作关系，邹磊磊老师着力推进师资国际化和课程资源国际化。邹磊磊老师邀请了经合组织高级农业政策分析师 Roger Martini 进行了校园短期讲学。除了向学生介绍国际渔业政策的最新发展情况，Martini 教授还介绍了自己的国际组织工作经历，并鼓励学生赴经合组织实习和工作。另外，邹磊磊老师邀请了国际捕鲸委员会前主席 Joji Morishita 教授来上海海洋大学讲学。Morishita 教授也是北太平洋渔业委员会科学委员会前主席，以及南极海洋生物资源养护委员会和北冰洋中央海域渔业管理谈判的日本科学家代表，他拥有丰富的国际组织工作经历和国际渔业谈判经验。Morishita 教授为学生做了主题为“海洋管理的过去、现在和将来”的讲座，使学生深刻了解到新形势下海洋管理所面临的机遇和挑战。

在邹磊磊老师的协调下，上海海洋大学的学生参与了粮农组织“小型渔业渔船安全”项目，加入了粮农组织出版物《世界粮食和农业水生遗传资源状况》的翻译工作，开展了针对相关渔业专家的远程访谈，并为粮农组织 Globefish 项目的信息库提供了相应的中文翻译资料。

邹磊磊老师关注各个区域性渔业管理组织和海洋相关国际组织发布的人才招聘与实习信息，并积极鼓励团队的学生成员参与应聘，部分学生申请了粮农组织驻华代表处志愿者、北太平洋渔业委员会实习生等职位。随着专业素养和外语能力的不断提高，未来将会有更多的学生在这类竞争性应聘中脱颖而出。

通过与国际组织的近距离接触，学生获得了专业知识的储备，并且了解了国际海洋和渔业管理政策的最新发展。海洋特色国际化人才必须意识到中国的海洋管理制度与国际接轨的必要性和紧迫性，拥有国际视野、知晓中国行动是年轻人成长为国际化人才所必须具备的基本思想素养，这符合“三全育人”理念下的国际化人才培养行动之初心。另外，通过与国际组织的专家进行交流，学生了解了国际组织的工作文化和氛围，从而对自己未来申请国际组织的实习和工作机会充满了信心，他们在日常的学习中将更努力地提高自身的人文素质。

（二）与国内院校的“亲密接触”

“走出去”项目也积极拓展与国内各科研院校的学生进行联合培养之机会。邹磊磊老师带领的这支国际化人才培养队伍已经和中国海洋大学首批入围教育部“国别与区域研究”教育基地的“极地与深远海问题研究团队”建立了合作关系，两校不仅共享线上教学资源，而且正在落实学生的交流互访计划，未来双方在“海洋特色”人才培养方面将进一步落实相关举措，从而使学生真正共享两校优秀的教学和科研资源。此外，邹磊磊老师也带领相关学生与同济大学和复旦大学联手申报“人类命运共同体思想与国家管辖外海洋治理”国家社科重点项目，从而开启了与国内高校合作研究“海洋治理”的大门。

与国内科研院校联合开展的研究项目所涉及的，均是近年来国际社会关注的新兴海洋权益问题，如极地海洋管理机制构建、海洋遗传资源惠益分享、国家管辖外深远海技术攻克和国际合作路径等。上海海洋大学外国语学院着力培养的“外语＋海洋”国际化人才是未来国际谈判的参与者，他们需要深刻了解海洋维权对国家社会、经济、文化和政治发展的重要性，并在国际法框架下有理有据地开展海洋维权，从而实现以“人类命运共同体”思想为基础的可持续性全球海洋和渔业管理。

（三）学生成长

邹磊磊老师领衔的国际化人才培养队伍积极为学生寻求实践机会。徐冉冉同学参与了经合组织的《渔业管理者手册》翻译项目；赵培贤同学参与了挪威南森研究所《俄罗斯和北极》一书的翻译工作；郝智建和汪月同学参与了“维护国家海洋权益”国家社科项目，两人分别开展了国家管辖外海洋遗传资源利益分享和公海登临的研究；王粲、耿俊哲等同学参与了渔业系列教材的翻译工作；于若邻、吴思琪等同学参与了渔业资讯搜集、推送和入库的工作；所有 2018 级英语翻译硕士均参与了经合组织《可持续渔业的政策变革》《国际 IUU 渔业管制措施》等出版物的翻译工作。

邹磊磊老师带领团队创立了“国际渔业舆情”微信公众号和“国际渔业经济与管理舆情中心”网站（见图 1 和图 2），并通过这些信息平台发布编译的国

图 1 “国际渔业舆情”微信公众号发布的渔业资讯

图 2 “国际渔业经济与管理舆情中心”网站

际渔业政策、产业、科研等方面的最新资讯，旨在为政府机构、研究者和行业企业提供国际渔业信息。信息平台的运营让学生提升了信息收集、整理和入库的信息处理能力，而翻译实践则提升了学生的海洋特色英语翻译能力，并且加强了学生对海洋知识的领悟，从而培养了学生对海洋学科的研究兴趣。

此外，邹磊磊老师也积极创造机会，让学生参与国家部委委派的任务。2020 年 4 月，农业农村部发布《远洋渔业管理规定修订版》。为了对外宣传中国远洋渔业管理制度的重大变革，农业农村部委任邹磊磊老师翻译《远洋渔业管理规定修订版》及相关的英语新闻稿。邹磊磊老师组织学生参与了上述任务。图 3 是外交部发布的由邹老师团队翻译的新闻稿。

图 3 外交部发布的《远洋渔业管理规定修订版》新闻稿

通过参与项目，英语专业背景的学生在教师的带领下接触了海洋专业知识，从而成长为"外语+海洋"跨专业人才，为未来的就业和深造奠定了基础；渔业专业背景的学生则广泛参与英语翻译和英语资讯搜集工作，从而提高了自身的语言运用能力，为未来成长为"海洋+外语"跨专业人才做好了准备。

三、经验与思考

"三全育人"的出发点是培养人，培养德智体美劳全面发展的社会主义建设者和接班人是习近平总书记指出的教育的根本任务,高校培养的人才需具备端正的价值观、丰富的知识、全面的能力。"三全育人"的中心是"育",立德树人是"育"的灵魂,人才培养需"育人"和"育才"齐头并进。"三全育人"的核心是"全",人才培养是一项系统工程,高校要用教育的力量坚定年轻人的理想信念、厚植年轻人的爱国主义情怀、加强年轻人的品德修养、增长年轻人的知识见识、培养年轻人的奋斗精神、增强年轻人的综合素质。"三全育人"的理念可以体现在学校制定的教育宗旨之中,也可以体现在教师传教授业的各个环节之内。邹磊磊老师凭借自身的跨学科专业背景、国际化工作经历和丰富的教学经验,以独特的"外语 + 海洋"国际化人才培养理念为抓手,积极响应新时代要求高校对接国家战略的号召,深刻领会上海海洋大学双一流建设中"海洋特色"人才和国际化人才培养的重要性,为"三全育人"提供了具有上海海洋大学外国语学院特色的诠释路径。

学有本，行有源，依托理论社团，助力学生全面发展

□ 海洋文化与法律学院/陆　烨

一、背景与理念

全国高校思想政治工作会议提出并回答了高校“培养什么样的人、如何培养人以及为谁培养人”这个根本问题，明确了教育的根本任务是培养社会主义建设者和接班人。结合上海海洋大学“双一流”、高水平特色大学建设的背景，思政工作者应该如何做呢？习近平总书记给出了答案，即“以树人为核心，以立德为根本”。理论社团便是立德树人的重要途径。作为上海海洋大学中文科特色明显的院系，海洋文化与法律学院自 2018 年起探索至今。上海海洋大学海洋文化与法律学院以理论社团为平台，调动了院领导、专业教师、思想政治辅导员、学生骨干等多元主体的参与，实现了从学生的兴趣萌发到理想信念坚定的全过程培育，达致了从理论学习到实践磨炼的多方位提升。

上海海洋大学海洋文化与法律学院的学生具有思维发散、不拘泥于框架、不屈从于权威的特点，传统的说教模式用在他们身上不仅无济于事，而且还可能出现排斥。如今的“90 后”和“00 后”更乐于接受朋辈互学，因此高校应以能打动人的方式开展价值引导。上海海洋大学海洋文化与法律学院在师生中挖掘典型，让他们述说自己的故事，以吸引、打动年轻学生，这是对文科生进行思想引领的突破口。同时，上海海洋大学海洋文化与法律学院不乏文化底蕴深厚的教师，因此学院可以充分发挥教师的智慧和力量，让教师的“故事”感染学生，从而打造多元、全过程、多角度的育人体系。

二、举措与特色

上海海洋大学海洋文化与法律学院高度重视理论社团的建设。2018 年，上海海洋大学海洋文化与法律学院党委召开了专题讨论会，确定了由党委副书记担任院级指导老师，并设计了社团系列活动方案。会后，上海海洋大学海洋文化与法律学院组织学生骨干讨论社团活动方案，并确定社团成

员，其中的社团骨干主要以学生党员和学生骨干为主。上海海洋大学海洋文化与法律学院以学生骨干培训班为依托，结合校级"学、讲、赛、践"制定活动方案，开展理论类社团活动。在开展理论类社团建设的过程中，上海海洋大学海洋文化与法律学院主要从以下三个方面着手：

图 1　上海海洋大学海洋文化与法律学院举行"览一带一路，品中华文化"主题团日活动

（一）以"学"为己任，在新时代学习新内涵

上海海洋大学海洋文化与法律学院每年全覆盖地开展相关理论的学习，并将学生提交的学习心得整理成册。在主题团日活动中，上海海洋大学海洋文化与法律学院创新形式、丰富内涵。在师生的集思广益下，2017 级行政管理专业 2 班团支部以舞台剧的方式呈现了"览一带一路，品中华文化"主题团日活动，并通过集市形式展示我国"一带一路"的沿途商品，从而传承与弘扬了传统文化。活动的策划、剧本的撰写、道具的筹备、演员的确定、台词的熟悉、演技的提升，每一个环节都浸透了师生的巧妙心思和辛勤付出，活动吸引了院内外师生前来观摩交流。此外，上海海洋大学海洋文化与法律学院还举办了如下富有特色的活动："悦读会"邀请了专业教师对《庄子》《理想国》《黄河边的中国》等著作进行导读，以鼓励学生读原文、品经典；夏亮老师为大家讲解《中华人民共和国宪法》，以便于学生更好地理解其精神；在十九大主题

竞赛、宪法知识竞赛等比拼中，文法学子取得了优异的成绩。通过一系列基础性的理论学习，上海海洋大学海洋文化与法律学院加强了对学生的思想引领，从而真正让十九大精神和习近平新时代中国特色社会主义思想能够入耳、入脑、入心。

（二）以“传”为使命，在新时代传播新思想

上海海洋大学海洋文化与法律学院使读书与心得结合、学习与分享结合、线上与线下结合，用通俗易懂的语言、喜闻乐见的形式传递新思想。2018年，在上海海洋大学举办的演讲比赛中，海洋文化与法律学院的迪丽胡玛同学所讲述的新疆故事吸引了大家。在校级决赛中，迪丽胡玛以亲历者的视角带领大家认识了新疆的过去和现在，她既展现了新疆的发展及现存的不足，又表达了自己作为一名新疆人的自豪感，让人感到生动真实。迪丽胡玛的述说语言朴实、内容生动、情感真挚，听她演讲的同学往往被吸引和打动，这使十九大精神更加形象和生动了。现在，迪丽胡玛已成为了上海海洋大学十九大精神宣讲团成员之一，她在少数民族同学分享会、五四表彰大会等场合，分享着祖国的发展与家乡的变化。上海海洋大学海洋文化与法律学院的宣讲团还走进家乡、走进社区开展宣讲，在讲述的过程中，学生对理论的理解也更加深刻了。

图2 张祖平教授讲解“志愿服务项目设计与管理”

(三) 以"行"为目的,在新时代践行新要求

党的十九大明确提出要实施乡村振兴战略,并将其作为七大战略之一写入党章。其中,"大力开展以长江为重点的水生生物保护行动"是乡村振兴战略的重要内容。结合"长江大保护"这一主题,上海海洋大学海洋文化与法律学院多次组织教师进行学习,并通过理论社团等平台加强对学生的引导。上海海洋大学海洋文化与法律学院邀请了志愿服务领域的知名教授张祖平为学生讲解"志愿服务项目设计与管理",以帮助学生掌握方法。上海海洋大学海洋文化与法律学院的李凤月老师会定期与学生开展研讨,以实时推动实践进程。

对照乡村振兴战略与学院实际,上海海洋大学海洋文化与法律学院连续三年组织师生走访洪湖、监利、池州、安庆等地开展调研。同时,上海海洋大学海洋文化与法律学院还发挥专业优势,走进社区开展调研,以切实做到将理论付诸实践,从而实现知行合一。上海海洋大学海洋文化与法律学院引导学生在实践过程中要牢固树立"四个正确认识",并以暑期社会实践为契机,带领学生学以致用。上海海洋大学海洋文化与法律学院聚焦本院教师的研究工作,在院领导把关的基础上,学院确立了法律法规制定、社会保险制度、社会心理学等几个研究方向。上海海洋大学海洋文化与法律学院由院长担任项目指导老师,多名老师予以配合,带领之前选拔出的本科生和研究生走访了洪湖、监利、池州、安庆等地的共计 10 个渔村、6 个渔民集中居住点、4 个渔业大队、1 个养殖场、1 个渔业捕捞公司和 3 个渔民作业船停靠点,访谈了 200 余位渔民,对长江流域的渔民退捕政策、退捕地区渔民的安置状况、未退捕地区的渔村概况、渔民的捕捞现状与退捕意愿等课题进行了全面调查,收集到了大量有助于分析研究和妥善解决长江大保护战略目标下的"渔业、渔村、渔民"问题之信息资料。

上海海洋大学海洋文化与法律学院暑期社会实践团以服务长江大保护为目标,认真学习习近平总书记关于"要把修复长江生态环境摆在压倒性位置,共抓大保护、不搞大开发"系列讲话精神。在行走的课堂中,学生将专业知识与社会实践融合在一起,他们带着思考,扎根长江沿线的渔村进行观察寻访和实证调查,最终完成了"渔业、渔村、渔民"问题的社会实践报告。暑期社会实践增进了学生关怀与帮助弱势群体的意愿,加深了学生对公共政策的

图 3　上海海洋大学海洋文化与法律学院的学生开展暑期社会实践

制定和执行等相关问题的理解，激发了学生对个人权利与公共利益之关系的思考。从"有字之书"到"无字之书"，学生们将学到的知识落实到了行动上，做到了知行合一、以知促行、以行求知，牢固树立了"四个正确认识"，从而真正在社会实践中受教育、长才干、做贡献。目前，暑期社会实践已成为上海海洋大学海洋文化与法律学院主动对接国家和地方的战略部署，做好立德树人工作的重要平台。

三、经验与思考

依托理论社团，上海海洋大学海洋文化与法律学院涌现出祁乐、迪丽胡玛等学生骨干，他们真正在学生群体中发挥了示范引领作用。在宣讲十九大精神时，学生骨干的发言得到了同学们的积极回应。借助社团骨干示范、社团成员辐射之方式，上海海洋大学海洋文化与法律学院全体学生的理论学习氛围正在形成。祁乐获得了上海市优秀共青团员、上海市优秀毕业生等称号，迪丽胡玛先后获得临港高校征文比赛"优秀作品奖"、上海高校大学生学习习近平新时代中国特色社会主义思想大比武系列主题活动——大学生讲思政公开课展示三等奖、"青春心向党・建功新时代"上海团员青年学习习近平新时代中国特色社会主义思想演讲比赛优胜奖、临港高校超级大课堂"最佳团队奖"等。

通过多员参与、全过程促进、多角度融合，学生将所学知识投入实践。经过多年的积累，上海海洋大学海洋文化与法律学院以乡村振兴为主题的实践先后获得 2019 年"挑战杯"全国大学生课外学术科技作品竞赛上海市三等奖和 2019 年上海市暑期社会实践二等奖。

思想的引导并非一朝一夕就能完成，思政工作者需要以阵地为抓手，因材施教地讲好中国故事与海大故事，在潜移默化中影响学生的价值观，厚植学生的爱国底色。思政工作者需要借助多方面的资源和力量，不断创新教育引导方式，继续扎实推进思想引领，使理论思想在学生群体中真正地实现入脑入心，为培育有理想、有本领、有担当的优秀青年不断努力和奋斗。

以提升创新实践技能为抓手，打造课后“全过程—全方位”育人模式

□ 工程学院/田　卡　王世明　曹　宇

一、背景与理念

2016年，习近平总书记在全国高校思想政治教育工作会议上指出了“因事而化，因时而进，因势而新”的育人新常态。在习近平总书记的指引下，本教学团队秉承着“育人先成才，方可服务社会”的概念，依托工程教育认证和院课程导师制度，打造了一种提升学生创新实践技能的课后“全过程—全方位”育人新模式。“全过程—全方位”育人模式突出以学生为中心，教师全过程、全方位进行育人之理念，实施“目标激励、项目载体式学习、成果自育驱动”的育人思路。在强化专业知识传授的同时，“全过程—全方位”育人模式嵌入了立德树人的环节；在培养学生创新实践技能的同时，“全过程—全方位”育人模式突出了学生的自我价值之实现、创造性思维之形成，以及团队协作精神、人文素养、服务社会等价值理念之建立，为培养“有技能、有责任、有情怀”的现代“准工程师”奠定了基础。经过近几年的教学实践，“全过程—全方位”育人模式获得诸多成效，具有推广意义。

二、举措与特色

（一）构建层次化学生梯队，重视新生学习意识之建立

本教学团队的教师重视新生的学习意识建设，实施了如下举措：联合研究生，构建了本研一体化的实践创新团队，重视学生梯队的建设和维护；团队积极与新生联络，组织优秀学长小组交流会、优秀简历共享会、新生学科竞赛现场观摩等活动，向新生灌输谦卑好学、尊师重教、成员互助成才等团队精神；介绍专业推免研究生制度、留学深造、就业实习需求等；让新生先入为主地对专业产生认知，以促进和深化其对大学四年的思考与对未来的憧憬，从而激励其规划目标，形成强烈的学习意识。从实践可知，与其他新生相比，本

教学团队所指导的新生更早地确立了保研、出国深造、就业等目标，并且在后续的学习中也具有更强的责任心和主动意识。

（二）梳理专业学科竞赛能力需求，确定知识递进式的课后育人方案

本教学团队强化了"赛教结合"的培养模式，在提升学生专业创新实践技能的同时，增加了学生与其他高校的竞技交流，从而拓展了学生的专业眼界，明确了学生的专业目标。通过对专业学科竞赛所需专业技能的梳理，并且结合工程教育认证的理念，本教学团队制定了一套"基础巩固—综合提升—创新设计—文案技术培养"的递进式学生课下创新实践方案。整体而言，递进式学生课下创新实践方案的布局如下：在大一阶段，注重学生机械基础技能

表 1　机制类学科竞赛及其所需能力提炼汇总表

类别	大赛名称	专业技能以及支撑课程	综合技能体现
基础巩固型	全国三维数字化创新设计大赛、上海市大学生先进成图技术与创新设计大赛、上海市大学生"新特杯"数字化设计竞赛	机基：创新设计＋绘图 支撑课程：CAD 制图/三维造型设计/CAD、CAM 技术	工程教育认证 OBE 理念与学生能力的对应体现： ■ 工程问题解决、分析能力 大赛主题 科研难题 ■ 团队协作能力 3—5 名团队成员 ■ 沟通交流能力 项目人员内部沟通 答辩评审沟通 文案沟通 ■ 项目管理能力 项目进展管理能力 ■ 自主学习能力 跨专业、跨学科 ■ 职业规划能力 读研、出国、创业
	全国大学生电子设计竞赛、"蓝桥杯"全国软件和信息技术专业人才	电基：创新设计＋程序 支撑课程：C 语言、单片机控制原理等	
综合提升型	全国大学生"恩智浦"杯智能汽车竞赛、上海市大学生工程训练综合能力竞赛、中国工程机器人大赛暨国际公开赛	命题：控制 综合性技术	
创新设计型	上海市大学生机械工程创新大赛、上海市大学生创造杯大赛、ICAN 国际创新创业大赛、上海国际创客大赛、全国海洋航行器设计与制作大赛	"机＋电"作品 创造性思维、社会问题探寻及解决方案	
文案技术型	"汇创青春"上海市大学生文艺创新设计大赛、上海高校学生创造发明"科技创业杯"奖发明创新	方案和模型设计 关注大学生文学素养的提现	

备注：数据来源于 2019 年度上海海洋大学工程学院考核数据。

和控制基础技能的掌握与熟练，并依托二维制图、三维造型设计、C语言、编程控制等个体技能应用性竞赛使学生对相关技能进行巩固和复习；在大二阶段，注重多功能相结合的电气控制过程的知识掌握；在大三阶段，注重机电一体化复杂性工程问题的知识掌握，并侧重于将理论知识以实物功能完整进行表达的实践能力之建设；在大四阶段，注重学生在前期训练的基础上，对文案编撰能力和其他设计类能力之提升。通过上述布局，递进式学生课下创新实践方案能够实现全过程地对学生进行综合性能力的培养。

(三) 强调“项目载体式”的学习方式，突出学生自主学习的主体地位

秉承着为知识寻找“落脚点”的教学经验，本教学团队鼓励学生开展各类学科竞赛活动或申报各种创新创业项目，以培养其项目管理能力和团队责任意识。另外，本教学团队引导学生针对时下的社会热点问题进行立项，并鼓励学生利用专业所长来解决社会实际问题，从而服务社会。在项目的实施过程中，教师根据学生的特长及兴趣，结合机械和电气两个专业的理论知识，合理安排学生进行关键性难点的攻克，并且以“为什么这样？该如何做?”等疑问来引发学生在项目进展中的独立思考与项目经验的交流分享。在提醒学生重视课堂学习的同时，本教学团队更鼓励学生自主进行课下文献收集、信息搜索整理和相关应用实践。以2017级的学生为例，从大一至大三，他们累计参与了诸如“汇创青春”上海大学生文化创意作品展、上海市大学生工程训练综合能力竞赛、上海市大学生机械工程创新大赛等7项学科竞赛活动，获得省部级以上学科竞赛奖励十余项，受益学生达50余人次。此外，2017级的学生还获得了4项上海市级大学生创新创业项目的立项，涉及河道漂浮垃圾清理装置、基于物联网的智能流动垃圾桶的设计、水果自动采摘机等与环境可持续发展问题相关的课题。

表2　2017级学生开展的项目载体及其对应的知识达成目标

阶段	学期	学生项目载体	知识达成目标
基础巩固型	大一、大二上	竞赛项目：一种智能水果采摘机(2017年机械大赛主题) 竞赛项目：2D/3D制图能力(上海市大学生“上图杯”大赛) 关联课程：工程制图，机械CAD/CAM，程序设计语言，单片机原理及应用	■ 巩固机械基础技能(主)，如二维和三维绘图技能、数字化仿真技术应用等 ■ 加强电控基础(辅)，如编程语言、单片机基础应用等

续表

阶段	学期	学生项目载体	知识达成目标
综合提升型	大二下、大三上	竞赛项目：一种智能物流控制小车(2018年上海市工程实训大赛) 竞赛项目：倒螺旋式风力波能集成制淡平台、多壳嵌套式风浪光集成自供电浮标、一种风光结合的河道垃圾收集装置(第一届上海市“新特杯”数字创新设计大赛) 市级创新创业项目：节能型河道垃圾清理装置 关联课程：机械原理、机械设计、电子技术基础、控制理论基础	■ 提升控制编程技术技能(主) 如自主巡航、二维码识别、视觉识别技术等 ■ 综合性的机械三维能力(辅) ■ 机械设计的专业能力
创新设计型	大三下、大四上	市级创新创业项目：一种智能化的河道垃圾清理巡航装置(机械+水产+生态融合) 市级创新创业项目：一种姿态控制笔形鼠标 校级创新创业项目：基于物联网的智能流动垃圾桶的设计 (上海社会问题[垃圾分类]+环境可持续性理念) 关联课程：流体力学、环境科学、智能控制技术	■ 提升控制编程技术技能 ■ 掌握创新设计方法 ■ 提升社会热点调研能力和服务社会的能力 ■ 巩固技术报告、文案编撰技能等文学素养
毕业设计(论文)	大四下	基于前述的竞赛项目及创新创业项目，完成毕业论文的设计	■ 综合提升

(四)以成果驱动学生自育，突出自我价值实现和强化服务社会之理念

本教学团队为学生设置了阶段性成果目标，以此激励学生不断向前。当学生获得省部级以上学科竞赛名次、授权专利、奖学金等由第三方给予的奖励时，本教学团队的师生都深受鼓舞，而这又进一步夯实了学生之间的协作意识，强化了学生对自我提升的不断探索。此外，在大三阶段，本教学团队将学生的自我价值实现与服务社会之需求紧密结合在一起，提供诸如临港亨通海洋装备有限公司、上海望屿海洋科技公司、上海机械工程学会等单位的实习岗位，以及中国智能制造竞赛、上海市大学生“新特杯”大赛等活动的志愿服务机会，从而为学生开拓出一条从校园走向社会的道路，让学生融入、适应、了解和服务社会，并且更脚踏实地地对自身价值和社会价值进行权衡与思考，进而明确自身规划和确定奋斗目标。

三、经验与思考

“因事而化，因时而进，因势而新”的育人新常态之出现，是高校育人所需要面对的基本形势。只有紧追时代所需，高校才能培养出不脱节的社会人才。本教学团队从 2016 年起研究至今，不断思考育人成才的模式和方法，参与的学生从 2014 级和 2015 级的寥寥数人，扩展到现在 2017 级、2018 级和 2019 级的总共十余人，所有成员都经受了时间的考验和洗礼，师生都得到了成长。作为一名教师，看到自己教学团队中的学生一步步成为对社会有用的人才，心中感到莫大的安慰。学生的成才，就是对育人工作者的社会价值之认可。当然，时代的变化是极其迅速的，没有哪种育人模式是永远经受得起推敲的，因此在育人工作上，高校教师还是得乘风破浪，继续探索和前行，并且不断根据社会所需，及时修正和改良育人机制，以助力青年们的成才，使他们能够用专业技能来服务社会。

图 1 上海海洋大学工程学院师生参加第一届上海市“新特杯”数字化创新大赛合影

“农学专业＋课程思政＋创新实践”三融合，打造新农科建设背景下的大学生社会实践模式

——上海海洋大学水产与生命学院“三全育人”工作优秀案例

□ 水产与生命学院/翟思凡　张宇峰

2019年6月28日，全国50多所涉农高校共同发布《安吉共识——中国新农科建设宣言》(以下简称《宣言》)，勾勒出了高等农林教育未来一个时期的发展蓝图。《宣言》中说：“打赢脱贫攻坚战，高等农林教育责无旁贷；实施乡村振兴战略，高等农林教育重任在肩；推进生态文明建设，高等农林教育义不容辞；打造美丽幸福中国，高等农林教育大有作为。”

近一年来，上海海洋大学水产与生命学院积极探索新农科建设背景下的人才培养模式，以增强社会责任感、公民意识、服务意识，进而更高层次地激发学生的民族复兴之使命担当为目的，鼓励学生积极关注国家政策和社会热点与痛点，发挥主观能动性，走出校园、走出课堂，进行社会实践，从而逐步构建起了“农学专业＋课程思政＋创新实践”三融合的育人模式，并在此基础上开展了多项农科特色类社会实践。

一、“农学专业＋课程思政＋创新实践”三融合实践育人模式之简介/工作理念

“农学专业＋课程思政＋创新实践”三融合实践育人模式以夯实学生的专业知识为基础，实现了专业负责人、专业教师、课程导师和辅导员的四级联动，发挥了课程思政的核心优势，填补了劳动教育的短板，强化了学生的强农兴农意识，优化了毕业生的就业路径。

“农学专业＋课程思政＋创新实践”三融合实践育人模式立足新农科建设人才培养之要求，体现了上海海洋大学的学校定位和办学宗旨，其依托水产与生命学院水产一流学科优势，将创新创业、社会实践与国家“三农”事业

发展、乡村振兴战略等思政元素结合在一起,致力于培养以强农兴农为己任的"一懂两爱"实践型人才。"农学专业 + 课程思政 + 创新实践"三融合实践育人模式通过实地考察、科学调研等方式,让更多的学生深入田间地头,了解国情、社情,关注"三农"事业发展,从而在实践过程中全面提升了学生的创新精神与实践能力,增强了学生的社会责任感、公民意识和服务意识,进而更高层次地激发了学生民族复兴的使命担当。

二、"农学专业 + 课程思政 + 创新实践"三融合实践育人之举措与特色

(一) 立足一流学科建设,夯实农学专业知识,服务国家战略

"三全育人"以将学生培养成具有正确的世界观、人生观和价值观,具有坚实的专业技能和较好的科学文化艺术素养的高素质人才为目标,而扎实的专业知识是学生成长成才的关键。上海海洋大学水产与生命学院水产学科入选国家首批一流学科建设名单,从而为学生的专业知识学习提供了顶尖的师资力量和技术平台。新农科建设背景下的大学生社会实践,首先要求学生有扎实的专业知识和过硬的技术本领,因此"农学专业 + 课程思政 + 创新实践"三融合实践育人模式注重回归学生学习的本质,坚持"线上 + 线下""课堂 + 课外""传统 + 创新"的原则,讲授专业知识,提高学生专业技能。同时,

图 1 上海海洋大学水产与生命学院师生考察团赴沈弄村调研

“农学专业+课程思政+创新实践”三融合实践育人模式将创新创业、社会实践与国家“三农”事业发展、乡村振兴战略等思政元素结合在一起，以学生的个性需求和服务国家战略之需要为基点，实现了思想政治教育同应用型“三农”人才培养之融合。在设计社会实践课题库和确定选题内容时，“农学专业+课程思政+创新实践”三融合实践育人模式能够准确把握思政方向，其构建了“课题立项—实地调研—课题研究—实践验证—形成成果”的实践教学体系，从而真正激发出学生的学习兴趣。

（二）探索多级联动机制，把握“行走的课堂”的教学规律，强化劳动教育

习近平总书记指出，要努力构建德智体美劳全面培养的教育体系，形成更高水平的人才培养体系。高校要加强劳动教育，实现“以劳树德，以劳增智，以劳强体，以劳育美，以劳创新”。社会实践是劳动教育和课程思政的重要一环，其能够有效串联起课堂理论教学，并兼顾思想政治教育的主体、客体、介体、环体等各个要素。农林类院校的学生更应该培养吃苦耐劳、艰苦奉献的坚毅品质，因此上海海洋大学水产与生命学院提出要培养以强农兴农为己任的“一懂两爱”人才，但是要完成此项任务，只靠课堂教育还不够，而是要让学生“走出去、沉下去”，就像坚持了15年的水产与生命学院“教授博士服务团”一样，在田间地头搞科研，在江河湖海上讲“公开课”，通过社会实践和志愿活动，让学生走出校园、走入农村，切身感受振兴乡村之己任，从而真正实现“知农爱农”。上海海洋大学水产与生命学院将“行走的课堂”作为劳动教育的重要方面，并在教师有目的、有计划、有组织的指导下，将国家政策、社会热点、学校科研平台、学院学科特色等融入大学生社会实践，带领学生走出课堂、深入社会，从而真正使得学生的社会实践不与国家发展、公民义务、专业背景等脱节。学生可以通过感觉器官来亲身体验和感受社会这个大“课堂”所能够赋予他们的东西，从而获得直接经验。上海海洋大学水产与生命学院依托志愿服务、公益活动、科创赛事、大学生创新创业训练、专业见习与实习等形式，有效地实现了第一课堂与第二课堂的衔接，从而使学生树立起正确的劳动观念和劳动态度，并且真正地了解农业、热爱农业、投身农业。上海海洋大学水产与生命学院通过政府、企业（如大北农班、正大班、广东粤海等）、科研院所、专业导师、思政教师等主体的多级联动合作，为“行走的课堂”和“博士团”提供了调研资源与专业支撑，从而推进了“三全育人”格局之形成，

图2　上海海洋大学水产与生命学院学生在安徽沈弄村农户家中调研

并且拓宽了人才培养末端（就业输出）的市场渠道与就业范围。

（三）以学生成长成才为宗旨，走进社会基层，深化强农兴农意识

上海海洋大学水产与生命学院以增强社会责任感、公民意识、服务意识，进而更高层次地激发学生的民族复兴之使命担当为目的，鼓励学生积极关注国家政策和社会热点与痛点，发挥主观能动性，走出校园、走出课堂，进行社会实践。农林人才教育实践要坚持“以学生为主体，以老师为指导”的原则，将培养学生成长成才作为目标。教师在指导学生参加社会实践活动时，要以问题为导向，帮助学生正确分析实践活动中遇到的问题，启发学生在实践中探索、鉴别、思考、研究和发展。在实践活动中，教师要对学生进行思政教育、品德教育、纪律教育、心理教育和法制教育。上海海洋大学水产与生命学院逐步健全社会实践必修课程，并提升社会实践项目覆盖率，以保证每位本科生至少能申报并完成1次社会实践项目。通过强化农林人才教育实践的资源平台建设，上海海洋大学水产与生命学院建立了项目资源库与专家库，加强了校友、高校、企业等多渠道的资源融通，推进了“三全育人”格局的形成，从而全面提升了社会实践项目的申报质量。上海海洋大学水产与生命学院会对前期积累的优秀项目进行深度挖掘，以让更多有社会实践想法的低年级

图 3 2019 年，上海海洋大学水产与生命学院"行走的课堂"大学生暑期社会实践赴进化村调研

学生参与进来，并利用"传帮带"的形式，使学院的社会实践项目具有延续性和传承性，从而在社会实践中深化学生的强农兴农意识。

上海海洋大学水产与生命学院的"农学专业 + 课程思政 + 创新实践"三融合实践育人模式"面向新农业，面向新乡村，面向新农民，面向新生态"，其立足于人才培养定位、服务社会理念和国家战略需求，不断提升学生的科研素养、创新意识和综合实践能力，实现了以"成绩"为中心向以"成长"为中心的转变，以及以"读大学"为初心向以"建设者"为初心的转化。上海海洋大学水产与生命学院致力于培养一批能够扛起民族大任的多学科背景、高素质的复合应用型农林人才，以及爱农业、懂技术、善经营、留得住、离不开的实用技能型农林人才。

三、"农学专业 + 课程思政 + 创新实践"三融合实践育人模式之育人成效

2018—2019 年，上海海洋大学水产与生命学院共有 800 余名师生结合"水产一流学科"专业背景，围绕"乡村振兴""脱贫攻坚"等主题，参与到了社会实践的申报工作中。2019 年，共有 14 个项目获得立项（含"教授博士服务

团”的 4 支队伍），最终形成调研报告 16 篇、简报 15 篇、调研日志 200 余篇、校内外新闻稿 20 余篇。立项团队奔赴上海、安徽、青海、湖南、浙江、江西等 36 个省、市、乡镇开展调研，并与政府、企业、科研院所等进行技术成果探讨。同时，立项团队深入田间地头开展科技服务，积极解决农户生产难题，全面了解国家发展现状，主动服务国家发展战略。2018—2019 年，上海海洋大学水产与生命学院共有 2 个社会实践项目获得上海“知行杯”二等奖，学院农科特色类社会实践也成功获得校级“一流课程”和教改项目立项，并荣获“2019 年上海海洋大学精神文明特色项目”称号。

◆心理育人◆

协同联动，搭建心理健康教育“内外循环体系”
——上海海洋大学心理健康教育工作社会协同模式探索

□ 学生处/秦向荣

上海海洋大学高度重视“以学生发展为核心”的大学生心理健康教育工作，学校立足于客观实际，本着“育心”与“育德”相结合之理念，构建了心理健康教育“内循环体系”。同时，上海海洋大学着力整合社区、医疗卫生机构和社会专业机构的资源，以搭建心理健康教育“外循环支持”，从而形成了“以生为本、资源共享、发展衔接、专业辐射”的社会协同工作机制，有力地推进了学生心理健康教育工作质量的稳步提高。尤其是在新冠肺炎疫情期间，上海海洋大学结合校内的“一体两翼三平台”，借助社会协同的工作模式，为本校师生与社会公众提供全方位、全天候、全覆盖的心理健康服务。

一、案例背景与工作理念

上海海洋大学认真贯彻落实全国高校思想政治工作会议、上海高校思想政治工作会议和全国教育大会的精神，并结合《高等学校学生心理健康教育指导纲要》、“十三五”发展规划、“双一流”要求等所提出的高水平特色大学建设任务之实际，坚持将“立德树人”作为根本任务，不断加强人文关怀和心理疏导，持续提升心理育人的质量与成效，深入构建教育教学、实践活动、咨询服务、预防干预、平台保障“五位一体”的心理健康教育工作格局，着力培育学生理性平和、积极向上的健康心态。

面对学生心理困扰数量更多、需求更多、个性更多的现状，上海海洋大学紧密围绕学校今年党政工作的要点和疫情防控的总体要求，积极思考、沉着应对，克服了疫情背景下的资源相对孤立等不利因素，并且充分利用互联网技术，建立了有效整合大中小学、社区、医疗卫生机构、社会专业机构等平台资源的心理健康教育社会协同模式。同时，上海海洋大学借助之前的社会协同资源与平台，针对不同心理健康水平的人群，建构起多维系统的心理疏导途径，如发展优化、预防保健、社会支持和临床诊疗。此外，上海海洋大学进一步发掘各种社会优质资源，致力于构建多方联动、医教结合的高校心理健康教育“内外循环体系”，从而为广大师生的心理健康保驾护航。

一方面，融通教育体系“内循环”。上海海洋大学通过第一课堂的“课程群”建设与第二课堂的“团体训练”和“朋辈互助”之结合，向学生传授心理健康教育知识及“助人自助”的方法，并且依托心理健康教育示范中心与高校心理咨询协会互动交流平台，从学生全面发展的角度出发，针对学生的心理健康教育问题开展定期的培训与研讨。同时，上海海洋大学建立了自身的督导机制，为在职的心理健康工作队伍提供专业提升平台，并且向区域内的中小学辐射，创建良好的社会文化环境与氛围，以提升区域内各主体的心理健康教育文化素质。此外，上海海洋大学与境外高校合作，学习对方在心理健康教育中的先进理念与经验，并积极开展学术交流互访，以提升心理健康工作队伍的专业水平。

另一方面，贯通社会协同“外循环”。上海海洋大学与医疗卫生部门联合开展了高校学生心理健康服务“医教结合”协同系统的研究与试点，建立并完善了医教协同的心理干预工作机制。同时，上海海洋大学与社会上的专业心理咨询机构合作，以提升高校心理健康服务的水平，拓宽高校心理健康教育的内容。

上海海洋大学着眼于问题之解决，立足于学生的终身成长与发展之需求，积极整合家庭、社会、高校等多方资源，高度重视团队协作，主动引入社会治理中的社会协同概念，充分开拓优质社会资源，坚持构建各方互动、全天候的工作系统，持续开展社会协同机制探索，从而为高校的心理健康教育工作提供了“立体式”的服务。在上海海洋大学的主持下，学校、家庭和社会这三个系统中的各个要素协调分工、相互配合，致力于实现心理工作者水平和学生心理素质的提升，从而强化了心理健康教育工作的及时性与有效性。

二、举措与特色

(一) 整合力量,完善心理健康教育工作体系

1. 着力实现心理健康与生涯发展之融合

上海海洋大学以心理健康与生涯发展标准化实验室为依托,建设了标准化的心理测量/人才评估或相关专业实验室,以满足心理/生涯类课程的定量教育教学之要求。同时,上海海洋大学对学生的心理健康与生涯发展开展了标准化的测评与评估,为学校人才目标的达成保驾护航。因此,上海海洋大学结合心理/生涯发展教育的发展趋势,以心理/生涯实验室的相关数据测评为基础,开展了大数据视域下的各类大学生生涯与心理问题之研究,各项研究成果在心理健康教育实践中为基础转化,并且在提升学生的心理健康素质与心理水平的同时,反馈到教育教学、人才培养等各个环节之中。

2. 建立与社会心理服务专业机构的合作机制

在远郊办学的困境下,上海海洋大学竭力为学生提供全天候、专业化、个性化的心理健康服务。上海海洋大学与社会心理服务机构(如上海心融教育培训机构、林紫心理咨询机构等)进行合作,提供“24 小时心理健康咨询免费电话热线”、QQ 咨询、面询、专家讲座、危机干预与处理协助等服务。在新冠肺炎疫情期间,上海海洋大学与林紫心理咨询机构合作,开通了面向全社会的心理援助热线,旨在借助心理抗疫的形式来服务大众。

3. 建立“医教结合”机制

为了向需要进一步接受精神诊治与心理治疗的学生提供更专业的医疗介入,并为这些学生开通绿色通道,上海海洋大学坚持“走出去”的策略,致力于实现教育系统与社会资源系统相贯通的“外循环”,学校与上海精神卫生中心和市六院东院建立了合作关系,与浦东精神卫生中心和南汇精神卫生中心签订了合作协议。针对具有严重心理问题的学生和确诊患有心理疾病的学生,上海海洋大学邀请具有处方权的心理督导专家来校提供服务,并且建立了向医疗机构转介的“绿色通道”,从而构筑起上海海洋大学“医教结合”的心理干预工作机制。

4. 建立与境内外专业机构的合作交流机制

为加强心理健康教育队伍建设,以及提升现有的心理健康服务队伍的专

图 1 临港大学城区域“五校”学生心理健康服务“医教结合”项目签约仪式

图 2 2019 年，上海海洋大学与南汇精神卫生中心签订“医教结合”心理健康服务工作方案

业水平，上海海洋大学强化了与加州大学伯克利分校、斯坦福大学、牛津大学、莫纳什大学等知名大学的心理中心之联系，并积极开展人员互访、学术研讨等活动。同时，上海海洋大学聘请国内外心理健康教育工作领域的专家组

成工作队伍，为学校提供决策咨询、专项培训与督导、学生随机咨询辅导、临床危机干预指导等服务。几年来，专家们为上海海洋大学的心理健康教育工作提出了多项专业意见和建议，组织业务培训和督导 70 余次，开设门诊 80 余次，成功干预各类临床危机近 30 次，受益人数超过 1 600 人。

(二) 资源共享，形成区域性互动交流平台

1. 建立临港大中小学资源共享机制

上海海洋大学进一步加强心理中心与辐射地区中小学的联系，主动发挥作为上海高校心理健康教育与咨询示范中心的作用，统筹大中小学、社区等单位，整合社会资源，在大中小学中开展协同合作，从而为南汇新城地区的资源共享和心理健康方面工作之强化建立了总体框架。上海海洋大学服务于学生的毕生与全学程之成长发展，发挥了示范中心的辐射作用。

2. 建立研讨和科学研究机制

上海海洋大学主动组织心理健康教育教学工作的交流活动，积极探索和实践，以提高心理健康知识普及工作的针对性和有效性，并且坚持进行学生心理健康状况调研和联合申报科研课题。上海海洋大学从学生发展的角度出发，就学生的心理健康教育问题定期开展互动交流与研讨。同时，上海海洋大学为周边高校、大团高级中学、上海中学东校等学校开展主题活动、专题讲座、知识技能培训、个案咨询等实践，并配合南汇新城镇社区开展好青少年心理健康教育、家长心理健康教育知识普及等工作。

(三) 发展衔接，促进工作队伍专业化发展

1. 建立海外研修机制

上海海洋大学建立了心理辅导员督导基地，并实施心理健康教育骨干教师海外研修资助计划，选派相关教师赴加州大学伯克利分校、牛津大学等国外高校进行心理研修，从而提高了心理辅导员分析和解决学生心理问题的能力，拓宽了骨干教师的国际视野和专业认知范围。

2. 建立工作队伍督导机制

上海海洋大学以上海高校心理咨询协会的督导专业委员会和本校的樊富珉心理健康教育名师工作室为依托，发挥专家团作用，就如何评估危机、如何处理危机、如何帮助经历过重大创伤事件的来访者、咨询师如何进行自我调节等问题展开讨论。同时，上海海洋大学依托医疗机构心理病理性专业优势，建立了高校心理健康工作人员的身心健康知识培训体系与培训制度，从而提高了高校心理健康工作人员的心理评估能力。

3. 建立工作队伍培训机制

除定期举行日常培训外，上海海洋大学还积极组织上海高校心理咨询协会平台、心理辅导员参加家庭治疗专题、短期焦点解决治疗、积极团体心理辅导培训等专题培训，并承办“上海大学生心理咨询途径与方法国际研讨会与全国精神卫生法与高校心理健康教育发展专题论坛”，国内外共有 200 多位心理学专家参加。此外，上海海洋大学专设了心理督导和心理伦理分论坛，从而为心理辅导员提供了学习国内外先进知识与经验的平台。

(四) 专业辐射，发挥示范中心纽带作用

上海海洋大学以上海高校心理咨询协会为依托，持续深化示范中心的辐射作用。同时，上海海洋大学以上海高校学生心理健康教育与咨询示范中心为载体，面向上海市高校辅导员开展专题培训工作，以满足心理健康教育教师的工作需求，并提高青年教师的心理健康教育工作能力。上海海洋大学的示范中心自 2006 年成立以来，共开展了 20 余期以“大学生心理危机干预”与“心理咨询技术与方法”为专题的培训，辐射大约 22 所上海高校和 5 所中小学。作为高校心理咨询协会理事单位，上海海洋大学始终致力于搭建平台。自 2014 年起，上海海洋大学以全市高校的心理咨询与教育工作者为对象，开展心理咨询专业知识与技能培训“大家讲坛”系列讲座 16 场，辐射约 200 所大中小学，并且承办“焦点解决短期治疗工作坊”培训 5 期，辐射约 70 所大中小学。同时，上海海洋大学以樊富珉工作室为依托，举办了 3 场有关如何开展团体技术的辅导培训，180 名大中小学的心理健康工作骨干教师参与其中，辐射全市 120 所学校。此外，上海海洋大学每年选派心理健康工作骨干教师去海外研修，并积极举办国际学术研讨会，从而满足了心理健康教师的专业化发展需求，进一步提高了青年教师的心理健康教育工作之实效性。

(五) 形成心理健康教育工作社会协同的工作机制

在实践探索中，上海海洋大学形成了“整合力量、资源共享、发展衔接、专业辐射”的社会协同工作理念，并牵头临港五校与上海市浦东新区精神卫生中心签署了三年的医教结合协议，与上海市南汇精神卫生中心签署了医教结

图3　上海高校示范中心面向社会开放的抗击疫情心理支持热线

合协议。社会协同工作涉及如下主要内容：心理健康工作队伍的培训、心理咨询师的督导、危机干预转介、医教结合、社会专业心理机构合作、中小学区域协同等。上海海洋大学用制度与合作协议来明确执行的原则、流程、要求、评估等，从而为社会协同工作落到实处提供了有力的保障。在上海海洋大学的主持下，学校、家庭和社会这三个系统中的各个要素协调分工、相互配合，形成了科学性高、操作性强、可推广的社会协同工作模式，实现了心理工作者水平和学生心理素质的提升，提高了心理健康教育工作的及时性与有效性。

（六）上海海洋大学的心理健康教育工作获得多方认可

自心理健康教育"内外循环体系"诞生以来，上海海洋大学培养了一支心理健康教育工作骨干教师队伍，学生的心理健康需要得到人文关怀，学生的心理素养稳步提升，学校近年无重大危机事件发生，校园较为和谐、稳定。上海海洋大学的心理工作教师获得"大学生心理健康教育优秀工作者"称号、心理健康市级课程大赛一等奖、优秀作品奖、教学成果奖、"阳光学者"称号等多项荣誉。上海海洋大学荣获全国和上海市的"心理健康教育工作先进单位"称号，并连续3次被上海市教委评为"上海高校心理健康教育与咨询示范中心"。2019年，上海海洋大学荣获中国心理卫生协会大学生心理咨询专业委员会授予的"2015—2018年度先进集体"称号。此外，上海海洋大学的"德能双进的心理健康与生涯发展一体化建设"项目入选为国家第二批高校思想政治工作精品项目。在本次新冠肺炎疫情期间，上海海洋大学作为上海市最早面向社会开设24小时不间断的心理援助热线的高校之一，为社会公众提供了及时而专业的心理服务。

三、经验与思考

上海海洋大学一直重视心理健康工作，并在心理育人的工作实践中实施了如下举措：一是明确指导思想与工作目标，坚持“育心”与“育德”相结合之理念，打造“五位一体”的心理健康教育工作格局，在符合双一流的人才培养目标之基础上，将培育学生自尊自信、理性平和、积极向上的健康心态作为根本任务；二是结合了先前的工作基础与平台，整合校内外资源，将心理健康教育工作置于整个社会系统中，以扬长避短地满足师生多方面的心理健康需求；三是建成了一支以专职教师为骨干、以兼职教师为补充，专兼结合、专业互补、相对稳定、素质良好的心理健康教育师资队伍；四是高度重视心理健康工作教师的专业培训、案例督导和随诊实习。

在后续的心理育人实践中，上海海洋大学将继续坚持立德树人的目标，把大学生的心理素质纳入双一流人才培养体系，不断强化心理育人的效果，深度融合心理健康与生涯发展，全面建立学生的心理发展档案，持续加大学院二级心理辅导站的建设与学生朋辈辅导队伍的培养，积极开展心理健康问题的早期识别、干预与后期跟踪的研究，充分发挥思想政治教育的导向功能、教育功能和创新能力，从而系统规划与整体推进理性、平和、健康的心态之培育工作。

◆课程育人◆

不忘初心，方得始终
——上海海洋大学“工程图学”课程跨学院、跨专业“三全育人”的探索和实践

□ 工程学院/毛文武

毛文武，男，上海海洋大学工程学院副教授，博士，上海图学学会理事、现代设计与图学专业委员会副主任，主要从事工程图学、计算机辅助设计等领域的教学与研究。2011 年，毛文武副教授主持的“CAD 三维造型”课程获评为“上海海洋大学高水平综合素质选修课程”；2012 年，毛文武副教授主持的“制图系列课程教学改革与实践”获上海海洋大学教学成果一等奖；2016 年以来，毛文武副教授共有 10 门课程获得上海海洋大学的“好课堂”称号；2017 年，毛文武副教授开创了新创业课程——“3D 打印技术与创新创业”；2018 年，毛文武副教授主持的“工程图学课程群教学团队建设”获评为“校级优秀教学团队”；2019 年，毛文武副教授主持的“现代工程图学”成为上海海洋大学优秀课程思政重点课程建设项目，并且他主编了农业农村部“十三五”规划教材——《现代工程图学习题与上机实验》；2020 年，毛文武副教授主持的“工程图学(一)”和“工程图学(二)”两门课程获评为“上海海洋大学一流本科课程”，并且他主持的“水产及渔业装备工程图学教学团队”再度获评为“上海海洋大学优秀教学团队”。毛文武副教授指导学生获第 46 届世界技能大赛 CAD 机械设计项目上海市本科生选拔赛第一名，并入围上海市集训队。此外，毛文武副教授还指导学生参加“互联网 + ”大学生创新创业大赛、“汇创青春”上海大学生文化创意作品展示活动、“上图杯”上海市先进成图技术与创新设计大赛、上海高校学生创造发明“科技创业杯”竞赛等学科竞赛和创新创业活动，获得省市级的一、二、三等奖共计二十余项。

一、潜心“工程图学”课程教学改革

工程图样是“工程师的语言”，是表达设计意图、交流技术思想的重要工具，“工程图学”课程是上海海洋大学水族科学与技术、生物科学、海洋渔业科学与技术、海洋技术、食品科学与工程、食品质量与安全、建筑环境与能源应用工程、能源与动力工程、包装工程、机械制造及其自动化、测控技术与仪器、电气工程及其自动化、工业工程、物流工程等专业的学科基础课程。自 1999 年进入上海海洋大学工作以来，毛文武副教授二十余年潜心“工程图学”课程的教学工作，牢记“立德树人”之使命，并结合学生和专业的特点，从教学内容、教学方法、课堂管理、考教分离、教材建设、课程思政、以赛促学等方面进行“工程图学”系列课程的改革和探索，取得了卓越的成效。

在教学内容上，考虑到当前企事业单位对工程图学能力的需求和教育部高等学校工程图学教学指导分委员会的最新要求，毛文武副教授结合工程教育专业认证、卓越工程师培养计划和卓越农林人才培养计划进行授课，突出了教学内容的先进性。同时，毛文武副教授保留了传统的“工程图学”课程中的实用性内容，如制图国标、制图基本技能、基本体投影、立体表面相交、组合体视图、机件常用表达方法、标准件和常用件画法、零件图、装配图等，并精简了大量点、线、面投影及换面法等理论性强但工程实践很少使用的内容。此外，毛文武副教授增加了体现学科特色的专业制图内容，充实了在对外技术交流中常被使用的“第三分角投影法”。

在教学方法上，毛文武副教授充分利用课程全程机房上课的特点，强化学生的计算机绘图能力，他以启发式教学和 CAD 三维建模为主线，循序渐进地提高学生的空间构型能力，从而启迪学生的创新思维。毛文武副教授将计算机绘图软件的操作方法与技巧融入了“工程图学”课程的各个模块中，使每个模块都包含了对应的上机绘图训练，如 AutoCAD 绘制平面图，AutoCAD 绘制点、线、面投影，AutoCAD 绘制截交线和相贯线，AutoCAD 绘制三视图，AutoCAD 表达方法综合应用，AutoCAD 绘制标准件和常用件，AutoCAD 绘制零件图，AutoCAD 绘制装配图，等等，这一方面提高了学生的计算机绘图实践能力，另一方面加深了学生对课程知识的理解与运用。

毛文武副教授始终以身作则，以“教风”带动“学风”，严格课堂教学管理。自上海海洋大学的“好课堂”创建活动于 2016 年诞生以来，毛文武副教授主讲的"工程图学""现代工程图学""CAD 三维造型"等共计 10 门课程获得上海海洋大学的"好课堂"称号。"工程图学"课程主要面向大一的学生，这些学生刚摆脱高考的压力，学习主动性和自控力不足。在"工程图学"课程的初期教学阶段，学生在机房上网看 NBA 比赛、玩游戏、缺勤迟到、上课吃东西等情况时有发生。针对以上现象，毛文武副教授以身作则，以"教风"带动"学风"，严格教学管理和学生的课堂行为管理，提高教学内容的深度和广度，增加与学生的良性互动，从而激发了学生的学习兴趣。每到"工程图学"课程的中后期教学阶段，学生的课堂出勤率、课堂教学秩序、课堂气氛都能维持在比较好的状态，学生的学习质量也有了明显的提高。

毛文武副教授坚持"考教分离、集体阅卷"，严格进行"工程图学"课程的期末考核管理。每次在为"工程图学"课程的期末考核命题前，教研室均会组织召开"工程图学"教学团队命题会议，所有任课教师要集体讨论"工程图学"课程的考核题型、分值、考点章节分布，从而形成详细的命题意见，并确定命题教师，命题教师本学期不能从事课程的教学。课程考核完成后，教研室组织教学团队集体阅卷，每位任课教师负责批改一到两道题目。完成试卷批改后，教学团队统一课程的成绩录入系数，并根据集体阅卷的情况来确定最低分数线。低于期末考试最低分数线的学生若无充分理由，则不能通过课程考核，学院教务秘书会定期进行检查。"考教分离、集体阅卷"一方面有效避免了泄题、漏题、不同任课教师评卷尺度差异较大等情况的发生，使学生能够获得较为公平的考核成绩，从而尊重了学生在课程学习中付出的努力，另一方面促进了师生双方对课程的投入，推动了"工程图学"课程的教学质量和教学效果之提高。

毛文武副教授联合兄弟院校积极进行教材编写，其中有不少成果获农业农村部高等教育"十三五"规划教材立项。2019 年 8 月，毛文武副教授主编的农业农村部高等教育"十三五"规划教材——《现代工程图学习题与上机实验》正式出版，此书由上海海洋大学、华东理工大学、浙江海洋大学和中国水产科学研究院渔业机械仪器研究所联合编写完成。

二、特色校园文化融入课程思政

习近平总书记在全国高校思想政治工作会议上指出，"要坚持把立德树人作为中心环节，把思想政治工作贯穿教育教学全过程，实现全程育人、全方位育人……要用好课堂教学这个主渠道，思想政治理论课要坚持在改进中加强，提升思想政治教育亲和力和针对性，满足学生成长发展需求和期待，其他各门课都要守好一段渠、种好责任田，使各类课程与思想政治理论课同向同行，形成协同效应"。中共中央、国务院印发的《关于加强和改进新形势下高校思想政治工作的意见》指出，"充分发掘和运用各学科蕴含的思想政治教育资源，健全高校课堂教学管理办法"。毛文武副教授基于价值塑造、能力培养、知识传授"三位一体"的教学目标，深入挖掘蕴含在"工程图学"系列课程中的德育教育资源，注重在知识传授中强调价值引领，在价值传播中凝聚知识底蕴。

毛文武副教授将核心价值观与中外工程图学领域的杰出人物及其突出贡献融入课程教学，从而突出了中国科学家的杰出成就和他们的大国工匠风范，进而增强了学生的中华民族自豪感。同时，毛文武副教授潜移默化地向学生传授工程师应该具备的职业道德，使他们理解诚实公正、诚信守则的职业操守与规范，培养他们认真负责的工作态度和严谨细致的工作作风。此外，毛文武副教授将校训"勤朴忠实"、特色校园文化、乡村振兴、精准扶贫、抗击非典疫情、校园文创设计大赛、"互联网＋"全国大学生创新创业大赛"青年红色筑梦之旅"活动等内容融入"工程图学"系列课程的教学、上机实验案例与课程作业中，以激发学生的爱国荣校感情和创新创业意识。

图 1 将上海海洋大学"勤朴忠实"融入"工程图学"课程长仿宋体训练上机案例

图 1 是将上海海洋大学校训“勤朴忠实”有机融入“工程图学”课程长仿宋体训练上机案例，该案例已被收录于毛文武副教授主编的全国普通高校农业农村部“十三五”规划教材——《现代工程图学习题与上机实验》。在学生进行 AutoCAD 仿宋体上机练习的同时，毛文武副教授将上海海洋大学校训“勤朴忠实”的渊源与含义向学生娓娓道来：“1912 年，在著名教育家黄炎培的襄助下，江苏省立水产学校正式创办，首任校长张镠对学生提出希望‘五事’，即勤勉、造成诚朴之校风、戒浮嚣、勿空谈国事、当自食其力。1914 年 9 月 1 日，‘勤朴忠实’四个大字被正式定为校训。2004 年，上海水产大学对校训的内涵做出新诠释：勤，即勤奋敬业，就是学习勤奋，工作勤勉，反对消极怠惰；朴，即质朴大方，就是做人求真，多做少说，反对奢华浪费；忠，即爱国荣校，就是忠于祖国，热爱母校，反对薄情寡义；实，即求真务实，就是重视实践，讲求实效，反对弄虚作假。”

图 2 是毛文武副教授指导学生制作的品读海大“七道门”的 CAD 三维模型案例。其中，第一道门属于江苏省立水产学校，第二道门属于国立中央大学农学院水产学校，第三道门属于上海市立吴淞水产专科学校，第四道门属

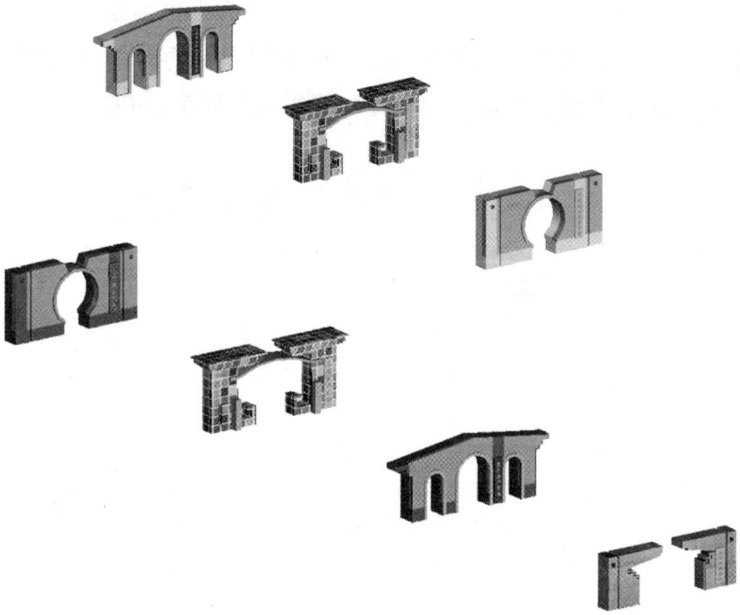

图 2 毛文武副教授指导学生制作的品读海大“七道门”的 CAD 三维模型

于上海水产学院，第五道门属于厦门水产学院，第六道门属于上海水产大学，第七道门属于上海海洋大学。在案例教学的同时，毛文武副教授还会为学生们讲解上海海洋大学的发展历史：从江苏的炮台湾出发，历经上海春江、四川合川、上海复兴岛、厦门集美、上海军工路，最后来到东海之滨的滴水湖畔，一路走来，筚路蓝缕，“一流学科建设高校”的称号来之不易。

图 3 是毛文武副教授指导 2017 级建环专业的张泽文同学设计的彰显上海海洋大学特色校园文化的纪念餐盒，图 4 是毛文武副教授指导 2018 级建

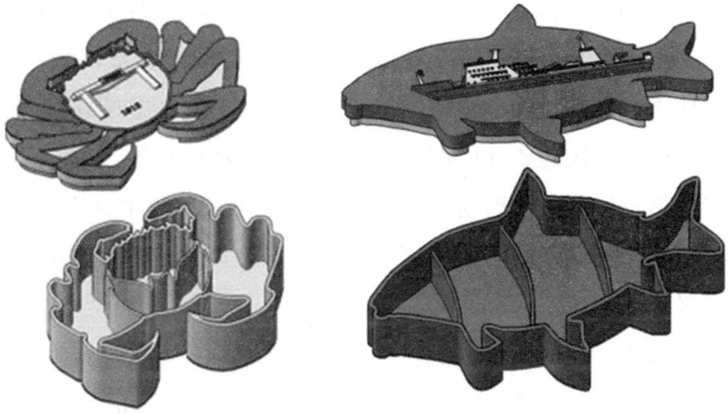

图 3 毛文武副教授指导学生制作的彰显上海海洋大学特色校园文化的纪念餐盒

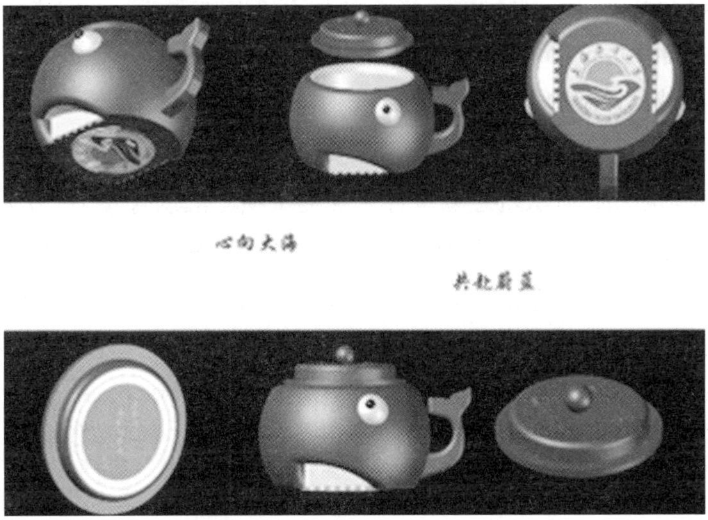

图 4 毛文武副教授指导学生制作的彰显上海海洋大学特色校园文化的海大壶

环专业的靳玉强同学设计的彰显上海海洋大学特色校园文化的海大壶，这两个设计融合了团头鲂、罗非鱼、中华绒螯蟹等上海海洋大学获得国家科技进步奖的项目，上海海洋大学选育的水产新品种等重大科研成果，以及上海海洋大学各时期的渔业捕捞实习船，从而潜移默化地强化了学生爱国荣校的情感。

三、跨学院跨专业培养优秀学生

近三年来，毛文武副教授秉持着“以赛促学”的理念，跨学院、跨专业地指导学生获上海市大学生创新创业项目立项6项、上海海洋大学大学生创新创业项目立项10项，并带领学生参加第46届世界技能大赛CAD机械设计项目上海市本科生选拔赛、“互联网+”大学生创新创业大赛、“汇创青春”上海大学生文化创意作品展示活动、“上图杯”上海市先进成图技术与创新设计大赛、上海高校学生创造发明“科技创业杯”竞赛等学科竞赛和创新创业活动，获得省市级的一、二、三等奖共计二十余项。

2018年6月，毛文武副教授指导2017级食品质量与安全专业的韩正阳、2015级机械设计制造及其自动化专业的黄玄旻等同学组成的跨学院、跨专业团队获第四届“互联网+”大学生创新创业大赛上海赛区红色筑梦赛道铜奖。2019年6月，毛文武副教授指导2016级水产养殖学专业的汪登奎、2016级海洋生物专业的金奔、2015级机械设计制造及其自动化专业的刘海媚、2016级机械设计制造及其自动化专业的陈佳峰和陆春祥等同学跨学院、跨专业地进行团队合作，获得了上海市教委举办的“上图杯”上海市大学生先进成图技术与创新设计大赛创新设计一等奖1项、“汇创青春”上海大学生文化创意作品展示活动产品设计类三等奖2项、上海高校学生创造发明“科技创业杯”竞赛发明创新三等奖3项，并且取得了6项实用新型专利，发明专利正在实审公示。在团队中，汪登奎和金奔两位同学保研到上海科技大学，陆春祥同学保研到上海大学，刘海媚同学入职应用材料中国有限公司，陈佳峰同学入职上海烟草集团公司。2020年6月，毛文武副教授指导2017级机械设计制造及其自动化专业的王宇翔同学获第46届世界技能大赛CAD机械设计项目上海市本科生选拔赛第一名，并入围上海市集训队。

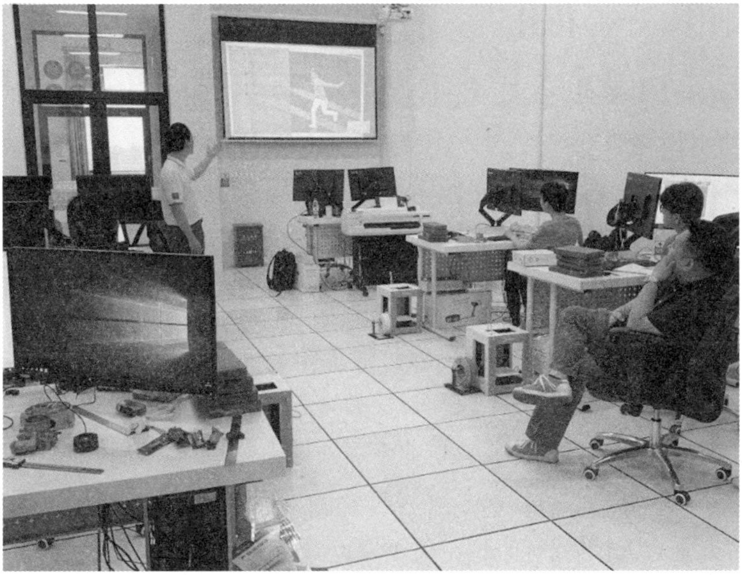

图 5　王宇翔同学入围第 46 届世界技能大赛 CAD 机械设计项目上海市集训队

参考文献

[1] 习近平在全国高校思想政治工作会议上的强调：把思想政治工作贯穿教育教学全过程，开创我国高等教育事业发展新局面[N].人民日报，2016.12.9(1).

[2] 中共中央国务院印发《关于加强和改进新形势下高校思想政治工作的意见》[N]. 人民日报，2017.2.28(1).

[3] 毛文武.现代工程图学习题与上机实验[M].北京：中国农业出版社，2019.

精耕细作，守得花开

——记上海海洋大学日语专业张丽梅老师在“三全育人”中的探索

□ 外国语学院/张　杰　张丽梅

习近平总书记在全国高校思想政治工作会议上指出，“要坚持把立德树人作为中心环节，把思想政治工作贯穿教育教学全过程，实现全程育人、全方位育人，努力开创我国高等教育事业发展新局面”。作为基层一线教师，如何将上述方针贯彻于教学过程中，并将理念融入课堂教学的实践中，这对于全面实现“三全育人”的目标来说至关重要。

一、背景与理念

日语专业在上海海洋大学的人才培养工作中扮演着重要角色，其为国家培养了众多的优秀毕业生。作为上海海洋大学日语专业教师队伍中的普通一员，张丽梅老师自2002年入职以来，便将一腔青春热情播撒在日语教学的三尺讲台上。目前，伴随着国际环境的变迁和国内经济的快速发展，外语专业的教育形势不断发生转变，日语专业的教育也面临着诸多挑战。特别是近年来，日本经济低迷，毕业生的就业形式越来越多样化，学日语不再与好就业和高薪酬直接挂钩，日语专业逐渐丧失了其固有的优势。面对这种变化，张丽梅老师也曾陷入深深的困惑：日语教育的意义何在？

得益于“三全育人”教育方针和人类命运共同体理念的引领，张丽梅老师从“怎么教？教什么？为什么教？”这一关于外语教育本质的哲学思考出发，逐渐摸索着走出一条课程育人、文化育人、科研育人的路子。尤其是疫情期间，在停课不停学的背景下，张丽梅老师精心设计策划的线上课程收获了良好的教学效果，得到了学生和同事的高度认可。下文将依据“三全育人”的理念，对张丽梅老师的成长历程做简要陈述。

二、举措与特色

(一) 着眼学习——摸底学情，有的放矢

2011 年的东日本大地震给日本经济带来重创，而“钓鱼岛事件”所引发的反日热潮也进一步为日语专业教育蒙上了厚厚的阴影。班级里越来越多的调剂生每天硬着头皮背单词、学语法，反复性训练对于他们来说更多的是不适应。面对这种状况，张丽梅老师开始思考如何强化学生的学习动机，以及如何与学生共同经营一段有意义的学习过程。

带着问题和困惑，2012—2013 年，张丽梅老师与上海市多所高校的一线教师合作，对我国日语专业学生的学习动机、学习现状、学习观念、学习方法等进行了大规模调研，调研成果为我国的日语专业教育改革提供了重要数据。同时，本次专业学情调研也成为张丽梅老师职业生涯的重要分水岭，为她后续的教学改革实践夯实了基础。

(注：相关研究报告陆续发表于外语核心刊物《日语学习与研究》和《东北亚外语研究》)

(二) 课堂革命——量身定制，课程育人

调研发现，进入高年级阶段后，学生群体中普遍存在着学习模式僵化(应试模式)、目标丧失、学习动力不足等诸多问题，于是张丽梅老师尝试着帮助学生转换学习观念和学习模式，以使他们获得新的学习动力。作为一门核心课程，“高级日语”在高年级的教学计划中占据着至关重要的位置。张丽梅老师将“高级日语”课程作为责任田，并由此抓住了“精准灌溉”的突破口。

在 2014 年的暑期研修期间，档案袋评价的理念为张丽梅老师打开了教学改革的新思路。基于学生的学习现状和档案袋评价的理念，张丽梅老师尝试着为每位学生量身定制个性化的学习过程。

基于学生的学习过程中存在着的普遍性问题，张丽梅老师编制了预习问题表、学习反思表、拓展学习表、相互评价表等各类表单，并在课前、课中和课后的各个环节将其配发给学生，以使其融入课堂教学过程中。按照自主学习与合作学习结合、高水平与低水平互动、课堂与课外联动、课堂跟着学生走、教学跟着问题走的思路，张丽梅老师设计出一套行之有效的教学方案。在整个过程中，张丽梅老师充分信任学生，及时肯定学生，并按照把时间还给学生的准则，与学生共同创造出一段蕴含有情感流动的学习过程。档案袋的内容

实现了学习过程的可视化，并且作为成绩评定的有机组成部分，其有效地促进了评价对学习的反拨作用。

在积极探索教学改革的同时，张丽梅老师不忘及时总结实践经验，她撰写的题为《档案袋评价在课外学习中的促进作用》的教改论文被刊登在外语核心期刊《日语学习与研究》上，档案袋评价方案也为国内多所高校所沿用。

图 1 在“高级日语”课程题为《黄雨衣黑皮肤》的课文学习中，学生互动的精彩瞬间

（三）课程思政——赋予内涵，文化育人

为进一步将日语专业教学的育人功能落到实处，张丽梅老师潜心钻研，深挖教材中的文化内涵。例如，《日本の耳》中的日本著名俳人——松尾芭蕉对艺术的执着追求（匠人精神）、庄子思想（中国哲学思想），以及李白和杜甫的作品之影响（中国古代文化的传播）；又如，左翼作家小田实的《何でもみてやろう》对日本人普遍崇美的心态进行了分析，呼吁国人不要人云亦云，要有求实求真的态度。这些内容如同散落在字里行间的珍珠，被学生在课外发现，并经过课堂讨论和课后探究而得以充分内化。

（注：“高级日语”课程于 2017 年获得上海海洋大学课程思政建设项目立项）

张丽梅老师还通过赴日留学生及日本朋友，广泛收集最新的日本电视视频信息，并以专题的形式将其应用到“视听说综合训练”课程的教学中。张丽梅老师大胆地打破外语训练的常规模式，她按照人类命运共同体的思路，分阶段地将食品安全（日本食品公司伪造产地、伪造日期）、日本社会问题（孤独死、不婚晚婚、女性贫困）、经济全球化（矿泉水瓶处理问题的始末）、全球温暖化（极端天气、北极冻土、海底甲烷冰）、粮食问题（美国与转基因食品）、健康与医疗（新冠状病、毒癌症、糖尿病）、人类文明更迭（茶马古道）等关乎全人类命运的话题纳入日常的课堂学习中。通过对这些视频素材的学习，师生在训练语言基本技能的同时，还能共同思考人类社会、气候、自然等关乎未来的课题，从而加深对人类生存环境的认识，培养人类命运共同体的视野和观念。同时，配合全程互动的课堂形式，张丽梅老师为学生带来了全新的课堂体验和良好的教学效果，获得了广大学生的高度认可。

（注：“视听说综合训练”课程于 2019 年获得上海海洋大学课程思政建设项目立项）

图 2 在“高级日语”课程的互动式教学过程中，师生培养了良好的关系

(四) 教学相长——自我成长，科研育人

张丽梅老师坚持“科研来源于教学，服务于教学”的宗旨，持续开展调研、实践，再调研、再实践。在课程建设上，张丽梅老师潜心耕耘、精心打磨，一路

沿着"调研学情以有的放矢→量身定制以精准指导→赋予内涵以创造价值"的方向，不断挖掘日语教育育人的可能性，从而探索出课程育人、实践育人、文化育人和科研育人的发展路径。

在有意识地将关注焦点从语言知识转向学生的成长，并积极生动地助推教育理念从知识传递向人才培养转变之过程中，张丽梅老师也充分意识到了自我成长的重要意义。张丽梅老师从个人的成长经历中发现，教师的个人进步可以从根本上带动学生的发展与进步。

于是，在调研学情和进行课程改革的基础上，张丽梅老师牵头与多所高校（东华大学、上海外国语大学、同济大学等）的教师合作，对我国 60 多所高校的日语专业教师之发展现状进行采样调查，并撰写了调研报告。这次调查不仅成为张丽梅老师个人成长历程的一部分，而且也为我国高校的日语教师发展研究提供了重要的基础性数据。

（注：相关调研报告刊登在外语核心刊物《日语学习与研究》上）

图 3　日本国际交流中心主办的高校教师暑期研修班顺利结业

三、结语——新形势下的孜孜以求

张丽梅老师聚焦学习过程的教学思路，在 2020 年春季的线上课程中更是有了用武之地。张丽梅老师基于课程教学目标，结合线上教学的特点，从教学内容、学习过程和评价方法上进行精心设计。在线上的讨论课中，张丽梅老师带领学生进行了深入的探讨和实质性的思考，从而跨越了语言训练的局限，实现了真实的交流互动。张丽梅老师有效地激励学生投入到学习通上的自主学习、钉钉上的语音作业、课堂互动等各个环节的学习之中。为激励学生在课外自主地进行语言训练，张丽梅老师随时保持与学生在微信和钉钉上的答疑互动；为有针对性地给予每一位学生指导，张丽梅老师坚持细听每一份语音作业，并及时给出反馈意见。

超长的在线工作时间，使张丽梅老师不幸患上了严重的眼疾，但她一边四处求医，一边仍坚持给学生及时有效的指导。张丽梅老师如此不懈的努力和认真负责的态度，给学生起到了很好的鼓励与示范作用。

事实上，张丽梅老师在日常工作中的潜心探索和孜孜以求的态度，只是上海海洋大学全体日语专业教师在“三全育人”工作中的一个缩影。上海海洋大学的每一位日语专业教师都在教学内容、教学方法、教学过程、评价方法等环节中潜心探索，为培养新时代的人才而努力不休。

（注：“视听说综合训练”课程被上海海洋大学外国语学院选为“2020 春季学期线上教学优秀案例”）

以下为张丽梅老师近 5 年来发表的教改论文和申报的教改课题

教改论文：

［1］关于大学日语专业教育学情调查报告——以日语“学习意识”为中心.东北亚外语研究，2014(3)：27—32.

［2］档案袋评价在促进日语专业课外学习中的作用——以三年级“综合日语”课程为例.日语学习与研究，2015(8)：57—65.

［3］日语专业学生学业情感调查报告——基于上游组与下游组的差异比较.日语学习与研究，2016(8)：95—102.

［4］我国大学日语专业教育学情现状研究报告——基于学习投入理论对上游组与下游组的差异分析.东北亚外语研究，2016(3)：64—70.

［5］中国高校日语专业教师发展现状和发展需求研究——以教学、科研和能力意识为中心.日语学习与研究，2017(8)：47—56.

教改项目：

［1］上海海洋大学校级教学研究项目：档案袋评价法实践研究(2015 年)

［2］第七批中国外语教育研究基金项目子课题结项(2016 年)

［3］上海海洋大学校级教学改革与教学管理研究项目：档案袋评价下学

习者自主能力发展研究(2017 年)

[4] 课程思政建设项目——高级日语(3)(2017 年)

[5] 上海海洋大学思政课题立项——人类命运共同体理念下的外语专业课程思政路径探究(2017 年)

[6] 课程思政校级重点建设项目——日语视听说综合训练(1)(2019 年)

◆科研育人◆

坚持育人初心，提升本科创新人才培养质量

□ 水产与生命学院/陈阿琴

上海海洋大学水产与生命学院深入贯彻全国高校思想政治工作会议精神，落实“立德树人”这一根本任务，坚持将“培养一流本科人才”作为首要目标，不断践行“勤朴忠实”的校训精神。上海海洋大学水产与生命学院依循“水域生物资源可持续开发与利用”这根学科主线，依托水产学和生物学的学科优势，突出本科创新人才培养这个关键环节，不断提升本科教育教学质量。

一、背景与理念

习近平总书记指出，人是科技创新最关键的因素，创新的事业呼唤创新的人才。近年来，上海海洋大学水产与生命学院始终坚持“一流本科教育是人才培养的核心”这一理念，致力于落实“立德树人”这一根本任务，将创新创业人才培养与专业建设紧密结合在一起，以一流学科建设反哺教学，全面践行科研育人、实践育人，使“三全育人”的理念贯穿生物技术专业的学生培养之全过程。上海海洋大学水产与生命学院从培养方案制订、课程培养、实习实践等环节入手，努力提升生物技术专业的人才培养质量。

二、举措与特色

（一）优化培养方案，凸显实践教学之重要性

根据教育部于2015年发布的《生物技术专业本科教学质量国家标准》，以及学校和学院的人才培养定位，上海海洋大学水产与生命学院将“立德树人”作为根本任务，构建了以“公共基础课、学科基础课和专业课程”为主体，以“本研一体化的实践教学和创新教育体系”为支柱的创新人才培养体系。在2017年的专业评估和2018年的上海海洋大学本科教学评估之基础上，上

海海洋大学水产与生命学院依托水产一流学科优势和科研优势，修订完成了2018版培养方案。

2018版培养方案注重知识传授和立德树人之结合，强调创新实践能力的培养，增加了实验与实践的学时和学分，实践实训环节的学分由2014版培养方案中的12学分增加到26学分，毕业论文周期由2014版培养方案中的12周增加到24周。同时，2018版培养方案新增设了个性化科研训练课，以强化学生的实践能力和创新创业能力，并且构建了由基础实验教学、专业综合实践和拓展创新实践三个层次组成的相对独立，但又相辅相成的渐进式、全方位的创新实践教学体系。根据"培养德智体美劳全面发展的人才"之培养目标，上海海洋大学水产与生命学院将在2020版培养方案中增加劳动教育环节。

（二）加强课程思政，提升教学团队水平

通过打造专业课课堂思政，上海海洋大学水产与生命学院有效融合了专业目标与育人目标。一方面，上海海洋大学水产与生命学院不断加强教学改革，在专业课程中灵活融入思政元素，深入推动专业教育与思政教育之紧密融合，学院的"动物生理学""微生学""分子生物学""普通动物学""遗传学"等专业课程入选"上海高校课程思政重点改革领航学院建设课程"。另一方面，上海海洋大学水产与生命学院充分依托基层党组织，发挥党员作用，密切联系群众，将党的理论、方针和政策与育人工作结合在一起，以培养和提升教师在教学与科研工作中主动融入育人元素的思想自觉及育德能力。

上海海洋大学水产与生命学院建设了一支"以校内教师为主，校外企业人员、科研人员为补充，国际国内相结合"的多元化高水平师资队伍。同时，上海海洋大学水产与生命学院充分发挥国家"千人计划"特聘教授、上海市东方学者、曙光学者、青年东方学者等科研成果丰硕、创新能力强的教师之优势，建立了一支由教授领衔，青年骨干教师和企业兼职教师参与的教学团队。

教学团队中的教师在完成课程教学的同时，还建立了一支本硕一体化的教学团队，并且担任优秀本科生进实验室、卓越班本科生等各类创新创业项目的指导教师。近三年来，上海海洋大学水产与生命学院的"适应生理学"教学团队承担了1项省部级教学研究项目和8项校级教学研究项目，获得了1项上海市教学成果奖，并被评为"校级优秀教学团队"。此外，上海海洋大学水产与生命学院连续三年有学生获得国家留学基金委的公派留学资助。疫情期间，教学团队指导的博士生袁明哲在海外抗疫的事迹被新民晚报报道。

此外，上海海洋大学水产与生命学院建立了“专业负责人—辅导员—课程导师—导师”四位一体的协同育人机制，从而充分发挥了不同角色的教师在全员育人、全过程育人、全方位育人中的积极作用。

（三）注重产学研结合，构建产教融合和科教融合的育人模式

上海海洋大学水产与生命学院坚持行业、企业和科研机构是人才培养共同体的教育观，并提出了新时期产学研协同创新育人之理念。近年来，上海海洋大学水产与生命学院积极整合优质产业资源、社会资源和教育资源，通过建设校内和校外的实习基地，构建了产教融合和科教融合这两种人才培养模式。

在产教融合方面，上海海洋大学水产与生命学院一方面与华大基因联合组建“水产/海洋基因组科学创新班”“2.5 + 1.5”联合培养模式，另一方面与上海药明生物技术有限公司、上海天士力药业有限公司、上海比昂生物医药科技有限公司、上海欧易生物医学科技有限公司等多家企业合作，建设优质、稳定的校外实习基地，以实现产学合作协同育人，从而帮助学生养成敬业、诚信等良好品格，助力学生完成从学校到社会的转变。

在科教融合方面，上海海洋大学水产与生命学院将一流科研资源转化为人才培养资源，及时把科学研究的新理论、新知识和新技术纳入实践教学。上海海洋大学水产与生命学院依托学校和学院的各类科研平台来建设创新实践实验室，并且实施个性化科研素养培养、本科生导师制、卓越人才培养计划和本硕一体化的人才培养机制，以提升学生的实践能力、创新思维和创新能力。同时，上海海洋大学水产与生命学院拓展了 2 个海外实习基地，以将海外实习纳入培养方案，并建立了基于学分互认的短期交流及“3.5 + 1.5”和“3 + 1”双学位联合教学项目。

（四）“三全育人”取得明显成效

近年来，上海海洋大学水产与生命学院生物技术专业的本科生积极参加各类社会实践项目，其中的“蟹农的心事，我懂——苏北河蟹生产区‘水瘪子病’大规模爆发的成因和对策分析”获得 2016 年“知行杯”上海市大学生社会实践大赛特等奖。此外，上海海洋大学水产与生命学院 2016 级生物技术 1 班被评为校级五四特色团组织 2 次、校级文明班级 1 次。

图 1　上海海洋大学水产与生命学院的学生参加上海市大学生生命科学竞赛

图 2　上海海洋大学水产与生命学院的学生参加社会实践

在科创方面，上海海洋大学水产与生命学院生物技术专业的学生申报并参与国家级、上海市级、校级等各个层面的大学生创新创业活动计划项目 40 余项，并在“挑战杯”全国大学生课外学术科技作品竞赛、全国大学生生命科学联赛等活动中获奖 30 项。通过完成创新项目或参与科研课题，上海海洋大学水产与生命学院的学生发表论文 13 篇（其中 SCI 论文 7 篇），并取得实用新型专利 1 项。

上海海洋大学水产与生命学院的学生具有扎实的专业基础、较强的实践创新能力和较高的综合素质，生物技术专业学生的升学和出国比例逐年增加，这一比例在 2020 届的学生中达到 63.6%。在 2020 届的毕业生中，3 名推免生分别被复旦大学、西湖大学和厦门大学录取，有 4 名学生分别到英国谢菲尔德大学、英国曼彻斯特大学、新西兰奥克兰大学和美国佛罗里达大学留学深造，另外有 13 名学生被上海海洋大学、浙江大学、上海交通大学、中国科学院、南开大学、中国海洋大学等高校和科研院所录取。上海海洋大学水产与生命学院的毕业生质量得到了社会的高度认可和肯定。

三、经验与思考

在一流本科人才的培养过程中，上海海洋大学水产与生命学院始终坚持以习近平教育思想为引领，明确生物技术专业的定位和培养目标，立足于本科人才的创新能力培养，不断提升本科人才的培养质量。

在今后的人才培养过程中，上海海洋大学水产与生命学院仍需紧扣“立德树人”这一根本任务，不断加强价值观的引领，并且依托学科优势，进一步深化专业综合改革，完善师资队伍建设，打造生物技术专业一流课程，推动产教和科教深度融合，创新人才培养模式和机制，从而建成一流特色专业，培养出一流特色人才。

“以赛促学、学研并进”,助力研究型人才培养
——上海海洋大学水产与生命学院贝类分子生物学研究室科研育人新模式

□ 水产与生命学院/杨金龙

科研是高校立德树人的一个重要载体,是“三全育人”的重要环节。上海海洋大学水产与生命学院贝类分子生物学研究室,依托国家“双一流”建设学科、国家海洋生物科学国际联合研究中心以及中葡海洋生物科学国际联合实验室平台,积极发挥科研育人功能,提出了以鼓励学生参与科学竞赛和科创项目为背景的“以赛促学、学研并进”的科研育人新模式。

一、背景与理念

“以赛促学、学研并进”的育人模式,鼓励学生参加与专业相关的国家级大赛或科技创新项目。通过比赛或项目,学生将所学的理论知识付诸应用与实践,并借助实际运用来反思与发现自身的不足,从而激发自身不断学习、不断完善自我的渴望,提高自身发现问题和解决问题的核心竞争能力,进而达到“以赛促学”的效果。通过感受浓浓的科研学术氛围,学生能够学习到严谨的科学研究态度,并保持探索未知事物的好奇心和坚定不懈地奋斗到底的科研决心,从而做到“学研并进”。同时,上海海洋大学水产与生命学院贝类分子生物学研究室通过科研育人来引导学生树立正确的政治观和价值取向,从而培养具有“一懂两爱”(懂农业、爱农村、爱农民)情怀、海洋强国梦想的研究型人才。

二、举措与特色

(一) 科研意识的启蒙要从“娃娃”抓起

作为国家水产一流学科主干学院,上海海洋大学水产与生命学院以培养国家海洋强国建设所需要的应用研究型人才为目标,建立了“卓越班”、“优秀本科生进实验室”、个性化科研素养课程等本科生科研育人体系。每年,在师

生双向选择的基础上,有 3—5 名学生将借助这些育人课程或项目体系进入上海海洋大学水产与生命学院贝类分子生物学研究室进行学习。这些学生要么是刚入校的新生,他们对大学生活充满了希望或憧憬;要么是刚分专业的大学二年级学生,他们对所学专业抱有梦想或疑惑。在科研领域,这些学生还是一群牙牙学语的"娃娃"。要想让这群"娃娃"在研究室学到东西,并树立起正确的科研观与价值观,教师应先培养他们最基本的科研意识。

简单地说,科研意识是一种对未知事物的觉察性、探索性和认知主动性,是科研工作者必备的能力之一。通常,在进入研究室后,学生会经历 1—2 个学期的过渡期,即学生科研意识的启蒙阶段。在此期间,教师会根据学生平时理论学习的进度与情况来为他们安排对应的文献阅读,并且根据学生的兴趣点来为他们安排对应的实验观摩、1 对 1(一名本科生与一名研究生结对子)基本技能学习等环节。同时,教师会要求学生对所学、所做、所感进行总结,并形成学习笔记。教师会通过定期地进行笔记抽查来检验学生的学习情况,并观察学生是否开始形成科研意识,从而及时调整培养方案。

过渡期多久结束?答案是因人而异。大多数学生在 2 个学期内都能顺利度过过渡期,并在确定自己的科研兴趣与方向后,开展后续的科研素养项目。当然,也有个别学生会在过渡期内发现自己"志不在此"而退出。因此,科研意识的启蒙要从低年级的"娃娃"抓起,教师不仅要帮助他们开启科研之路的大门,而且要引导他们绘制属于自己的科研蓝图。同时,过渡期也给予了师生第二次双向选择的机会,从而为接下来的科创比赛和项目的顺利进行奠定了良好的基础。

(二) 师生一心,组团打"怪兽"

在有了基础的科研意识后,学生需要通过实践来提高自己的科研素养,而专业类的科创比赛和项目就是一个很好的选择,如全国大学生生命科学竞赛、全国大学生生命科学创新创业大赛、大学生创新创业项目等。生命科学类的科创比赛和项目的周期很长,一般都在 3 个月至 1 年左右,学生在此过程中需要面对各种各样意想不到的问题。这些问题对于还处在科研"小白"阶段的学生来说犹如猛兽一般,不仅会让学生品尝失败的苦涩,而且有可能会吞噬学生刚刚萌芽的科研梦想。在此情况下,研究室需要全员参与,组团出击打"怪兽"。教师应鼓励大三、大四的学生作为项目负责人参加比赛或项目，而大一、大二的学生作为成员参与其中。高年级的学生可以将自己在研究室积累的科研思维和科研技术应用到大赛中，以检验自己的学习效果；低年级的学生则可以在比赛过程中多学、多看，并且在高年级学生的带领下感受科研的魅力，不断提升科研素养。同时，研究室应配备由 1 名教授、1 名青年教师和 1 名研究生组成的“双师 + 榜样”指导团。其中，教授经验丰富，能掌控比赛与项目的方向和水平；青年教师活力十足，能参与日常的带教工作；而研究生作为过来人，在指导实验的过程中，能分享自己的过往经验，是本科生的学习榜样。只要有了“师生一心”的组合，没有打不赢的“怪兽”、过不去的关卡。自 2017 年起，上海海洋大学水产与生命学院贝类分子生物研究室获得全国大学生生命科学竞赛三等奖 3 项和优胜奖 1 项，上海市大学生生命科学竞赛一等奖 2 项，上海市大学生创新创业项目立项 1 项，科技部“中日青少年科技交流计划”立项 1 项。

（三）本、硕一体化，延续科研育人

“以赛促学、学研并进”的育人模式，让学生将所学到的理论知识在实践中进行验证，从而提高了本科生的科研素养，促进了他们对专业学习的渴望，在他们心中播下了一颗科研的种子。在此过程，学生体验到了科研的乐趣，并从科研中获得了自信。针对表现优秀的学生，教师鼓励他们继续深造，从而通过研究生阶段的学习，不断吸收“营养”、完善自我，让心中的科研种子发芽、长大，最终成为一棵参天大树，进而实现本、硕一体化的持续科研育人之目标。近三年，通过上海海洋大学水产与生命学院贝类分子生物学研究室“以赛促学、学研并进”育人模式所选拔出的硕士研究生共计 7 人。其中，推免至上海海洋大学水产与生命学院贝类分子生物学研究室继续深造的研究生 3 人，推免至上海科技大学计 1 人；考研至上海海洋大学水产与生命学院贝类分子生物学研究室继续深造的研究生 1 人，考研至上海交通大学继续深造的研究生 1 人；出国深造的研究生 1 人。

三、经验与思考

上海海洋大学水产与生命学院贝类分子生物学研究室在科研育人的实践中实施了如下举措：一是遵循学校与学院明确的人才培养定位，发挥国家“双一流”建设学科优势，依托国家级科研合作平台，通过“以赛促学、学研并进”这种形式培养学生的科研意识；二是围绕高校“培养什么人、怎样培养人、为谁培养人”这个根本问题，使思想政治工作贯穿科研育人全过程，为国家培养有正确价值观、严谨科研作风和至诚报国理想的应用研究型人才；三是在科研育人的过程中，始终强调团队协作的精神，教师、研究生和本科生在团队中各司其职、互补互助，师生同心、戮力前行。

今后，上海海洋大学水产与生命学院贝类分子生物学研究室将继续把“以赛促学、学研并进”作为科研育人模式的主线，并结合课堂育人、实践育人等高校教育体系中的育人模式，加强多学科合作和国际化前沿科技交流，从而为国家海洋强国建设及新时代中国特色社会主义伟大事业之实现培养更多的合格建设者和可靠接班人。

◆组织育人◆

“三全育人”，高校学生基层党支部在行动！

□ 食品学院/邓高燕

《关于加强和改进新形势下高校思想政治工作的意见》提出了“三全育人”的理念，即全员育人、全过程育人、全方位育人，这是党中央对高校开展新时代大学生思想政治工作提出的明确要求。根据“三全育人”理念的要求，各大高校构建了由课程育人、科研育人、实践育人、组织育人等多个部分组成的十大育人体系。其中，组织育人就是高校要在党委的统一领导下，在进行大学生思想政治教育的过程中，充分发挥党支部、共青团、学生会、学生社团、班级、宿舍等组织的育人功能，以实现“立德树人”为根本目标，不断提升人才培养的针对性和实效性。作为高校中的“战斗堡垒”，学生基层党支部定当奋勇争先、善于作为、敢于担当，切实做好新时代大学生的意识形态和价值引领工作。

一、背景与理念

党的十九大以来，构建全员、全过程、全方位的“三全育人”体系是各大高校贯彻落实“立德树人”这一根本任务的着力点。高校基层党支部是党组织开展工作的基本单元，其肩负着教育党员、管理党员、监督党员、组织群众、宣传群众、凝聚群众、服务群众的七大职责。高校要充分发挥党支部组织育人的优势，将学生党建工作和高校“立德树人”这一根本目标紧紧连接在一起，为高校培养德智体美劳全面发展的大学生建言献策。

二、举措与特色

(一) 理论学习制度化

近年来，不少调查研究表明，高校学生党支部与学生党员都存在一些问题，学生党支部的突出问题是政治核心与战斗堡垒作用发挥得不够充分，其向学生党员开展理想信念教育与思想政治教育工作所取得的效果较为一般，而学生党员则存在理论学习兴趣不高、理论修养日渐薄弱的现象。十九大报告对全党加强学习、建设学习型党组织提出了明确要求，并指明了方向和路径。新时代的中国正面临着百年未有之大变局，“两个一百年”奋斗目标和实现中华民族伟大复兴的中国梦是当下全国人民正在努力追寻的目标。作为党的战斗堡垒，学生基层党支部更是要充分运用人才优势，创造理论学习的氛围，并结合“不忘初心，牢记使命”主题教育活动与党史、新中国史、改革开放史、社会主义发展史“四史”的学习来进一步推进马克思主义科学理论的学习及研究的制度化。学生基层党支部要结合学生党员的喜好，通过多形式、多维度、多层面的理论学习，将个人学习、集体学习和讨论学习上升到制度层面，以确保理论学习的成效。同时，学生基层党支部要切实开展理论学习的评比，形成学习上“你追我赶”“对标争先”的良好局面。

（二）主题活动特色化

近年来，高校基层党务工作不断制度化、规范化、科学化，学生党支部的党日活动“内容单一、质量不高、效果不好”等突出问题也在一定程度上得到了解决。但是，与此同时，部分基层党组织的党日活动仅限于完成“规定动作”，“自选动作”形式单一、缺乏创新性，甚至形式主义泛滥的现象仍然在一定程度上存在着。因此，高校学生党支部应当深刻反思，不能仅以完成活动为目的去开展活动，而要根据校党委和院党委的要求，并结合学生党支部自身的特色和亮点去设计活动，以将思想引领浸润在主题活动的开展过程中，从而在润物无声中教育学生党员。例如，上海海洋大学食品学院本科生第二党支部结合疫情期间毕业生就业难的问题，专门于 2020 年 5 月举办“青春由磨砺而

图 1　王如花（左）

出彩,人生因奋斗而升华"的主题党日活动,活动邀请到往届参加西部计划、"三支一扶"项目、边疆工作计划的优秀校友为学生们讲解工作心得,从而借助朋辈教育的形式来引导毕业生前往基层就业。经过活动的开展,上海海洋大学食品学院本科生第二党支部的三位毕业生党员积极响应国家号召,报名西部计划,最终该支部的王如花同学与她的双胞胎姐姐共同入围了上海市2020年西部计划。

(三)"三会一课"深入化

"三会一课"是党的组织生活之基本制度,是党组织对党员进行教育、管理、监督的重要形式,更是全面从严治党的重要载体。"三会一课"制度的贯彻落实,对高校有着双重意义:一是"三会一课"制度强化党员意识,不断增强党员的党性修养,进一步夯实党的执政基础;二是"三会一课"制度在育人方面更是"三全育人"的重要载体,其承担着培养、教育党员的重要作用。然而,高校学生党支部目前存在着人员分工不明确、支委职责不清楚、对"三会一课"制度不够重视、学生参与度不高、形式古板、主题内容生硬等诸多问题,从而导致"三会一课"制度的落实效果不理想。因此,高校学生党支部要充分认识到"三会一课"平台的重要性与现存的主要问题,认真学习贯彻习近平新时代中国特色社会主义思想,加强党员党性教育,提高党支部战斗堡垒作用,用强有力的组织保障和制度建设来提升高校"三会一课"的效果。同时,高校学生党支部要创新与完善"三会一课"活动的内容与形式,紧跟时代步伐,研讨时政热点,贴近学生的学习与生活,让"三会一课"接地气、涨人气。此外,高校学生党支部要将党员的思想教育与问题之解决紧密联系在一起,积极创造"三会一课"的新颖力、吸引力和感染力。唯有用以人为本和协调发展的理念来实现个人与组织的协同进步,才能让学生党员喜欢上"三会一课",从而实现"1+1大于2"的成效。

(四)志愿活动常态化

"不忘初心,牢记使命"主题教育的本质,就是要让全体党员在心中牢牢谨记"人民至上"的真理。习近平总书记在给北京大学援鄂医疗队全体"90后"党员的回信中说道:"在新冠肺炎疫情防控斗争中,青年人同在一线英勇奋战的广大疫情防控人员一道,不畏艰险、冲锋在前、舍生忘死,彰显了青春的蓬勃力量,交出了合格答卷。"青年一代有理想、有本领、有担当,国家就有前途,民族就有希望。作为最优秀的一群青年人,高校中的广大学生党员更是要积极参加志愿者活动,使青春在党和人民最需要的地方绽放。高校学生党支部使志愿活动常态化之做法,不仅能让广大学生党员深刻践行全心全意为人民服务的宗旨,而且能借助志愿实践活动,让广大学生党员以主人翁的身份参与到党的建设中来,承担起实现中华民族伟大复兴的历史使命。

(五) 对接共建明确化

基于其党员的特殊性,高校学生党支部每年的党员流动率都比较高,这无疑给党支部的建设带来了挑战。针对以上问题,高校可以通过学生党支部对接教工党支部进行支部共建来寻求出路。教师党员是开展"三全育人"工作的主力军,通过支部之间的对接共建,高校可以使教师党员融入学生党员的发展、"三会一课"、党日活动、党员的职业生涯教育等党的建设的方方面面,而学生党员作为优秀的学生代表也可以通过共建结识更多优秀的教师,并参与到教师的科研项目、教育教学等环节之中,这样不仅拉近了学生与教师之间的距离,而且能为学生党员提供更好的成长空间,从而进一步体现党支部的育人功能。

三、经验与思考

高校学生党支部是高校中最为优秀的一个学生群体,是党的建设这一伟大工程实施过程中的"后浪",是否能培养好、教育好、引导好他们,事关党的百年大计是否后继有人,事关中华民族的伟大复兴能否代代接力,事关共产主义是否能早日到来。"三全育人"为高校学生党支部的建设提供了长远思路,相信在这一理念的指引下,高校一定能最大程度地激发基层党支部的育人功能,从而筑牢广大学生党员"为人民谋幸福,为民族谋复兴"的初心与使命。

参考文献

[1] 赵贵阳,赵雨萌.高校学习型学生党支部建设模式初探[J].法制博览,2020(14).

[2] 白雪梅,杨俊峰.高校学生党支部"三会一课"执行现状及改进措施[J].智库时代,2020(06).

[3] 冯国珍,唐昕辉.高校基层党支部"三会一课"成效与影响因素研究——基于上海市属本科高校的调研[J].学理论,2020(05).

搭建融媒网络思政教育平台，深化党团联动思想教育长效机制

□ 信息学院/吴兴识

一、背景与理念

为促进青年学生在学习习近平新时代中国特色社会主义思想时做到入耳、入脑、入心，上海海洋大学信息学院积极整合各类文化传播媒体资源，搭建融媒网络思政教育平台，深化党团联动思想教育长效机制。经过实践发展，上海海洋大学信息学院逐渐形成以学生党员为引领，以点带面地覆盖全局之教育体系。同时，上海海洋大学信息学院结合国情、校史、院况和重大活动开展主题教育，以进一步凝聚全院师生为党育人、为国育才的共识，营造能担当、敢作为、争先进的氛围，从而为学院的发展奠定了坚实基础。

上海海洋大学信息学院现有系室 10 个，基层党支部 12 个，班级数量 39 个，研究生、本科生、预科生共 1 515 人，其中党员 146 人。上海海洋大学信息学院党委将深入学习贯彻十九大报告精神，以党的政治建设为统领，以全面落实三个责任制为抓手，以“思想引领、推动发展、凝聚师生、保障服务”为工作主线，以易班网络思政平台为媒介，在青年学生中实施“三体一践”教育管理，并通过课程体系、管理体系、实施载体以及教育实践，促进青年学生主动融入新时代强国建设之中，凝聚青年学生担当作为之工作合力。

二、举措与特色

（一）完善课程体系，夯实育人基础

上海海洋大学信息学院党委高度重视党员政治素质的锤炼与提升，其将基层青年学生的思政教育工作与专业知识学习结合在一起，并且搭建青年学生“第二课堂”和拓展学生学习阵地，从而使对党员与积极分子的教育管理成为基层工作的重点。上海海洋大学信息学院充分整合重要法律法规、系列重要讲话、党史国史校史、形势政策、专业课程、榜样典型等学习资源，先后推出

“习近平总书记系列重要讲话精神解读”“中国共产党创建史”“陈望道与《中国共产党宣言》”“新冠肺炎疫情防控相关法律法规”“人工智能对人类社会的影响”“先进制造业与中国制造2025”“榜样学习:《钟南山:生命的卫士》”等优质培训课程，从而使学生党员形成了系统化的知识培育体系和完备的综合素质。

上海海洋大学信息学院易班工作站利用快搭、优课、班群等形式，以党、团、班建设为内容，指导各个新生班级完成思政教育网络“班级日志”的撰写，监督各个主体实现新生教育课全覆盖，引领易班工作站学生完成易班创新实践工作。同时，上海海洋大学信息学院易班工作站用心举办“不忘初心，牢记使命”主题教育在线测试，积极带领学生参加易班的线上活动与线下活动，充分利用易班进行班委选举展示与投票，及时发布学院的时事动态，全面倡导学生利用易班学习资源。上海海洋大学信息学院的辅导员针对学生的学习、住宿、社交、心理等方面的情况撰写博文，以引导学生全面健康发展。上海海洋大学信息学院的多个班级获得“超级梦想班级”“梦想班级”“最具班级特色奖”等称号，学生的多项作品获得网络文化节的相关奖项。

(二) 筑牢管理体系，巩固党团建设抓手

上海海洋大学信息学院不断探索与完善政治理论学习的形式和制度，构建了学院党委中心组集体学习、全体教职工政治学习、全体党员集体学习、各党团支部(系室、班级)集体学习、党员个人自学等多种政治理论学习形式。同时，上海海洋大学信息学院结合课堂教学、课程思政、学术论坛和讲座、座谈与交流、参观调研等主阵地，开展师生政治理论和思想教育活动，并且逐步形成由发布政治学习指南、反馈政治学习计划、形成理论学习记录、发布学习总结内容、纳入支部考核评价等构成的支部党员教育管理体系。上海海洋大学信息学院通过量化理论学习完成情况、检查理论学习质量、年底支部书记考核答辩等方式，使基层思政教育体系逐步完善，从而巩固了支部的政治建设基础。

通过规范发展，上海海洋大学信息学院在基层组织力建设方面取得成效。近年来，上海海洋大学信息学院培育校级示范党支部2个、院级示范党支部2个，开展校级主题党日观摩活动3次、院级主题党日观摩活动2次，学生第四党支部开展的“暖心交心，不忘初心”党组织生活获评为上海市教卫党委2017年十佳组织生活案例，并在市级层面进行展演。在工作开展的过程中，上海海洋大学信息学院支部班子成员的工作能力明显增强，党员规范参加组织生活会成为常态，组织生活会和主题党日活动的质量显著提升。

（三）拓展实施载体，打破学习瓶颈

上海海洋大学信息学院党委积极探索青年学生教育管理工作组织新形式，以主题活动工作项目为驱动，以增强基层支部政治功能为目标，重创新、求实效，不断提升学院的青年学生教育管理工作水平。在严格落实“三会一课”工作的基础上，上海海洋大学信息学院党委不断强化以青年教育学风建设为重点的党团联动思想教育机制，持续推进特色育人项目“引领计划”，致力于打造“榜样之星”“领航班团”“优学派”等品牌活动，以此推动对学生的思想引领。上海海洋大学信息学院党委深入挖掘易班优课教育平台的功能，充分利用易班校际公开课程、学习强国慕课、共产党员网理论等资源，上线多期易班优课教育培训课程，从而推动了党员教育管理的无属地、全天候、一体化，实现了党员假期理论学习“不打烊”。同时，上海海洋大学信息学院党委坚持加强“校园网”“学院党务公开网”“学院官网”及党建公众号“三网一端”的建设，通过将教育培训活动进行记录、总结和反思，不断提升育人项目的工作质量，从而真正发挥融媒体时代下的宣传工作之思想引领作用。

通过项目推动，上海海洋大学信息学院在教育培训阵地拓展方面取得诸多成效，实现了“多元教育手段并举，品牌育人活动共建”。在“学史励行，勇创先锋”组织生活会、网络安全教育志愿服务、长征主题沙盘党课、“榜样之星·‘星’火相传”入党教育引领活动、曹家渡街道党建服务中心“红色引航”微信公众号志愿开发等特色党建项目不断涌现之基础上，上海海洋大学信息学院开拓了党员教育的新模式，为在校大学生了解社会、服务社会、贴近基层提供了广阔的平台。

（四）落实教育实践，深化学思践悟

上海海洋大学信息学院党委围绕校党委“以提升组织力为重点，突出政治功能”的总要求，坚持“纵向抓推进、横向促融入”，主动融入区域化党建格局，在服务经济社会发展方面发挥作用。上海海洋大学信息学院党委结合“不忘初心，牢记使命”主题教育，实施学生党员“6+X”实践项目，通过“上一次党课”“办一次参观实践”“观一场爱国榜样宣传片”“做一次志愿服务活动”“走一次新生宿舍”“组织一次主题党日活动”来巩固育人作用。同时，上海海洋大学信息学院党委以“党员先锋行动计划”为载体，广泛开展“党员知识竞赛”“党课比赛”“支部风采展示”等多种形式的党员教育，并积极推进“两学一做”学习教育常态化、制度化，以增强基层党支部组织力，发挥党员先锋模范作用。

上海海洋大学信息学院党委在支部党员教育管理方面探索试行党员民主评议积分制改革，并引领学生在理论学习、社会实践、志愿服务、创新示范等方面发挥先锋模范作用。2019 年全年，上海海洋大学信息学院党委的相关工作成果如下：开展支部书记和支委专题培训 6 次，理论学习培训 7 期，培训学员共 284 人次；开展“植根红色沃土，践行初心使命”主题实践活动 11 次；开展校史院情宣讲团、“党心暖我心”走进新生宿舍、“雷锋月”校园义修、社区信息安全知识科普等志愿服务活动 14 次，党员参与率 100%。

此外，上海海洋大学信息学院党委在新思想“三入”方面不断推进。2019 年，上海海洋大学信息学院党委开展面向本科生、研究生和预科生的十九届四中全会精神宣讲 6 次，并在学生层面开展“不忘初心，牢记使命”主题教育学习应知应会理论知识易班测试，共 949 人参加并通过测试。上海海洋大学信息学院党委依托易班优课开展学生党员（含积极分子）线上思想教育共 3 期，学生累计发表心得 600 余篇，话题浏览量超过 1 000 人次。

三、经验与思考

上海海洋大学信息学院党委以学习贯彻习近平新时代中国特色社会主义思想为主线，充分落实十九大精神，使主题教育常态化、制度化。首先，上海海洋大学信息学院党委充分把握互联网媒介发展的基本规律，不断探索融媒体发展时代背景下的网络思政育人之内涵建设，致力于打造强有力的师生共建团队“易班工作站”，并利用网络媒介工具“易班”，为党员教育培训整合优质课程资源；其次，上海海洋大学信息学院党委实际掌握学生的思想动态特点，创新方式方法，融合专业学习，以寓教于乐的形式提升学生的综合素养，不断突出思想引领的作用，从而使学生党员的思想政治教育工作落到实处；最后，上海海洋大学信息学院致力于培养基层党团组织、学生组织和班集体的凝聚力、涵育力与行动力，并充分借助组织的目标、制度、任务、学生干部以及后备力量的作用，促进组织内各资源的优化配置，凝聚组织的创新发展合力。上海海洋大学信息学院将继续以“初心实践”为出发点，不断提升育人效果，将思政育人的铸魂之本、实践之基和动力之源认真抓深、抓实，从而推动主题教育往深里走、往心里走、往实里走，从而践行“立德树人”这一根本任务。

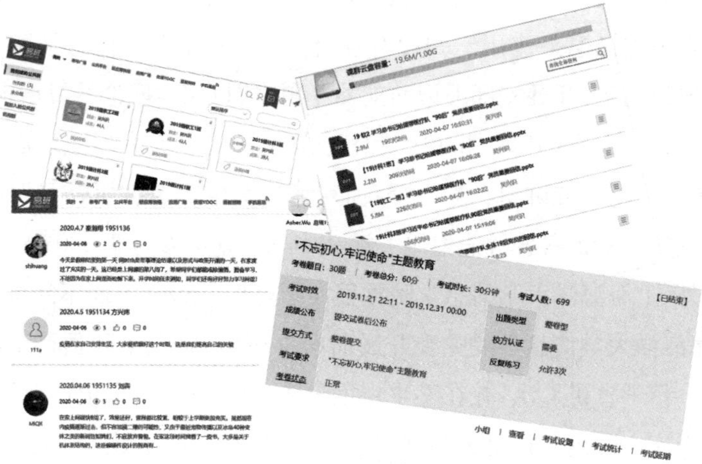

图 1　“不忘初心，牢记使命”主题教育系列活动

图 2　易班快搭主题所展示的相关内容

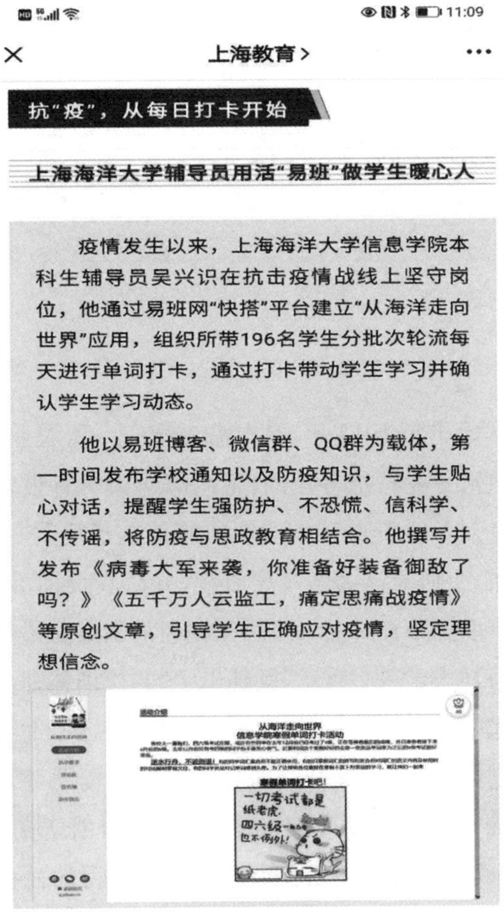
上海教育>

抗“疫”，从每日打卡开始

上海海洋大学辅导员用活“易班”做学生暖心人

疫情发生以来，上海海洋大学信息学院本科生辅导员吴兴识在抗击疫情战线上坚守岗位，他通过易班网“快搭”平台建立“从海洋走向世界”应用，组织所带196名学生分批次轮流每天进行单词打卡，通过打卡带动学生学习并确认学生学习动态。

他以易班博客、微信群、QQ群为载体，第一时间发布学校通知以及防疫知识，与学生贴心对话，提醒学生强防护、不恐慌、信科学、不传谣，将防疫与思政教育相结合。他撰写并发布《病毒大军来袭，你准备好装备御敌了吗？》《五千万人云监工，痛定思痛战疫情》等原创文章，引导学生正确应对疫情，坚定理想信念。

图 3　抗击疫情主题活动获得“上海教育”公众号报道

◆资助育人◆

资助伴我成长，我为资助代言
——围绕资助育人目标探索资助宣传新模式

□ 学生处/郑晓琼

上海海洋大学始建于1912年，是上海市唯一一所农业高等院校。基于招生特点、行业特色、专业特征等原因，上海海洋大学有很多来自老、少、边、穷地区的学生。针对学生资助工作所面临的学生基数大——特别是困难学生多——这一困难，上海海洋大学高度重视，并认真贯彻落实资助政策以克服多重困难，不断朝着“不让一名学生因家庭经济困难而影响终身发展”的目标而努力。上海海洋大学一直秉承“勤朴忠实”的校训精神，坚持“双一流”要求的高水平特色大学的发展目标，致力于完善奖、贷、勤、助、补、减、绿色通道一体化的学生资助体系，不断提升资助育人水平与资助育人效能。同时，上海海洋大学持续加大学生资助政策宣传力度，不断创新宣传形式和宣传载体，积极展示助学成才典型案例以及资助工作所取得的社会成效。此外，上海海洋大学紧紧围绕资助育人目标，深入探索资助宣传新模式，并通过公开招募、系统培训、资助宣传、经验交流、推荐评优和借鉴改进这六个环节，不断完善和提升资助宣传效果。

一、案例背景与理念

目前，我国已经在高等教育阶段建立了由国家奖助学金、国家助学贷款、补偿代偿、新生入学资助、勤工助学、困难补助、伙食补贴、学费减免、“绿色通道”等多项措施构成的混合资助体系。根据上级的工作要求，为进一步加大资助宣传力度和发挥资助育人实效，上海海洋大学选聘奖学金获奖学生及其余受助学生担任“学生资助宣传大使”，让他们利用寒暑假时间回家乡、回母校去开展学生资助宣传工作。上海海洋大学深入基层一线宣传国家学生资助政策和成效，大手牵小手，有效搭建从小学、初中到高中的学段与大学学段之间的资助衔接，从而促进学生资助事业的健康发展。

二、举措与特色

经公开招募与各学院推荐，上海海洋大学于2018年选聘了46名学生资助宣传大使，他们来自16个省份的45个不同市县，其中包含6名研究生。2019年，上海海洋大学又选聘了64名学生资助宣传大使，推荐名额与2018年相比增加了40%，他们来自17个省份的58个不同市县，其中包含8名研究生。

（一）整体设计、系统培训，保障学生资助宣传

在暑假返乡之前，上海海洋大学召开了学生资助宣传大使专题培训会，会议首先阐明了学生资助宣传大使所肩负的光荣使命与任务，并介绍了送政策下乡、送政策回母校、公益服务及其常态化宣传等向社会广泛宣传国家资助政策与资助成效的灵活多样之形式。学生资助宣传大使专题培训会系统地介绍了国家和上海市的学生资助政策，以及上海海洋大学的“奖、贷、勤、助、补、减”与绿色通道相结合的多元化的资助体系。在学生资助宣传大使专题培训会上，学生资助中心和研究生院分别有侧重地介绍了本专科学段和研

图1　上海海洋大学学生资助宣传大使校级培训

究生学段的特色资助政策。在学生资助宣传大使专题培训会现场，工作人员为学生资助宣传大使颁发了聘书，播放了介绍上海海洋大学基本情况的宣传视频，并发放了《国家资助　助你飞翔》《上海市大学生资助手册》《关于助学贷款相关疑问的解答》等书面宣传材料，从而在系统培训的基础上，使学生资助宣传工作更有依托。

受聘学生表示，很荣幸能成为学生资助宣传大使队伍中的一员，他们将积极开展学生资助政策宣传工作，希望通过自己的绵薄之力，为家乡的家庭经济困难学生带来帮助，使学生资助政策家喻户晓、深入人心。

(二) 主动思考、形式多样，积极开展学生资助宣传

在听到老师提及有的同学享受到了国家和学校的资助政策，但对资助政策没有全面、系统的了解之情况后，部分学生资助宣传大使就从身边的同学开始宣传，他们向学校负责资助的老师认真请教和研究学习，旨在为身边的同学系统介绍学校的资助政策。在学生资助宣传大使讲到细致处时，同学们恍然大悟，原来还可以享受这些优惠政策，原来国家助学贷款可以这样还款……大家纷纷表示受益匪浅。

为了提升学生资助宣传的有效性与生动性，部分学生资助宣传大使积极主动地与班级中的同学进行合作，他们以身边同学的经历为素材，并加入适当的艺术加工，拍摄出了一部微电影。这部微电影讲述了两名家庭经济困难学生的故事，一名学生因家庭贫困而遭遇到了在校生活中的各种困难，另一名学生由于家中突遭变故而变得生活困难，最终他们通过与老师进行沟通交流，获得了国家和学校的贫困扶助，从而得以顺利继续学业，并实现自己的人生理想。这部微电影在思政课上播出后，同学们反应热烈，其受到老师和同学的广泛好评。

部分学生资助宣传大使在暑假返乡时，恰逢当地高考第二批志愿填报即将开始。鉴于上海海洋大学被列入一流学科建设高校，而当地人对各个高校缺乏了解，于是学生资助宣传大使从家长和学生两方面着手，就上海市和上海海洋大学的学生资助政策进行详细介绍。上海海洋大学设立了专项帮困基金，其适用范围包括：(1)学生勤工助学工资；(2)制度性的帮困补助及临时补助；(3)国家助学贷款补助等其他应该帮助的情况。上海海洋大学鼓励和提倡家庭经济困难大学生自强自立，通过奖学金、国家助学贷款、勤工助学、

图 2　王明旺团队的成员在宣传资助政策

困难补助、助学金、绿色通道等资助途径来完成学业。有如此齐备的资助体系，再加上日益雄厚的师资力量，家长和学生纷纷表示考虑填报上海海洋大学。

部分学生资助宣传大使利用常态化的宣传方式，结合当地市县学生资助管理中心致高中毕业生的一封信与高校资助政策，通过邮件的形式向母校的高三毕业生介绍相关的资助情况，从而取得了很好的覆盖效果。同时，部分

图 3　上海海洋大学学生资助宣传大使迪丽胡玛·安外尔在新疆温宿县九阳小区进行宣讲

学生资助宣传大使会与有疑惑的同学进行进一步的交流，以使更多有需要的同学了解到国家的学生资助政策。此外，部分学生资助宣传大使还会组建微信群，以引导学生群体进行讨论，从而强化宣传效果。

2018年7月23日，在新疆温宿县九阳小区周一的升旗仪式上，上海海洋大学海洋文化与法律学院的学生迪丽胡玛·安外尔向985名九阳小区居民进行宣讲，内容包含发声亮剑、十九大精神解读以及学生资助政策介绍三个部分。参与升旗仪式的居民大都有子女，因此他们对子女教育问题所涉及的费用很关心。宣讲结束后，有很多居民留下来询问上海海洋大学的情况，包括录取分数线、学生资助政策等。考虑到少部分居民不能很好地听懂汉语，学生资助宣传大使又使用维吾尔语将宣讲内容翻译给他们听。

2019年暑假，上海海洋大学经济管理学院的学生王明旺联合学院其他资助宣传大使，在老师的指导下，决定创新宣传形式，丰富资助宣传内容。王明旺结合暑期社会实践活动，组建了国家资助政策调研与宣传项目组，并成功申报了上海海洋大学经济管理学院暑期社会实践项目。王明旺通过个别

图4 上海海洋大学学生资助宣传大使王明旺在走访农村学生的家长

走访农村家庭和实地调研高中母校，充分了解了国家资助政策在皖川地区农村的宣传情况，以及当地人民对相关资助政策的认知程度。王明旺结合资助政策宣讲，以分享大学生活感悟的形式，鼓励学弟学妹努力学习，扫除经济上的顾虑，从而为家庭经济困难学生传播了梦想的种子，点燃了希望之光。

（三）助人自助、获益匪浅，在学生资助宣传中成长

学生资助宣传大使在祖国各地开展资助政策宣传，他们在助人的同时，自己也在不断成长。忆起两年前的自己，很多学生在倾听宣讲时有过迷惘，但更多的是憧憬与向往。犹记得，十年寒窗，炎炎夏日，激励自己为高考而不懈奋斗，这就是很多学生心中的大学梦。恰同学少年，风华正茂；书生意气，挥斥方遒。如今在大学里，与志同道合的同学一起努力，向学术渊博的老师求教，在理想的高峰上继续攀登，这些已成现实，因此很多学生不由得嘴角上扬。可见，学生资助宣传大使所做的一切多么有意义。每每在新闻中看到贫困地区的孩子因为贫穷而不能接受教育，学生资助宣传大使也会替他们难受不已。高考就是千军万马过独木桥，如果一名学生好不容易考上了自己心仪

图 5 上海海洋大学学生资助宣传大使杜思杨（右二）在宣讲学生资助政策

的学校，却因为缺乏资金而不得不辍学，那么他的内心该多么痛苦。学生资助宣传大使利用寒暑假来宣传学生资助政策，并与学弟学妹们进行沟通交流，以使家庭比较困难或者需要帮助的学生了解资助政策，从而帮助他们造就更美好的明天，这是件多么引以为傲的事！

三、经验与思考

上海海洋大学于2018年10月26日和2019年10月23日举行了学生资助宣传大使经验交流会。有的学生觉得资助宣传很有意义，因此连续两年参加会议；有的学生将自己勤工助学时的切身体会以生动的形式向大家分享；有的学生将资助宣传与暑期社会实践活动结合起来，现身说法地向学弟学妹们介绍家庭经济困难的学生在国家资助政策的帮助下如何安心学习、健康成长，从而彻底扫除了他们经济上的顾虑，更好地宣传了资助政策。

图6 上海海洋大学举行优秀学生资助宣传大使经验交流会

通过听取学生资助宣传大使的经验分享，上海海洋大学也在不断总结经验、积极思考，通过为学生资助宣传大使开具学校介绍信、印制学生资助宣传单页、制作资助政策宣讲资料模板、提供学校宣传视频、组建学生资助宣传大使微信联系群等方式，努力为学生资助宣传大使的工作之开展提供保障。同时,上海海洋大学也在积极思考如何将资助宣传与招生宣传有机结合起来,以及如何依托暑期社会实践活动平台来更好地开展资助宣传。

2019 年,上海海洋大学推荐经济管理学院的王明旺参加上海市十佳学生资助宣传大使的评选。付出努力,终有收获。2019 年,上海海洋大学荣获"我为资助代言"上海高校十佳学生资助宣传大使评选活动优秀组织奖、王明旺在"我为资助代言"上海高校十佳学生资助宣传大使评选活动中荣获优胜奖。

2020 年是脱贫攻坚战的决胜之年,上海海洋大学招募了 63 名学生资助宣传大使,他们来自 19 个省市。在这个因疫情而变得特殊的暑假,学生资助宣传大使正在线上开展各具特色的宣传活动,他们"现身说法",以扫除学弟学妹们在经济方面的顾虑。在高考招生录取期间,学生资助宣传大使在线上向大学新生介绍"绿色通道"、助学贷款、奖助学金等国家资助政策。宣讲活动的开展使学生资助政策如同和煦的阳光与润如酥的春雨般抚慰着贫困学子的心灵,免去了他们的后顾之忧,使他们轻轻松松地踏入大学的校门。之后,上海海洋大学将进一步提高资助政策的知晓度,并不断强化学生资助政策和成效宣传的广度与深度,从而助力教育脱贫攻坚,促进学生资助事业的健康发展。

上海海洋大学努力在资助工作中提高政治责任意识,关注资助意识形态安全,创新资助形式,以做好资助政策和资助成效的宣传。同时,上海海洋大学致力于将资助工作落细、落小、落实,力求做到精准资助,从而让资助政策真正惠及学生,使学生感受到党和国家的温暖与关怀。此外,上海海洋大学通过学生资助宣传大使来实现助人自助,从而将党和国家的温暖与关怀传递给需要的学生。站在新时代的起点,只有"不忘初心,牢记使命",才能让资助工作绽放出育人之花,从而真正实现学生的全面成长成才。

爱心点燃希望之光，资助成就成才之路

□ 工程学院/李陆嫔

学生资助工作既是“温暖工程”，又是“育人工程”，更是学生管理工作的重要支点和学生教育工作的前沿阵地。上海海洋大学工程学院的学生资助工作以“经济上帮助学生，精神上培育学生，能力上锻炼学生”为目标，关注不同学生群体的资助需求之共性与差别，以推动资助工作的理念从“求保障”向“重发展”转变，从而全面贯彻针对家庭经济困难学生的资助政策，努力实现学生“受助—自助—助人”的转变，持续提高学生的综合素质，充分保障学生的成长与成才。

一、案例概述

小麦（化名）是一名来自新疆的建档立卡户少数民族学生，他成长于一个单亲家庭，他的哥哥曾患重病，他的母亲因积劳成疾而不能干重体力活，因此他的家庭无可靠收入来源，经济情况不佳。小麦性格内向敏感，汉语表达能力一般，不太愿意与其他学生交流。

开学第一天，上海海洋大学工程学院通过召开新生资助政策宣讲会来宣讲各类资助政策。小麦在了解相关政策后，主动向上海海洋大学工程学院申请，并在辅导员的指导和帮助下，成为了国家贫困生资助体系的受益者，他通过国家助学贷款“绿色通道”成功入学。入学后，通过上海海洋大学和上海海洋大学工程学院的多方面支持与帮助，小麦不仅申请到了上海市慈善基金会助学基金、国家助学金、临时困难补助、自强奖学金等各类扶持项目，而且还参加了学院的勤工助学活动。同时，小麦积极投身于班级和学院的工作，热心服务学校与同学，而且他充分发挥自己的专长，踊跃参与大学生数学竞赛等项目。在新冠肺炎疫情期间，小麦更是克服重重困难，在确保完成自己学业之基础上，积极协助当地社区开展服务工作，包括协助大队书记做一些简单的数据处理工作，陪同大队书记下乡，为贫困家庭送口罩，为贫困儿童送学习用品，为社区里十几名初三和高三的同学免费辅导课程，等等。凭借着资助政策，小麦实现了“受助—自助—助人”的转变。

二、案例分析及做法

小麦的父亲在他很小的时候就过世了，家中仅靠母亲通过劳作获得收入。后来，小麦的哥哥又不幸患上了白血病，这对于原本就贫困的家庭来说更是雪上加霜。家庭的重担让小麦变得敏感而自卑。

开学初，由于性格内向，并且潜意识里比较缺乏安全感，小麦和其他同学的交流不是很多，而汉语表达不流畅更是削弱了他敞开心扉地与人进行交流之意愿，所以他整个人比较低沉。

针对以上情况，上海海洋大学工程学院及其辅导员对小麦开展了以下帮扶措施：

（一）及时落实贫困建档，实施经济资助

上海海洋大学工程学院首先需要及时和妥善地解决小麦的生活困难问题，以使他不因缺少学费和生活费而无法在校园内生存下去，从而保证他能全身心地投入到学习中去。同时，辅导员及时查看了小麦的入学登记信息，并通过班委、舍友等多个渠道了解他的真实生活情况，以寻找合适的切入机会。辅导员私下进行了多次谈心谈话和宿舍走访，以了解小麦的实际困难，并提供了如下有针对性的资助方案：一是为小麦建立好家庭经济困难学生档案，并根据国家建档立卡户资助政策，帮助小麦积极申请各类资助，从而为他顺利争取到上海市慈善基金会助学基金、最高档国家助学金、学校临时困难补助等各类扶持项目，而且上海海洋大学工程学院会在平时的资助工作中适当地给予小麦倾斜和帮扶；二是为小麦申请了辅导员助理的勤工助学岗位，从而使他一方面可以利用课余时间到辅导员办公室帮忙以赚取一定的生活费，另一方面可以通过这个岗位来提升自己的语言表达能力和人际交往能力。

（二）探索发展性资助，提升个人能力

受到生源地基础教育的影响，小麦的英语和计算机基础应用能力较弱。为助力受助学生的个人成长，并帮助他们实现能力提升和自我发展，上海海洋大学工程学院积极探索发展性资助，持续加强对学生的能力和技能之培训。上海海洋大学工程学院通过结对帮扶、新生助理团体辅导、基础办公技能培训等方式，让小麦等贫困学生能够较快地适应大学学习生活和胜任工作岗位。另外，辅导员鼓励班委和舍友主动与小麦进行交流，并为他营造和谐友善的学习与生活环境,从而帮助他慢慢打开心扉。小麦自觉收获很大,并且常怀感激之心,他对上海海洋大学工程学院及其辅导员的教育和引导表示感谢。

(三) 培养自信意识,走出贫困阴影

为避免由贫困引发的自卑感等消极情绪影响小麦,辅导员经常与他交流,以准确把握他的情绪变化和思想动态。同时,辅导员不断发掘小麦的优点,并鼓励他扬长避短地在自己擅长的方面进行积累,争取取得优异的成绩。辅导员的这些举动让小麦逐步重拾自信,他认识到通过自身的努力完全可以改变现状、赢得未来。此外,辅导员也会结合小麦的专业背景,为他开展就业指导,以帮助其转变就业观念,并尽早地对大学四年进行规划。小麦结合自己的学习特点和辅导员所提供的相关建议,在课余时间自觉努力学习,学习成绩在其所学的专业中位列中上。更重要的是,小麦的沟通能力与表达能力都得到了很大的进步,自身的综合素质也得到了全面提升,而且他还能在自己有余力时,竭尽全力地去帮助他人。

三、案例启示

以上案例表明,在家庭经济困难学生资助工作的开展过程中,高校既要落实国家、上海市和学校的各项资助政策,做好经济资助,解决家庭经济困难学生在校期间的经济之忧,又要做好发展性资助工作,扶贫扶志,提升家庭经济困难学生的综合素质。

(一) 加强资助政策宣传,促进资助政策落实

辅导员要积极配合高校的资助部门,把握住新生入学这个时间节点,全方位、大力度、强实效地集中宣传学生资助政策。同时,高校要创新宣传方式,借助录取通知书、新媒体平台、资助宣讲会等多种形式,不断扩大资助宣传覆盖范围,讲好资助政策、传好资助声音、宣传好资助成效。高校应让每一位家庭经济困难学生最大程度地了解资助政策相关内容,以促进国家资助政策"入脑入心"。只有学生真正地熟悉了政策,高校才能确保每位家庭经济困难学生都能得到资助,从而使"精准扶贫"工作彻底落实到位。

(二) 建立长效帮扶机制,培育积极"贫困观"

贫困学生所面临的经济困难往往是由家庭中的多种因素造成的。从个体角度来讲，贫困学生无法选择家庭的遭遇，但他们可以选择如何看待自身的贫困，以及保持什么样的态度去生活。因此，面对家庭经济困难的学生，辅导员不仅要“扶贫”，而且要“扶志”，即引导他们转变观念，培育他们积极向上的精神风貌。部分家庭经济困难的学生存在着敏感、自卑、消极、悲观等心理问题，辅导员对此要正确开导和教育。辅导员在对家庭经济困难的学生进行“显性”扶贫的同时，还要注重在思想、心理等方面对他们进行“隐性”扶贫，以实现两者的有机结合。此外，辅导员要根据家庭经济困难学生的成长情况，适时调整帮扶举措，以做好资助育人，从而提升他们的综合素质。一方面，辅导员要鼓励家庭经济困难的学生参加校内外勤工助学岗位，让他们靠自己的劳动来解决实际的生活困难，以此激发他们的内生动力，推动他们努力摆脱“等、靠、要”，进而实现从“输血”向“造血”之转变；另一方面，辅导员也要因人施策，做到“一生一策”。辅导员要指导家庭经济困难的学生学会正确的学习方法，让他们熟练掌握专业技能，从而增强他们的自立自强能力。此外，辅导员要引导家庭经济困难的学生结合自身特长和专业特点，积极参加各项活动，以提升他们的组织管理能力、心理承受能力、人际交往能力和应变能力。

（三）经济资助和人文关怀有机结合，促进学生成长成才

资助工作的核心就是对人的关心。在日常工作中，辅导员要关注家庭经济困难学生的思想动态，注意保护他们的自尊心，并且应教育同学们互助互爱，使其他学生给予家庭经济困难学生更多的尊重、理解、关心和帮助。除了经济资助以外，资助工作应该更多地着眼于对学生的心理调适与人文关怀。通过搭建思想教育平台，高校应着重做好诚信教育、自强教育、感恩教育等工作；通过搭建学业互助平台，高校应发挥优秀学生代表的榜样作用和示范作用，促进家庭经济困难学生群体的优良学风之形成；通过搭建勤工助学平台，高校应培养家庭经济困难学生的职业意识、责任意识和岗位意识。

作为高校中的一线教育工作者，辅导员在开展资助工作的过程中，除了要在经济上和生活上帮助与照顾贫困学生外，还要强化他们的自强自立精神之树立，并且应将帮困助学与心理健康教育结合在一起，以促进学生形成一个健康积极的生活态度。同时，辅导员要强化学生的感恩意识与责任意识，从而真正实现经济补助、心理扶贫和就业成才之结合，进而使各种资助得到最优化的配置。

◆网络育人◆

易班为媒聚合力，网络迎新不一般

——上海海洋大学运用“互联网＋”探索网络育人新方式

□ 学生处/刘智斌

上海海洋大学学生处坚持“三全育人”的工作理念，依托易班网络互动社区，创新开展网络迎新工作，充分发挥互联网跨时空连接和社交化传播的优势。同时，上海海洋大学学生处以新生的需求为导向，聚合各方资源，用青年学生喜欢的方式，将迎新教育服务延伸到学生家中。此外，上海海洋大学学生处有针对性地开展各项工作，以使得新生深切感受到“人未到校似已在校”的温馨氛围，从而取得了较好的育人效果。上海海洋大学特色易班迎新工作受到了众多媒体的关注，《新民晚报》、“今日头条”等众多媒体报道了学校的特色易班迎新。在“全国高校网络教育优秀作品推选展示活动”中，上海海洋大学的迎新案例曾荣获优秀奖。

一、背景与理念

习近平总书记于2016年在全国高校思想政治工作会议上指出，“互联网突破了课堂、高校、求知的传统边界，对学生的影响越来越大。从一定意义上说，谁赢得了互联网，谁就赢得青年……要运用新媒体新技术使工作活起来，推动思想政治工作传统优势同信息技术高度融合，增强时代感和吸引力”。2017年，教育部发布的《高校思想政治工作质量提升工程实施纲要》将网络育人作为“十大育人”体系的重要内容，并对高校开展网络育人提出了更高的要求。

作为全国首批易班试点高校，上海海洋大学在上级的关心指导下，高度重视大学生的网络思想政治教育工作。上海海洋大学运用“互联网＋”思维，将易班建设不断融入教育教学、生活服务和文化娱乐之中，从而使易班成为了网络思政育人的阵地。通过上述举措，上海海洋大学培育了一大批德才兼备的网络骨干，并不断丰富着“网络育人”的时代内涵。自 2014 年起，上海海洋大学开始探索以易班为依托，创新性地开展泛在式迎新工作，即借助一个载体——易班网络互动社区，聚焦“教育”和“服务”两个方面，以构筑新生入学的三大平台，并通过延伸与感知学生需求，以及运用互联网思维和新媒体技术，对事务流程进行梳理及优化，从而聚合各方资源，不断提升迎新工作的针对性和亲和力，以此为新生提供便捷、温馨的迎新服务与入学教育。

二、举措与特色

上海海洋大学学生处根据项目的总体思路，并结合易班的功能特点，将易班迎新教育服务整合为如下三个平台：

（一）校院协同，打造触手可及的阅读平台

上海海洋大学是所什么样的学校？学校的住宿条件怎么样？入学前要做点什么准备？……尽管新生的问题五花八门，但校、院的易班工作站早已未雨绸缪地在新生注册进入易班前就做好了准备。上海海洋大学的校、院易班工作站分工合作，利用暑期将易班的新生学院精心打造成为新生触手可及的阅读平台。为更适应作为“互联网一代”的新生之阅读习惯，上海海洋大学易班发展中心进行了专项调研，从而针对学生的问题和需求，进一步将各方

图 1　上海海洋大学易班的“2019 新生学院”
社群可以让新生阅读到相关的帖文并进行提问与交流

资源进行了梳理与整合。上海海洋大学每年在新生学院社群中更新和推出超过 300 个图文并茂的帖文，内容涵盖校园管理、心理调适、认识社会、生涯规划、安全意识和校园文化六大主题，以及大学生活的衣食住行学五个方面，从而满足了不同层次的需求，使四面八方的新生都能够触手可及地了解未来的大学生活。

图 2 上海海洋大学易班 2018 年的迎新专题页面，新生在此可以阅读相关的帖文，也可以进行提问与交流

为了提升新生阅读的真实感和趣味性，上海海洋大学易班中心还运用“跨界”“网红”等互联网思维进行活动策划，如举办了“Yes，我是你的辅导员！——新生辅导员视频赠言”“我的道旗，我做主”等活动。“Yes，我是你的辅导员！——新生辅导员视频赠言”活动用视频的方式传递了辅导员的殷殷教导和人文关怀，从而满足了“屏幕一族”的阅读需求，受到数千人次的关注和点赞。“我的道旗，我做主”活动引导学生学思践悟，鼓励学生对未来的大学生活进行自我畅想，并呼吁学生通过在易班网上留言的方式抒发自己的期待，而上海海洋大学将把从众多留言中遴选出的优秀作品布置在迎新主干道的两旁，以增强新生的自豪感。

(二) 服务集成，打造一门式服务终端平台

针对新生入学过程中存在着的手续多、材料多、个性化需求多等特点，上海海洋大学以易班为依托，打造了迎新自助服务系统一门式业务办理平台，从而实现了易班与迎新系统的对接，以尽可能让新生在入校前就办理好相关

图 3 2018 年，上海海洋大学拍摄制作的“Yes，我是你的辅导员！——新生辅导员视频赠言”在易班播出，其为新生提供了生动的讲解，也让新生提前认识了自己的辅导员

手续。通过登录系统，学生可以提前了解报到流程、学号班级、住宿情况、缴费状态等入学信息，并能享受到申请绿色通道、选购生活用品、租赁保险箱、购买医疗保险等功能。同时，学校管理人员也可以通过系统来提前了解新生的学籍情况、出行情况、家庭经济情况等基本信息，从而实时把握报到进度，并为更有针对性地开展新生接送站、新生帮困等工作做好准备。针对所有申请绿色通道的贫困生，上海海洋大学都会提前一个电话联系，提供一份临时补助，以及赠送一套课程教材和生活卧具。

图 4 上海海洋大学的自助迎新系统已经与易班实现了对接，新生登录易班即可办理相关业务

为了更好地解决新生在办理业务中可能遇到的问题，上海海洋大学还利用易班进行在线解答，从而让新生在群组互动交流中感受到真情。上海海洋大学根据学生的需求，在易班设置了“学校概况咨询”“专业学习及发展咨询”“入学报到手续咨询”“校院生活及周边咨询”和“校园文化咨询”共5个公共入口以及各个学院的个性化入口，从而方便了新生与老师及学长学姐进行互动交流。据统计，在迎新期间，易班每日平均解答新生问题数百个，内容涉及选课方式、课程学习、宿舍大小等各个方面，而这些耐心及时的解答使得新生对学校、未来的学习、大学的生活等有了更细致的了解。2018年，上海海洋大学关工委教师也加入迎新工作，他们解答新生的各种问题，并且引导新生树立理想、奋发图强、爱国荣校。

（三）泛在学习，打造在线教育平台

未来大学怎么过，入学教育少不了。上海海洋大学以优课教育平台为依托，实现跨前一步，通过打造新生的“空中教室”来开展“泛在式”入学教育。优课教育平台不仅可以实现视频学习，而且可以边学边测试。通过建设优课课群，上海海洋大学将理想信念教育、入学安全教育、校情校史教育等15门课程打造成为新生入学后必须参加的“第一课堂”，从而提升了教育的针对性和实效性，满足了新生入学的需求。根据统计，在开学前，超过90%的新生登

图5 上海海洋大学在优课教育平台上的“2019级新生入学教育课群”总界面，其中包含了讨论区和课程区，新生可以提前学习与适应大学学习生活相关的各门课程。

图 6 自 2018 年起，上海海洋大学以优课教育平台为依托，将理想信念教育、入学安全教育、校情校史教育等 15 门课程设置成为新生入学前必须参加的“第一课堂”，新生在平台上可以边学边测试

录上海海洋大学易班完成了信息认证，帖文的浏览量超过五万，并且有超过 70％的新生开始在优课平台进行学习，课群活跃度将近 5 000。这种泛在式的学习方法成功地实现了入学教育的前移，从而回应了新生的入学期待，激发了新生的学习主动性，提升了新生的自我教育能力。新生可以根据自己的时间安排，自主完成课程学习，从而由过去的“被动要我学”转变为“自己主动学”，他们在此过程中也就逐步适应了未来的大学学习节奏和学习要求。开学后，在网络课程的基础上，上海海洋大学通过现场互动、案例讨论等反转课堂的模式来提升入学教育的效果。通过学习，新生对即将到来的大学生活将有更加充分的准备，并且会潜移默化地将爱校荣校教育和社会主义核心价值观教育内化于心中。

三、经验与思考

在易班网络迎新的育人实践中，上海海洋大学实施了如下举措：一是围绕“立德树人”这一育人核心，坚持思想引领。上海海洋大学精心设计主题教育，使思想引领“活起来”。新颖的线上活动和熟悉的方式，使学生没有感到违和感，思想和主流舆论由此实现了同频共振，从而推动了社会主义核心价值观入眼、入脑和入心。二是创新育人理念方式，激发学生“学起来”。上海海洋大学探索出的基于易班的泛在式育人模式不断创新，教学内容不断完善，从而为新生尽早适应大学的学习生活提供了支持。三是提供枢纽服务，方便学生“用起来”。通过不同系统的对接与集成，上海海洋大学为新生提供了信息化的便利服务，从而满足了新生入学的需要，增强了易班的用户黏性。四是线上线下相融合，网络文化“动起来”。上海海洋大学运用跨界思维设计了一系列网络活动，并在其中融入了亲情和爱国情，从而激发出了学生“砥砺前行，继续奋斗”的初心。

上海海洋大学未来将按照推进思政工作“三圈三全十育人”综合改革的相关要求，坚持“立德树人”的育人宗旨，以新生的需求为导向，做好易班网络育人平台的内容供给，加强相关资源的整合和系统应用的对接，提升网络育人队伍的网络媒介素养与新媒体运用能力，推动易班网络平台与传统的思想政治教育实现优势互补，从而让传统的迎新教育服务工作更富有时代感和思政性。

图书在版编目(CIP)数据

“三全育人”的理论与实践：基于上海海洋大学的探索/吴嘉敏，闵辉主编.--上海：上海三联书店，2020.12

ISBN 978-7-5426-7291-9

Ⅰ.①三… Ⅱ.①吴… ②闵… Ⅲ.①高等学校-思想政治教育-研究-上海 Ⅳ.①G641

中国版本图书馆 CIP 数据核字(2020)第 247983 号

“三全育人”的理论与实践：基于上海海洋大学的探索

主　　编／吴嘉敏　闵　辉

责任编辑／宋寅悦
装帧设计／一本好书
监　　制／姚　军
责任校对／张大伟　王凌霄

出版发行／上海三联书店
(200030)中国上海市漕溪北路 331 号 A 座 6 楼
邮购电话／021-22895540
印　　刷／上海惠敦印务科技有限公司

版　　次／2020 年 12 月第 1 版
印　　次／2020 年 12 月第 1 次印刷
开　　本／710×1000　1/16
字　　数／300 千字
印　　张／20
书　　号／ISBN 978-7-5426-7291-9/G·1586
定　　价／88.00 元